叢書・ウニベルシタス　1105

批判について

解放の社会学概説

リュック・ボルタンスキー
小田切祐詞 訳

法政大学出版局

批判について——解放の社会学概説　目次

凡例

一、本書は Luc Boltanski, *De la critique : Précis de sociologie de l'émancipation*, Éditions Gallimard, 2009 の全訳である。

二、原文でイタリックとなっている箇所は傍点などで強調する。書名の場合は『 』とする。

三、原文の《 》は「 」とする。原文の（ ）、［ ］は本訳書でも（ ）、［ ］とする。また、大文字で記されているものには《 》などを付加する場合もある。

四、〔 〕は訳者が読者の便宜を考慮して新たに挿入したものであるが、原語を補う場合は（ ）とする。

五、日本語訳があるものはそれを参考にしつつも、訳者があらためて訳し直した場合もある。

六、原書の索引は原著者が作成したものである。本訳書では、索引は項目自体は変更せず、アイウエオ順に並び変えて、人名と事項で分けた。

ジャン＝エリー・ボルタンスキーに

知っておいて頂きたい。生涯のあいだ私は一人で自由に考えてきた。生まれたときの私は今とは違う人間だ。今の私はこんな風の人間である。私はみんなと違うのだ…。私はほとんど何も知らないといっていい。だが多くのことについて疑問を持っている。私は遠く野外にいるときのよく訓練された猟犬のようなものだ――ちょっとしたアイデアでもいいから私の目の前に放り投げてくれれば、私は深い深い森の中にまでそれを追って差し上げますよ！　よろしいかな、お客人、大事なことは、賢人や政治家や主要な選挙で選ばれた代表者を全員集めて、会議を開き、悪魔などはいない、断じて悪魔など存在してないし、存在するはずがないということを宣言して、永久にこの問題に決着を付けてしまうことなのだ。その会議に法的な効力を持たせるのである！　そうしてこそ初めて人びとは心の平安をうることが可能となる。なぜ政府はそのことで何らかの手を打とうとしないのか？　いや、それが不可能なことは承知している。私を愚か者と思わないで頂きたい。よい考えを出すことと、おびただしい問題を抱えた生身の人間の住む地方を扱うのとは自ずと別の事柄なのだ…。実に大勢の人間がいる――考えるとぎくりとさせられるが――そして誰一人満足していない。みな、生まれ、成長し、結婚し、食べ物や健康や富や名声や安定した職を欲し、雨が降り仕事がうまくいくことを望んで、そして満たされずにいるのだ…。

ジョアン・ギマランエス＝ローザ、『大いなる奥地』

前書き

本書は、二〇〇八年十一月にフランクフルト社会研究所で行われた三つの報告をもとにしている。アドルノ講義と呼ばれる連続講演に寄与するという刺激的であると同時に恐れ多い仕事を私に率先して託してくれたのは、ここ数年来非常に実り豊かな対話を行ってきたアクセル・ホネットだった。ここ三年間の思索を通じて得られた諸々の考察を総論的な形で提示する機会を提供してくれたホネット氏に、心から感謝の意を表したい。

本の出版という観点からこれらの講演を手直しするにあたって、私は、与えられた報告時間を超過しないようにするために削除しなければならなかった多くの議論を入れ直すということをせざるを得なかった。加えて、私は、二〇〇八年十月にベルリン・フンボルト大学で、マルク・ブロック・センターが学年の始まりを記念して毎年開催している講演に登壇し、支配の現代的形態に関する最近の考察を発表する機会を得たが、その内容をテクストの本文に改めて入れ込んだ。かくして、アドルノ講義で行われた三つの報告はいわば二つに分割され、本書を構成する六つの章が生まれた。しかしながら、講演という形態を本という形態へと移し替える難しさを考慮し――これら二つのフォーマットがそれぞれ異なる論理構成と文体を伴うものであることを考えれば、この移し替えはほとんど不可能な仕事であった[1]（注は巻末にまとめている）――、私は文章でまとめる際に、少なくともある程度は、口頭発表という元々の性格を維持することに努めた。それゆえ、本書は、一続きの六つの報告として読まれなければならない。この点において、本書は、一つの完成された著作というよりは、むしろ現況に対する諸々の考察と主張をつなぎ合わせ、一つにまとめたものと言った方が正確である。実際、一つの完成された著作を書き上げようとすれば、より多くの月日が必要になっていたであろうし、本書のボリュームもより大きなものとなっていた――なっている？――であろう。

本書を構成する六つの章を二章ずつにまとめることで、三つの異なるパートを作ることができる。最初の二章は、社会学と社会批判の関係に関するものである。これは、社会学が誕生して以来この学問に絶えずつきまとっている問題である。科学をモデルにして構築され、本質的に記述的な方向性を有している社会学は、社会批判に奉仕するべきなのか――この場合、社会をある規範的観点から検討することが前提となる――、もしそうだとすれば、記述と批判を両立可能なものにするために社会学はどうするべきなのか。批判への指向は、社会学の完全性を損ない、社会学をその科学的プロジェクトから遠ざけることにしかならないのか。それとも反対に、批判への指向はいわば社会学の究極の目的（あるいはその一つ）を構成するものであり、もしそれがなくなれば、社会学は、社会を構成する人びとの関心から切り離された、無意味な活動になるということを認めなければならないのか。この種の問いは、他の対立軸――たとえば、事実と価値、イデオロギーと科学、決定論と自律、構造と行為、マクロ社会的アプローチとミクロ社会的アプローチ、説明と解釈など――とその都度絡まり合いながら、社会学の歴史の中で周期的に登場してきた。

社会科学における批判理論の構造を記述するために用いることができる諸概念を第一章で手短に提示したあと（第一章は導入として読むことができる）、第二章で私は、これまで歩んできたキャリアの二つの時期にそれぞれ一つの貢献をもたらした二つのプログラムを比較することに努める。一つ目のプログラムは、一九七〇年代の批判社会学、とりわけフランスにおいてピエール・ブルデューによってその形が与えられたそれである。二つ目のプログラムは、一九八〇年代から一九九〇年代にかけて社会科学高等研究院の政治・道徳社会学グループに所属する我々の何人かが展開した、批判のプラグマティック社会学である。後者の社会学は、批判社会学と対立すると同時に、批判社会学の基本的な目的を追求する中で形成された。読者はとりわけこの第二章で、社会批判への貢献という点から検討されるこれら二つのプログラムに対して相互に関連する批判が行われるのを目にすることになるだろう。

第三章と第四章は第二部として読むことができる。私はそこで一つの分析枠組みを概説し、批判の問題を新たな形で提起することを試みる。この場合の批判とは、社会学の理論空間ではなく日常の現実において現れるようなそれを指す。ここで提示される分析枠組みは、批判社会学と批判の社会学との緊張を緩和することを可能にする道具を提供することも目的としている。そうすることで、この分析枠組みは〔両者の対立の〕平定という目的を追求するのである。この枠組みは、（思考実験の部類に属する）ある公準を起点にして展開される。それは、社会生活の配置編成は、存在するものがいかなるものなのか

(*ce qu'il en est de ce qui est*) をめぐるラディカルな不確実性に必ず直面することになる、というものである。こうした分析を概念的に補強するのが現実と世界の区別である。実際、この第二部では、制度が何よりもその意味論的機能から考察され、とりわけ——人にせよモノにせよ——諸存在を規定し、試練のフォーマットを定義するという操作を通じて現実の構築を指向する道具として分析される。批判の可能性は制度の中心を占めるある矛盾から生じるのであり、この矛盾を我々は解釈学的矛盾として描き出す。それゆえ、批判は自らと対立する制度との対話的関係から検討される。批判が制度と対立する仕方には二通り存在する。一つは、現在実施されている試練（すなわち、生起事例としての試練、あるいは分析哲学の用語を借りればトークンとしての試練）が、そのフォーマット（あるいはそのタイプ）と一致していないことを批判が例証するという仕方。もう一つは、現実のリアリティ (*réalité de la réalité*) に異議を唱え、それによって現実の輪郭を変えることを可能にするような、既成の現実と矛盾する事例や実例を、批判が世界の中から引き出すという仕方である。

第五章と第六章から成る第三部は、現下の政治問題をより明確に指向した内容となっている。第五章では、前の二章で素描した分析枠組みをいくらか簡略的な形で応用することで、様々な支配の政治体制の特徴を描き出すことが試みられる。支配という語——この短い概説書で用いられる意味でのそれ——で示されるのは、批判という作業が著しく妨げられている歴史的状況であり、政治的文脈によってその様態が異なるだけでなく、程度の差はあれ公然と行われる場合もあればひそかに行われる場合もある。この章では、西欧民主主義–資本主義社会で現在確立しつつある支配の様式——マネジメント的と形容することができるようなそれ——についてとりわけ紙幅を割いて検討する。第六章（この章は暫定的な結論として読むことができる）では、今日、批判が解放の方向へと進むために取りうるいくつかの道が素描される。

最後に付言しておくと、私は長年の間自分の仕事の大半を批判の問題、および、社会学と批判の関係が提起する問題に費やしてきたが、これらの問題が私の関心を引いたのは、単にそれらに理論的魅力があったからだけではない。これらの問題は私にとって、そしておそらくより一般的には、一九六八年五月の直前あるいは直後の数年間にこの学問に入門した同年代の社会学者にとって、伝記的と言ってもよい性格を有していた。我々は、社会が強力な批判的運動を通じて活性化した時期を経験したあと、この種の運動の後退によって特徴づけられる時期も経験した。そしておそらく我々は今日、批判的運動の回帰を目撃することになる時代に突入している。(2) この《大きな歴史》は、社会学の小さな歴史に影響を及ぼさずにはおかないのである。

第一章　批判理論の構造

権力または支配。社会または社会秩序

私は批判的な諸々の社会学を社会的支配という概念から検討していきたいと思います。社会的支配は他に類を見ないほど論争的な概念です。というのも、それは、他の社会学的潮流によってしばしば拒絶されながらも、批判理論の主要な軸を構成してきたからです。少なくとも、支配という用語が、――マックス・ウェーバーの「支配の諸類型」が多かれ少なかれそうであるように――いかなる政治であれそれに力を奉仕させる様々な方法を指示するためだけでなく、過剰で不当であると判断される力の発現を同定し、非難するためにも使用される場合にはそうでした。次回の報告で明らかになることですが、批判社会学は社会的支配という概念をもっぱらこの意味で用い、批判のプラグマティック社会学はこの概念を単純に無視してきました。とはいえ、私がこの概念の概念史を描き出すなどと期待するようなことはしないで下さい。そのようなことを試みれば、報告時間を大幅に超過することになるでしょうし、ま

た残念ながら、それは私の能力を大きく超える仕事になるでしょう。むしろ私は、この問題をはらんだ概念を拠り所としながら、社会学と批判の関係を明確にするとともに、両者がいかにして収斂し、緊張がゼロになることはないにしても妥協が形成されうるのかを検討することに努めていきたいと思います。

　支配の社会学の第一の特徴は、それがある総合的な対象を作り出す点にあります。これは、〔支配が〕直接観察できるものではないため、その発見は必然的に分析者による再構成の結果であるということを意味します。社会学が観察できるのは権力関係だけです。標準的な社会学にとって、権力に言及することは諸々の非対称を同定することと密接に関係していますが、非対称は一様ではなく、部分的なものも、局所的《ローカル》なものも、あるいは一時的なものもあります。権力の源泉とそれが宿る場所も様々であり、それらが存在することで、権力がもつれ合い、矛盾し合い、さらには無力化し合うような一つのネットワークが形成されます。権力を行使する、あるいは権力に服従するという事実は、行為者の意識から逃れるものではなく、権力関係はたいていの場合観察者の目で確認することが可能です。それゆえ、権力は容易に経験的な社会学の対象となりえます。なぜなら、一方で社会関係は、少なくともいくつかの状況においては、容易に観察可能な権力によって貫かれているからであり、他方で権力関係は多くの場合、あらかじめ確立されたフォーマットの中に組み込まれており、そのフォーマット自体が慣習という形で安定化されたり、法律文書や他の種類の規則書のようなテクストに書き込まれたりしているからです。かくして、権力は、その構造と行使が少なくとも形式的には正当化の要求に従っており、それによってある一定の堅牢性が付与されるという意味で、――マックス・ウェーバーが示したように――いかなる様態であれ合理化される傾向にあります。実際、権力の保持者が自らの権力を「正統な」ものとして主張できるのは、このような要求を引き合いに出すことによってであり、こうした主張がなされると、権力に異議を唱える人びとは、一般性へと上昇し、自らが拠って立つ原理そのものを批判にさらすことを余儀なくされます。[1] 反対に、ある権力を「恣意的」であると規定することは次のことを意味します。すなわち、権力行使に一定の恒常性を保証するあらかじめ確立されたフォーマットを参照しても、その権力がどれほどの重要性を有しているのかが判断できないこと、それゆえ、権力を被る人びとがそれに対する予期を形成する上で困難に直面している点を強調することです。権力は主張されるだけでなく正当化もされなければならないからこそ、権力は権力について語るのです。

　支配については事情が異なります。支配の批判理論は、文脈によって異なる様相を呈しながらも、現実全体を植民地化するほどにまで絶えず膨張していくような、深刻で永続的な非対称性の存在を仮定します。この理論は全体性の観点を取ります。[2] 支配者と被支配者は至る所に存在しており、前者は支配階級として同定される場合もあれば、支配的ジェンダーとして、あるいはまた、たとえば支配的民族として同定される場合もあります。ここで問題となっているのは直接観察できるものではありませんし、しかも多くの場合行為者に意識されることもありません。支配とは暴露されなければならないものなのです。支配は自らについて語ることはせず、装置の中に身を隠します。権力が取る明白な形態は、この装置の最も表面的な次元を構成するにすぎません。かくして、たとえば、ある序列関係の中で出された命令を通じて顕在化する一方から他方への行為（*faire* → *faire*）の要求は、他の行為者の利益となることをまるで自分自身のために自発的に行うかのように行為者を規定する諸々の策略の結合、あるいはもっと目立たないものとして、ある環境の中に堆積している社会的条件の結合と対置されることになります。それゆえ、あたかも行為者たちが知らぬ間に支配を受けるだけでなく、その支配の行使に貢献することさえあるかのようにすべてが進行していくのです。

こうした理由から、支配の理論は、便宜上標準的と形容されるような社会学の対象と多少異なる対象を立てなければなりません。この違いは、全体化が多様な形態を取ることの結果です。経験的活動としての社会学は、社会生活の様々な次元を（そして、権力の様々な形態を）記述することができますが、それらを一つの整合的な全体性の中に組み入れることを必ずしも目的としていませんし、それどころか、それぞれの特殊性を際立たせようとすることさえします。反対に、支配の理論は、これらの様々な次元間の関係を暴露することで、それらがいかにして一つの体系を成しているのかを明らかにすることを目指します。社会学が――その同定の仕方がいかなるものであれ――社会を自らの対象とするのに対して（そして、たとえばデュルケムにおいて顕著に見られるように、社会が多くの場合国民国家として同定されてきたことを示すことができるでしょう(3)）、支配の理論は、社会学の記述を土台としながら、社会秩序と指示することができるような別種の対象を構築します。このような対象が構築されることで初めて、批判的に考察される全体性としての社会にアプローチすることが可能になるのであり(4)、ある支配の様式をその全体性において記述することが可能になるのです（そしてまた多くの場合、この秩序に内在する矛盾を同定することも可能になります。この内在的矛盾を明るみに出すことは、秩序に対する批判に一つの支点を提供します。実際、矛盾は、ある統一された枠組みの内部でのみ不調和と区別されるのです(5)）。社会関係――経験的観察から導き出されると想定される対象――の代わりに社会秩序――明確に構築された対象――を用いることは、支配の批判理論の強みにもなりますが弱みにもなります。この理論は幻想的だと非難される可能性、すなわち、現実を忠実に描いておらず、現実に異議申し立てをする人びとの特殊な視点（かつ異論の余地のある視点）や欲望（と怨恨《ルサンチマン》）をもとにして現実を拒否しているだけだと非難される可能性をつねに有しているのです(6)。

道徳、批判、反省性

いわゆる「自然」科学との比較で言えば、社会科学の特殊性は、生物学的次元において捉えられる人間存在ではなく、反省的能力を有する限りでの人間存在を対象とする点にあります（こうした理由から、社会科学と人間科学を区別することが必要になります）。こうした点から捉えられると、人間存在は、行為をしたり、他者の行為に反応したりするだけにとどまらなくなります。人間存在は、自分の行為や他者の行為を振り返り、それについて判断を下すということもするのです。そして、この判断はしばしば善悪の問題に基づいて下されます。つまり、人間存在は道徳的判断を下すのです。このような反省的能力を有するがゆえに、人間存在はまた、社会学や批判理論から発せられるものも含めて、自分たちの特性や行為に関する表象に対しても反応します(7)。

行為者が普段の活動の中で定式化する道徳的判断は、しばしば批判という形を取ります。道徳的活動とは何よりもまず批判的活動なのです。学部一年生が教わる社会学的ドクサ（多くの場合、それはウェーバー認識論の通俗化した形態を引き合いに出しながら教えられます）では、次の二つの判断が明確に区別されます（ただし、この区別はいつもはっきりとつけられるわけではありません）。一つは、「日常生活者」と呼ばれる人びとが「道徳」や「文化」に基づいて下す批判的判断であり、これはそれ自体が記述の正統な対象とならなければなりません。もう一つは、(「価値判断」という名で呼ばれる)社会学者自身が下す批判的判断であり、これは(価値中立性という理由から)排除されなければなりません。この区別は、事実と価値というウェーバー流の区別を背景としています[8]。支配の批判理論は、批判にさらされる現実を描き出すためには、記述を行う社会科学に依拠しなければなりません。しかし、中立性という規範に自らを合わせようとする社会学的記述との関係で見ると、批判理論の特殊性とは、分析者が自らの名で行う社会秩序に対する批判的判断を含んでいる点、それゆえ中立性要求を放棄する点にあるのです。

日常的批判とメタ批判的位置

社会科学の真理言説を支えとすることは、問題とされる現実について支配の批判理論が行う記述にある一定の堅牢性を付与する一方、この理論にとって本質的な批判的操作それ自体をより一層困難なものにもします。かくして、支配の批判理論はあるジレンマに置かれることになります。

すなわち、一方で、支配の批判理論は、社会科学の真理言説を支えとすることで、局所的《ローカル》な性格をもつ霊的および/あるいは道徳的資源に直接依拠して判断を下すことが禁じられます(しかし、日常的批判は多くの場合このような資源を利用します)。メタ批判理論は、今ある都市(cité)を判断する際、「神の国」(Cité de Dieu)との比較という手段に訴えることはできませんし、世俗化されていても特殊な性格しかもたないのであれば道徳理念であっても介入させることはできません。もし、メタ批判理論家が今ある社会を判断（し非難）するためにそのような道徳理念をいわば素朴に採用すれば、その理念は数ある道徳的観念の一つではなく、まるで道徳理念そのものであるかのように扱われることになるでしょう（しかし、そのようなことになれば、既知のすべての社会に存在するすべての道徳理念を平等に取り扱うべしという比較論的要求と齟齬をきたすことになるでしょう）。だからこそ、支配の批判理論は、道徳的および／あるいは宗教的要求に基づいてラディカルな批判を展開し、自らの信奉者たちに生活様式の根本的変更を要求した数多くの思想運動（たとえば、原始キリスト教、マニ教、千年王国運動など）と明確に区別されるのです。

　しかしながら、他方で、支配の批判理論は、形而上学という名の天空に浮かぶ抽象的な方法論的原理ではありません。支配の批判理論の自己規定の一部を成すのは、（公衆、階級、集団、ジェンダーなどの形で定義される）一群の人びととの具体的な関係の存在です。「伝統理論」と異なり、「批判理論」[9]は反省性という目標を掲げています。批判理論は、――レイモンド・ゴイスによれば――行為者の不満を捉え、それを理論構築の際に明確に考慮に入れながら、行為者が社会的現実と取り結ぶ関係を、ひいては社会的現実それ自体を解放へと向かうように修正するもの、あるいはそうしなければならないものなのです[10]。したがって、批判理論によって可能になる批判とは、行為者の関心と直接関係を取り結びながら、すなわち、日常的批判とも直接関係を取り結びながら、現実の諸側面を暴露することができるものでなければなりません。批判理論はこのような日常的批判を糧としています。たとえ、批判理論がそれを別様に精緻化し、再定式化してから、そこに戻すことが定められているとしてもです。なぜなら、批判理論のねらいは、現実を受け入れ難いものにし、[11]それを通じて批判理論の宛先となる人びとを、現実の輪郭を変えることになる行為に参画させることにあるからです。もし批判理論がある集合体の経験に裏打ちされることなく、いわばそれ自体のために存在するようになれば――つまり誰のためにも存在しないようになれば――、批判理論はその理念と矛盾することになるでしょう。

このような二重の要求は、批判理論の構造に対して非常に強力な制約を及ぼします。一方で、批判理論は、特定の道徳体系に対して十分に自律した規範的支点を自らに与えなければなりません。その性質があらかじめ特定されている宗教的あるいは政治的アプローチによって形作られた道徳体系や、自らの批判的立場を補強するために特定の集団によって道徳体系そのものとして主張されたそれに対して十分に自律した規範的支点を、です。実際、もしそれができなければ、批判理論に対して敵対的な人びとは（当初は批判理論に好意的であったかもしれない人びとも含めて）、批判理論をこのような〔特定の〕立場へと押しやり、その結果、特定の利害関心と結びついたその局所的《ローカル》な性格を必ずや告発することになるでしょう。そうなれば、批判理論は、――集団間の関係に付随して生じ、広い意味での日々の政治生活の枠組みを形成する――日常的批判という大海の中に溶けてなくなることになるでしょう。しかし、他方で、批判理論は、このような日常的批判を迎えに行くものでなければなりません。まるで批判理論は日常的批判を源泉とし、日常的批判を自らに対して暴くことだけをするものであるかのように。ただし、それをしながら、批判理論は同時に、それと知らずに経験しているものを行為者に認識させ、現実（réalité）がいかなるものから成り立っているのかを悟らせる（*réaliser*）という啓蒙的操作を通じて、行為者が現実と距離を取ることができるように（まるで行為者が現実の外に出て――窮地を脱して――、現実を変える行為の可能性を考えることできるように）導くこともしなければなりません。この二つ目の条件が満たされない場合、批判理論は拒否され、「ユートピア」という領域に追いやられるか、[12] あるいは、マイケル・ウォルツァーが（*The Company of Critics* の中でマルクーゼの著作に関して）多かれ少なかれそうしているように、共同体に所属することで得られる現実感覚を失い、そのせいで現実を変える行動を起こしたいという欲望まで放棄してしまった、根無草の知識人の嘆きにすぎないと見なされる可能性があります。[13]

　それゆえ、支配の理論に組み込まれるような種類の批判的判断は、人びとが日常生活の中で定式化する批判と複雑な関係にあります。両者が混同されることは決してなく、前者は後者に対して、（行為者が定式化する批判は幻想、とりわけ道徳的幻想に由来するものであるとして）拒絶する場合から、（日常的批判の中に《大きな批判》への道を切り開きうるような何かが存在するとして）部分的に考慮に入れる場合まで、多かれ少なかれ継続的な注意を払います。しかし、いずれにせよ、行為者が展開する断片的な批判と、ある特定の社会秩序に対する体系的な批判との区別は維持されるのです。

　以上の理由から、我々は支配の批判理論がメタ批判的次元に属すると主張したいと思います。我々がここで採用している立場は、ある社会秩序をその総体から捉え、それを批判しようとするものであり、この立場に従えば、メタ批判的な立場と一時的な批判的介入は区別されます。後者は、ある学術的な専門知から、修繕もしくは改良を目的として、社会関係の何らかの次元を問いに付すことはしますが、その社会関係が組み込まれている枠組みを問題にすることまではしないからです。しかし、メタ批判的な理論構成はまた、日常生活者が日々の政治活動および／ないしは論争の中で、特定の状況や文脈から見て不正であると規定される人びと、装置、あるいは出来事を非難する際に採用する様々な批判的位置取りとも区別されなければなりません。これ以降、我々が批判と述べるときには、社会的文脈の中に社会的に根を下ろしているこのような形態の批判を指示し、メタ批判という語は、――いかなる様態で行われるものであれ――弾圧、搾取、あるいは支配をその最も一般的な次元において暴露することを目的とした理論的構築物を指示するものとして用いたいと思います。

単一の外在性と複合的外在性

私がその理念型を描こうしている二つの操作――社会の記述という社会学的操作と、社会秩序に対する批判的操作――は、ある共通点を有しています。それは、どちらも外在性という位置に身を置くことが要求されるという点です。しかし、採用されるべき外在性の種類は、どちらの場合でも同じというわけではありません。以後、記述の場合を単一の外在性と呼び、メタ批判理論に基づく価値判断の場合を複合的外在性と呼ぶことにします。

社会を対象として取り上げ、社会生活の構成要素、あるいはこう言ってよければ社会生活の枠組みを記述するというプロジェクトは、思考実験という手段に訴えます。思考実験を通じて社会生活の枠組みの外部に立ち、その全体を考察しようとするわけです。実際、枠組みというものは内部からは捉えることができません。内部の視点からだと、枠組みは、絶対的必然性という様相を呈する現実と混同されてしまいます。この「工学者《エンジニア》」の視点は、次のような場合に社会学者がしばしば採用するものです。すなわち、社会学者が（企業であれ、国家直轄の組織であれ）大組織の責任者の考え方に同調し、これらの責任者が直面する問題や彼らが自問する疑問に関心を示し、注意を払うような場合です。この位置は専門知が占める位置です。専門家は諸要素間の問題関係を検討するよう求められますが（たとえば賃金労働への女性のアクセスと出生率との関係）、これらの要素は、責任者が統治を行うために用いる行政的ないしは経済的な記述言語によってすでにフォーマット化されているのです。

この種の要求に応える社会学的研究は、一九三〇年代から一九四〇代にかけてアメリカ合衆国で発展し、今日では世界の至る所で社会学を標榜する成果の大部分を構成しています。このような研究はとりわけ二つの目的を追求しており、しかもそれらは相互補完的な関係にあります。一つ目の目的は、組織の合理性を高め、その生産性を増大させることです。このとき、社会学はマネジメントに従属することになります。二つ目の目的もコストを抑えることではありますが、この場合のコストとは、利益を追求する経営方針によってもたらされるいわゆる「人的」コストです。この二つ目のケースにおいて、社会学は、――医学で言われるような――「緩和ケア」を実施する手助けをするために役立てられることになります。すなわち、「社会政策」の輪郭を描くためか、あるいはそれを現場で実施する人びと、すなわち「ソーシャルワーカー」に大義名分を与え、彼らの士気の低下を防ぐために役立てられることになるのです。しかし、いずれの場合においても、社会学を標榜するこのような専門家の研究は、考慮すべき「変数」を左右する一般的枠組みを問題にしなくても実行できるのです（問いに付すことなく実行しなければならないと言った方がよいかもしれません）。

社会科学がまさにこの専門知から自らを解き放ち、それゆえ社会科学そのものとして定義されるようになるのは、（多くの場合比較論に訴える）一般社会人類学のように、ある外在的な位置から記述を行うプロジェクトの可能性を提示することによってです。民族学や歴史学の場合、一方の地理的距離と他方の時間的距離が、外在的位置の採用に有利に働きます。まさにこの距離が、観察者を観察対象から引き離すわけです。これら二つの学問に関して言えば、外在性への移動は、いわば観察者の意志から独立した諸々の制約から生じるものであるため、多かれ少なかれ暗黙のうちに行うことができたのです。

社会学はこの一般性の水準から考えると現代歴史学と見なすことのできるものであり、ここにおいて観察者は自らが記述しようとするものの一部を成します。社会学の場合、外在的位置を採用するという操作は決して自明なものではありません。その可能性自体が問題となるため、外在化を目指す運動は、いわば自覚的に行われなければならないのです。このように粘着性を帯びたリアルなものから想像力を介して外部へと出るためには、第一に、現実からその暗黙の必然性という性格を取り去り、現実をまるで恣意的なものであるかのように（まるで現実が別様であり得たかのように、あるいは今ある形になるはずがなかったかのように）することが必要になります。そして第二に、最初に現実から取り去っておいた必然性を現実に戻すことが必要になります。ただし、このときの必然性は、この〔リアルなものからの〕移動という操作によって、反省的かつ包括的に捉えることが可能なものとなっています。つまり、局所的《ローカル》な場で同定された諸々の形態の必然性は、諸可能性から成る一つの世界と結びつけられているのです。社会学において、この外在化の可能性は、実験室の存在を背景にしています。すなわち、諸々の規約や規則の実施を背景にしており、それを遵守することで社会学者は（意識的なものにせよ無意識的なものにせよ）自らの欲望に打ち勝たなければなりません。社会科学の記述が真理を述べていると主張することができるのは、まさにこのことによってなのです。付言しておかなければならないのは、この真理性要求が一般に、記述の対象である社会から多少とも離れた場所を支点にして行われる記述と連動しながら、あらゆる種類の社会科学に批判的な切れ味をもたらすということです（そしてこれは、非常に限定的ではありますが、専門知の場合にも当てはまります）。というのも、もし社会科学の対象の実質がつねに誰の目から見ても明らかなものであるとしたら、社会科学の存在理由が単純になくなってしまうからです。それゆえ、社会学は、まさにその概念構成において、少なくとも潜在的にはすでに批判的であると言うことができます。

支配の理論の場合、批判が拠って立つ外在性は、二つの異なるレベルで成立するという意味で複合的であると言えます。批判はまず、批判にさらされることになる社会秩序を描き出すのに必要となるデータを手に入れるために、一つ目の類型の外在性に依拠しなければなりません。事実、メタ批判理論は社会学や人類学の記述に必ず訴えます。しかし、批判的であるためには、この理論は、程度の差はあれ明確な方法に従って、記述の対象である社会秩序の価値について判断を下す手段を自らに与える必要もあるのです。

支配批判の意味論的次元。支配対搾取

支配のメタ批判理論としばしばつなぎ合わされるのが搾取論です。搾取という語は経済的な方向性を有しています。搾取とは、ごく少数の人びとが、大多数の人びとを犠牲にしながら、（その種類は実に

多様である）偏差を利用し、そこから利益を引き出そうとする仕方を指します。支配の理論において搾取への言及は、支配が何に役立てられているのかを示す役割を果たします（あたかも、自らの存在理由を己のうちにしか見出すことのできない、いわば純粋状態の支配なるものを考えることなど、まず不可能であるかのように）。他方で、すなわち搾取批判の観点から見れば、支配もまた必然的な性格を有していないます。いかなる形態の支配にも依拠しない搾取など、想像することは困難です（もし支配を受けていないのだとすれば、なぜ人間存在は搾取されるがままになってしまうというのでしょうか）。

とはいえ、強調しておかなければならないのは、支配概念が有している方向性とは、厳密に言えば経済的なものというわけではなく、むしろ意味論的とでも言えるようなものであるという点です。支配概念は、何が存在するのかを規定する場、すなわち――ウィトゲンシュタインの表現を借りれば――シンボル形式と事態と呼ぶことのできるようなものの関係が確立される場を対象とします。法学から影響を受けた別の言語を用いれば、支配批判とは性質決定、すなわち（後でより詳細に検討しますが）、諸存在の特性を定めると同時に、その価値を規定する操作の確立に関わるものであると言うこともできます。この性質決定という作業は一般に、フォーマットあるいはタイプを土台とします。これらは多くの場合記述および／あるいは定義と結びついており、それ自体様々な形でストックされています（たとえば規則、コード、慣習、儀礼、物語、象徴的事例など）。このようなフォーマットは、諸々の分類（とりわけ、人びとを集団あるいはカテゴリーに割り当てることを可能にするような分類）を組み込み、それらを財の獲得やその使用に一定の制約を課す規則と結びつけます。このことを通じて、フォーマットは、非対称性の形成と安定化に大きな役割を果たすのです。

支配のメタ批判理論はこのような非対称性の問題にある特定の観点から取り組みます。それは、自分が受けている搾取、とりわけこの搾取を可能にする社会的条件、それゆえまた、搾取を終わらせるために自分が取りうる手段に関する、行為者自身による誤認という観点です。だからこそ、支配のメタ批判理論は、権力論と搾取論と認識論が分かち難く結びついたものとして現れるのです。同じ理由から、支配のメタ批判理論は、非常に厄介な問題に直面することになります。それは、社会的現実に関する二つの認識、すなわち、実践に反省的に身を投じる日常生活者としての行為者が持つ社会的現実の認識と、全体化の形式と道具に基づくある反省性から検討される社会的現実の認識との関係という問題です[14]。社会科学の可能性は諸々の緊張と格闘する中で獲得されなければならないものですが、こうした緊張の中心を占めるのがこの問題なのです。

社会学と社会批判のいくつかの妥協例

程度の差はあれ批判的次元を組み込んでいる社会学の伝統を、先に述べた二つの制約を念頭に置きながら読み直せば、記述の中立性という要求（単一の外在性）と、批判への道を切り開く支点の探求（複合的外在性）を両立させるためにこれまで練り上げられてきた主要な妥協案を特定することがおそらくできるでしょう。構造的緊張を宿しながらも、その性質上――少なくとも相対的な――内的一貫性が要求される理論的著作群を前にするときにいつも言えることですが、考えられる可能性はおそらく無限というわけではありません。すべてを網羅しようとすることはせず、社会学が批判と自らを結びつけるためにどのような種類の取り決めに訴えるのかを示すことにだけ専念すれば、我々は、これから述べるいくつかの可能性を組み合わせることのできる、これまで最も頻繁に作り上げられてきたと思われる妥協を、非常に概略的にではありますが示すことができます[15]。

一つ目の可能性の集合は、（様々な形で明示することができる）哲学的人間学を社会学的にも規範的にも利用するというものです。この場合、人間存在が社会の中で生きていく能力は、あらゆる人間存在に存在するとされる特性や能力と結びつけられることになるでしょうし、また、どのような特性や能力が存在するとされるかは、考慮に入れられる人間学によって異なる形で種別化されることになるでしょう（合理性、財を交換する能力、妥当性要求に従いながらコミュニケーションする能力、他者の苦しみへの共感、承認など）。このとき、批判は、既存の社会秩序のいかなる点が、当該秩序の成員、あるいはその一部に対して、彼らの人間性を構成する潜在能力の十全な開花を許さないのかを示すこととなるでしょう。このような理論構成は、共通の人間性を拠り所にし、そうすることで同じ社会の成員を平等に取り扱うべしという要求を内部に取り込むという事実に、その批判的な力の大部分を負っています。完全な社会とは残り者のいない社会であり、既存の社会秩序は、それが多かれ少なかれ成員を排除したり、抑圧したり、軽んじたりする限りにおいて、あるいは単純に、成員による人間存在としての能力の実現を妨げる限りにおいて、批判の対象となり得るのです。

しかし、この種の理論構成は、とりわけ二つの厄介な問題に対処しなければなりません。一つ目の問題は、採用した哲学的人間学の立場から、あらゆる差異を批判するか——これはあまり現実的とは言えませんし、それゆえ説得力があるとも思えません――あるいは、受け入れ可能な差異と受け入れ不可能な差異との区別を正当化するかのどちらかになるというものです。二つ目の問題は、批判の基礎となる哲学的人間学は、（自民族中心主義を非難する場合のように）それをある特定の道徳的・宗教的伝統に還元しようとする批判をはねつけるのに十分な堅牢性と一般性をもたなければならないのと同時に、特定の社会秩序を告発することができるよう様々な形に変化させるのに十分な厳密性ももたなければならないという事実に起因します。さらに言えば、この種の規範的基礎は非時間的に扱われる場合もあれば歴史化される場合もあり、どちらの場合も進化論や進歩主義への道を切り開きますが、そうなると歴史学者が提供する縦断的記述と両立しうる歴史哲学に頼る必要が出てくるため、社会科学の枠内で承認を得るために必要となる正当化の制約が増大してしまうという問題もあります。

これとは別に、一つ目の可能性の集合と比べると批判の面ではそれほど野心的ではないものの、社会学的記述が提供する特殊な手段をよりうまく利用することができる可能性の集合があります。それは、ある社会秩序に対する批判を支える規範的立場を、当の秩序の記述それ自体から引き出すというものです。それゆえ、この可能性の集合は、ほとんど超越論的とでも言っていいような地位に置かれている規範的人間学に対して、一つ目の可能性の集合ほど重みを与えることはしません。この図式の第一の様態は、公式と非公式との偏差を利用するというものです。このとき、この秩序が主張する理念が、実際に行われていることと一致しておらず、それゆえ、成員を――あるいはその中の幾人かを――取り巻く実際の状況とも一致していないことが示されることになるでしょう。批判は、当該秩序が原則として自らに与えている諸価値と実際には合致していないということを主要な論拠に据えることになるでしょう。

第二の様態は、習俗の状態の分析から法を批判する道を切り開くというものです。このとき、ある状態の社会秩序は、次のような場合に――デュルケムが言う意味で――「病理的」なものとして批判されることになるでしょう。すなわち、ある制度化された形式で（すなわち、近代社会においては大半の場合「法の」形式で）定められ、その違反に制裁を伴うような規則が、「社会的なものに内在」し、拘束力のある規範、それゆえ行為者によって承認されているか、あるいは内面化さえされているような規範の中に、自らの存在を保証するものをもたない、あるいはもはやもたないような場合です。この批判的立場は、たとえば「習俗」が変化したのに（あるいは「進化」したのに）法が変わらないままで、その結果法の状態が習俗の状態に対して遅れを取っていることが分析を通じて強調される場合のように、歴史的視座と妥協しうるような場合により堅固なものとなります。

このような内在的批判の最初の二つの様態において採用されている規範的支点（これは明示されない場合もあります）とは、透明で真正な社会という支点です。〔この場合〕善き社会とは、全員が、何よりもまず権力の座にいる政治的エリートたちが、公式に主張されている理念――とりわけ法に刻印されている理念――を協同して実現しようとする社会、および／あるいは、国家による制裁の基礎となる法的規範が、「集合意識」を、それゆえ社会秩序におけるすべての成員（あるいはその大多数）によって承認されている道徳規範を、法秩序において反映しているような社会となります。

社会学が「科学」としてできる限り厳密に記述的要求に従いながら用いることのできる第三の様態の批判的操作とは、当の記述的要求を規範的に利用するために、行為者が行為の流れの中で示す道徳的期待を捉え、それを行為者の中に存在する道徳感覚を示すものと考えるというものです。行為を本質的に日和見主義的な観点から捉える解釈に反して、道徳感覚には社会学がそのモデル化を行うのに十分な恒常性と堅牢性があると信じられています。それゆえ、この場合、メタ批判的方向性は、日々の活動の中で「人びと自身」が展開する批判を収集し、まとめ上げることによって精緻化されることになるでしょう。それはとりわけ、行為者たちが自らの道徳的要求を表明する論争という瞬間に依拠することになるでしょうし、また、行為者たちが諸々の経験に身を委ね、「行為の創造性」を発揮しながら、社会的なものを革新的なやり方で「遂行する」集合的相互作用にも依拠することになるでしょう。この種の立場が直面する困難の一つは、観察対象となった特定の行為者集団の特定の視点以外に何も表していないという糾弾に耐えうるような批判を構築することです。まさにこのような理由から、ここで採用されるメタ批判的立場は、実質的な規範性よりも手続的な規範性に依拠することになるでしょう。その主な目的は、多様な視点が諸々の経験を介して表明され、対置され、具体化されうる社会秩序の輪郭を描くことになるでしょう。反対に、このような経験の現実化が強権的権力の行使によって妨げられるような社会秩序に対しては、批判の刃が向けられることになるでしょう。

これまで我々がその特徴を大まかに描いてきたメタ批判的立場には、ある共通点があります。それは、人間学から形成されるものであれ、批判を受ける社会秩序から導き出されるものであれ、道徳的判断を組み込んでいるという点です。しかしながら、批判へと通じる道にはもう一つ別のものがあります。それは、道徳的価値基準を括弧に入れながら（あるいは、そうしようとしながら）、——ある特定の社会秩序に特有のものにせよ、諸々の社会秩序から構成されるより大きな集合の中に存在するものにせよ――内在的矛盾の暴露を〔批判の〕主な足掛かりにしようとする道です。この場合、批判は、何らかの価値基準に基づいて現実の状態を判断する日常生活者としての個人がそうするように、社会学者が個人の資格で引き受けることはありません。批判は、考察の対象となる秩序が、このような矛盾を解消するために必要となる資源を自らの中に見出せないために、今ある形のままで存続し得ない（あるいは存続し得ないだろう）という事実の確認（あるいは予測）から生じるのであり、これは程度の差こそあれ歴史的視座の採用を前提とします。

　この可能性を利用するためには、考察の対象となる事例の社会学的・歴史学的な記述と分析を推し進めることで、このような矛盾を同定し、その系譜を辿り、その行く末を明らかにし、そして何よりも、この矛盾が組み込まれている集団や階級間の対立と関連づけることが必要となります。実際、この種のメタ批判的立場に基づく理論構成の共通点の一つは、共通善という観念や、多様な視点がぶつかり合う討論の場という観念さえも捨て、それらを敵対する集団間の闘争、力、支配、力関係という観念に置き換えようとする点にあるのです。このような土台に基づく批判的方向性は、とりわけこの闘争が何よりも否定的に検討されるのか（すなわち、ある特定の秩序の破壊だけでなく、社会秩序全体の破壊ももたらすものとして検討されるのか）、それとも肯定的に検討されるのか（すなわち、新たな可能性の出現と、それが示す矛盾の弁証法的止揚を可能にするものとして検討されるのか）によって、異なる形で展開される可能性があります。

　前者の場合、このような矛盾や敵対性は、価値の対立（および／あるいは利害の対立）と関連づけられます。この種の対立は、それに序列をつけることを可能にするような上位の論理階梯に位置する価値が存在しないという意味においてか、あるいはいかなる歴史的弁証法も想定されないという理由から、完全な一般的妥当性をもって正当化しうるような解決策をその本質においてもたないと見なされます。このとき、社会学と批判との妥協の道を切り開く可能性はかなりの程度制限され、一般的に次の二つの選択肢に分かれることになります。一つ目の選択肢は、社会学的分析と政治的活動との分離を強調し、両者を異なるだけでなくほとんど両立不可能な論理を宿したものと見なすというものです。社会学者は「学者」として行為者が出来事に付与する意味を理解し、蓋然性の高い因果連関を示すことに努めるのに対し、「政治家」は活動家として選択を行う、といったようにです。社会学者は、様々なありうる選択のありうる帰結について政治家を教えること、および／あるいは、「無責任」と判断される政治的決定を批判することしかできないのであり、この場合の「無責任」も、その政治的決定を下した人びとが、自らの選択の帰結を直視しようとせず、それゆえ不誠実に行動したということしか意味しません。

もう一つの、よりラディカルな選択肢は、社会学を秩序維持と結びつけるというものです。このとき、社会学者は、秩序を弱体化させる、権威を弱める、成員に道徳的「指標」を与える価値基準を曖昧にする、といったような政治的活動ないしは政治的性向を批判する任務を自らに課すことになるでしょう。そうなると、社会学は――たとえ「左」ではなく「右」を指向していたとしても「批判的」と呼ばれるに値するものも含めて――、国家の権威を強化するために、言い換えれば権威主義国家のために利用されることになるかもしれません。

多くの批判的な社会学は程度の差こそあれマルクス主義の伝統を引き合いに出しますが、おそらくそのような社会学においては、真理と権力と搾取の問題が最も明確な形で結び合わされます。これらの問題は、ある中心的な矛盾をめぐって結び合わされます。それは、純粋に「知的」なものであろうとする理論的活動と、実践的で生産的な活動との分離から生じる矛盾です。この分離は、社会階級の形成との因果関係の中に置かれます。すなわち、一部の集団（支配階級）による他の集団（被支配階級）を犠牲にした搾取の展開および権力の独占との因果関係の中に置かれるのです。知識社会学の面から言うと、このような批判的立場を採用することで、事の本質に迫る認識の獲得様式について理論的に展開された思弁（支配者側の利益という観点から現実を語るという意味で「イデオロギー的な」思弁）に与えられる支配的地位を告発することが可能になります。なぜなら、〔この立場に従えば〕認識の獲得は実践から、とりわけその生産的次元から直接生じるとされるからです。

　闘争や矛盾を前面に置く（これはしばしばホッブズの伝統に見られるものです）社会学と比較した場合、解放《エマンシパシオン》を指向する批判的な社会学の特殊性の一つは、二種類の社会学的記述を両立可能なものにしようとする点にあります。一つ目の記述は、力、および、搾取と支配の社会的審級を暴露し、それによって社会生活の中心に暴力を置きます。しかし、この一つ目の種類の記述だけでは、メタ批判的な立場を確立することはできません。実際、暴力と支配を引き起こすことがあらゆる社会の本質であるとすれば、この事実を科学としての社会学が明るみに出したところで、ラディカルな批判的アプローチが構築されることはほとんどないでしょう。ある形態の支配が行使される社会秩序が打倒されても、そのあとに形成されるのは必然的に、支配の諸力が異なるだけで減ってはいない別の社会秩序ということになるでしょう。批判が可能であるためには、この一つ目の（悲観主義的な）記述に、二つ目の（楽観主義的な）記述が組み合わされなければなりません。それは、啓蒙主義者たちによる解放《レベラシオン》のプロジェクトの歴史主義的な形態に依拠して、社会秩序の継起を解放《エマンシパシオン》の方向へと導くような記述です。この二つ目の記述を達成するためには、歴史哲学に訴えるだけでなく、解放《レベラシオン》という理念に内容を与えるために多かれ少なかれ必要となる哲学的人間学に訴えることも必要になります。

　このように異なる種類の二つの社会学的記述の間で生じる緊張は、――周知のように――労働運動の伝統を引き合いに出す理論構成が取り組まなければならない特殊な問題の一つを構成します。実際、力および力関係という点から行われる記述が展開されるためには、実証主義的な科学から取り入れた因果論的決定という言語に訴えなければなりません。それゆえ、この記述は次の点を強調することになるでしょう。すなわち、弾圧の機制が強力に作動していること、この機制が（それこそ生まれる前から）絶えずそこにあったと被弾圧者が思うようになる仕方、被弾圧者が抑圧を大人しく受けている様子、あるいはまた、被弾圧者の疎外を説明するために、被弾圧者が価値基準（とされるもの）を採用することを通じて隷属し、イデオロギーの形でそれを内面化するまでに至っているという事実、です。他方で、解放《エマンシパシオン》へと向かう漸進的な発展という点から行われ、線形的で運命論的な進化ではなく、反抗的だが（複数の）理性を備えた人間の行為に依拠する記述もあります。この記述は、一つ目の記述とは反対に、一定の歴史的条件の下でなら、自らの疎外を自覚し、自分を支配する諸力に抗して立ち上がることができる人間存在の自律性を強調しなければなりません。メタ批判的立場の構築に必要となるこの二つ目の例証は、社会学的記述と両立不可能というわけでは全くありません。しかし、それは、力関係の状態の記述で使用される手段と明らかに異なるものを要求しますし、分析を行為の社会学、すなわち、行為者の志向性、および、自分の真の利益と欲望に（理解することと実質的なものにすることという二つの意味で）気づき＝達成し（réaliser）、現実についての新たな解釈を練り上げ、その解釈を批判的活動に役立てる能力を考慮に入れた行為の社会学へと向かうように導きます。ところで、この二つの種類の社会学的記述を連結させることは、何の問題もなく行われるわけではありません。次節でその理由を明らかにしていきたいと思います。

社会学と批判の絡み合い

これまでのページが示唆しているように、メタ批判的指向と社会学的指向との区別は分析上のものです。社会学者の実践において、これら二つのプロジェクトは絶えず交錯しています。しかし、この区別には、――我々の考えるところでは――社会学の活動に、そしておそらく社会科学全体に宿る主要な緊張の一つを明らかにするという利点があります。この緊張は、多かれ少なかれはっきりと現れうるものです。それは、最もラディカルな形で批判的姿勢を取る社会学、すなわち、批判的な社会学の場合に顕著に見て取れます。しかし、批判的次元を前面に置くことのない社会学においてでさえも、この緊張はつねに存在しており、少なくともそれがいわばデフォルトなのだと言うことができます。おそらく、この緊張が最も露わになるのは、「実証的」と言われながらも、〔実際には〕偶発的で、異論の余地のある要素をより多く含んでいるかもしれない科学に追いつこうとする、称賛に値する――なぜなら科学性への紛れもない配慮を示しているからです――と同時に悲壮な――なぜなら必然的に失敗する運命にあるからです――努力においてでしょう。ここで私がとりわけ念頭に置いているのは、観察に必要とされる正確さではありません。むしろ、観察した内容を論文に落とし込む際に用いられる諸々の目印のことです。たとえば、うわべだけの非人称的なしるしを並べるといったことや（たとえば「私」に代わって「我々」や「人（びと）」を用いること）、無名で、しかも知りたいと思えるようなことが何もなく、あちこちに書かれた論文ももはや名前やそれに添えられた日付、正確さを期すために記されたページ数でしか識別することができず、そのすべてが丸かっこという墓碑の中に閉じ込められているような、他の研究者に何人も言及するといったことです。時には、これみよがしに数字と図表を並べる行為を通じて示される定量化への偏愛や、他と差をつけると考えられる最新の議論に焦点を当てる「最先端の」論争（これは、共通の前提について考えることをせず、それをしばしばうやむやにします）なども見られます。要するに、〔ここで私が念頭に置いているものとは、〕ある有機的な団体組織（「科学者共同体」）や、「グローバルな」下部組織をもつネットワークに論文を通すために行われるあらゆる策略であり、それはまるで偏りが生じるリスクを遠ざけるには――すなわち名ばかりの批判を解消するには――、〔人間の手による〕作品を破壊し、数多くの部分的介入を集約することで生まれる自動機械を活用するだけで十分であるかのように行われるのです。

さて、我々の学問の歴史をほんの少しでも検討すれば、メタ批判理論とそれが活用する記述的社会科学がともに発展してきたことがすぐに分かるでしょうし、また、これら二種類のプロジェクトが部分的には両立不可能でありながらも深く関連し合っていることもすぐに分かるでしょう。しかし、これはまた、メタ批判理論が単一の外在性の可能性を認めなければならないことも意味します。メタ批判理論があらゆる不偏性要求を容易に放棄できるというのは疑わしいとさえ言えます――政治闘争にコミットするよう強く急き立てられている知識人がそれを可能であると信じ込んでいるように見えることが時折ありますが。いずれにしても、批判の社会学に対する依存は、社会学の批判に対する依存を必然的に帰結します。実際、社会学的記述は、まさにその概念構成上、メタ批判理論によって使用されることを指向しています。おそらく、このようなメタ批判理論による使用は社会学的記述の主要な正当化の大部分を構成しています。(「芸術のための芸術」と言われるのと同じように)社会学のための社会学なるものがあるとして、いったい誰がそれに興味を持つというのでしょうか。つまり、記述をより精巧で精密なものにしていくことに力を使い果たし、知の学問として自らを完成させること以外に何の目標ももたないような社会学があるとして、いったい誰がそれに興味を持つというのでしょうか。そしてさらに言えば、仮にこの学問の対象となりうるものが、人びとが自らの反省的活動を通じて集合体を作ったり壊したりするその仕方だけであるということが認められるとしても、その「知」の中身とはいったいどのようなものになりうるだろうかと問うことができます。社会生活を営む行為者たちが自分の属する集団を構築し、支え、かつ/または転覆するそのプロセスは、それ自体、かなりの部分が批判の可能性とつながっています。それは、行為者たちが既存の秩序を問いに付す場合だけでなく、それを正当化しなければならない場合においてもそうです。もし、ある種の場違いな慎みや引っ込み思案から、自らの対象の決定にこれほどまでに貢献する実践〔＝批判〕を放棄してしまえば、社会学は奇妙な活動となってしまうでしょう。まるで外から支配するためであるかのように社会的世界と距離を取ろうとし過ぎてしまえば、社会学は、自らの社会基盤となるものを自らの手で奪い取ることになってしまうでしょう。

第二章　批判社会学と批判のプラグマティック社会学

前章でその概略を示した図式に依拠しながら、私はこれから、本書の冒頭で触れた二つのプログラムにおいて社会学的記述と社会批判がどのように結び合わされていたのかを検討していきたいと思います。その二つのプログラムとは、批判社会学と批判のプラグマティック社会学です。

批判社会学

一九六〇年代後半と一九七〇年代のフランスは、しばしばマルクス主義的傾向をもつ様々な批判的潮流、とりわけフランクフルト学派の遺産を後ろ盾にする諸々の運動の発展によって特徴づけられます。この文脈において、ピエール・ブルデューと彼のチームによって遂行された支配の批判社会学の独創性は、とりわけ哲学的なアプローチから距離を取り、概念の創造と経験的なフィールドワークをできるだけ密接に結びつける、「メチエ」としての社会学の実践を基盤とした点にあります[1]。ピエール・ブルデューの批判社会学は、社会学的実践を枠づける非常に拘束力のある要求と徹底的に批判的な立場の双方を同一の理論体系に収めようとする試みの中で、おそらく最も大胆なものです。また、そうであるがゆえに、私が先ほど言及した社会学と批判の節合が提起する問題の大半を、この企ての中に見つけることができます。

ピエール・ブルデューが社会学と批判を統合するために構築した独創的な理論枠組みは、「古典」との連続性が意識されています。この枠組みには、デュルケム社会学、ジョージ・H・ミードのプラグマティズム、シュッツの現象学的社会学、あるいはまた、民族学と精神分析が合流することで生まれた二〇世紀前半の文化人類学から取り入れた諸々の要素が含まれています。しかし、支配という問題構成に限って言えば、とりわけ参照されているのは、マックス・ウェーバーとマルクスによる二重の貢献です。それゆえ、驚くべきことではありませんが、P・ブルデューの著作には次の二つの間で生じる緊張が見られます。一つは、様々な社会で観察することのできるような支配に関して、その事実のみを記述し、その諸々の様態（「支配の諸類型」）を分析することに専念するアプローチ。もう一つは、マルクス主義的傾向をもつ諸々の潮流の精神を受け継ぎながら、解放を目指して行われる支配の問題化です。ところが、マルクス主義を標榜する大半の潮流で行われていることとは異なり（そしておそらくデュルケムの影響の下で）、P・ブルデューの場合、解放の企ては本質的に社会学の実践それ自体を土台としています。それゆえ、社会学は、この場合、支配の記述の道具であると同時に、支配からの解放の道具でもあるのです。

この二重の方向性を引き受けるという行為は、批判社会学というプロジェクトに宿る緊張をとりわけ際立たせます。実際、それは、一方の社会学——社会学は、現象学や間主観的アプローチから多くの成果を得ながらも、客観性や価値中立性の要求を基準にして自らを多かれ少なかれ定義しています——と、他方の社会批判との連結に直接関わります。ここで問題となってくるのは、社会批判が土台としうる知とは何かということです。一方で道徳や価値基準への準拠の中に土台を探そうとすることを拒否し（道徳主義と非難される立場）、他方で民主主義を標榜する資本主義的国民国家の発展をある種の理想とし、歴史の終わりが必然的に向かう先をその理想に定める準進化論の中に土台を探そうとすることも拒否し（タルコット・パーソンズ[2]やシーモア・マーティン・リプセットを引き合いに出す一部の潮流に見られるものであり、ブルデューはこのような潮流に対して容赦のない批判を浴びせていました）、さらにはマルクス主義的色彩を帯びた歴史哲学（生産様式の継起と矛盾の増大）の中に土台を探そうとすることも拒否しながら、ブルデューの批判社会学は——その内容が明示されることはないものの——「側面の可能性」〔正面ではなく側面から見れば見えてくる可能性〕を引き合いに出さなければならないのです。

批判社会学における支配概念の使用が提起する諸問題

我々はここで、支配概念がピエール・ブルデューの批判社会学の中でどのように用いられているのかについて詳細に説明することはせず——そのようなことをすれば、延々とその説明をしなければならなくなるでしょう——、それゆえこの概念についてすでに了解されているものと考えることにします。[3]

我々は、〔批判社会学に向けられた〕諸々の反論を取り上げ、それらがなぜ我々を今から二〇年以上前に批判社会学と距離を取り、別の道を通じて批判の問題に取り組むよう導いたのかについて簡単に指摘する程度にとどめたいと思います。この別の道——すなわち批判のプラグマティック社会学という道——については、すぐあとでその概略を提示するつもりです。

批判社会学における支配概念の使用法が我々にとってどこに問題があったかと言えば、それは、概念の性質としてあまりに強力であり、かつ漠然としすぎているという点です。支配概念が拡張的に使用されると、明らかな序列関係から最も個人的な紐帯に至るまで、おおよそすべての行為者間の関係がその垂直的次元から検討されるようになります。それと同時に、社会学者が批判的観点から支配関係として捉えるものは、この位相にいる行為者によって〔そのようなものとして〕必ずしも提示されるとは限りませんし、ましてや経験されるわけでもありません。さらに、行為者は、このような記述によって自分たちが侮辱を受けていると感じることさえあるかもしれません（たとえば、もしあなたが社会学者として、愛の歓喜に浸っている男性に対して、彼が連れの女性に対して抱いている恋心が、実は、その女性が彼よりも高い階級の出身であるがゆえに行使している社会的支配の効果の結果にすぎないという説明をすれば、あなたは自分の見解を認めさせるのにいくつか問題を抱えることになるでしょう）。このような支配概念の拡張は、暴力概念の拡張へとつながります。すなわち、少なくとも多くの場合行為者自身によってまさしく暴力として経験され、記述される物理的暴力が、たいていの場合そのようなものとして経験されない象徴的暴力（ピエール・ブルデューの社会学における中心的概念）へと引き伸ばされるのです。

どのようにして、また、なぜ行為者が知らぬ間に支配されるのかを説明するためには、理論は、行為者を盲目にする幻想に重きを置き、無意識概念に訴えなければなりません。その第一の帰結は、行為者がしばしば思い違いをしている存在として扱われるか、あるいは、ハロルド・ガーフィンケルの表現を借りれば、まるで「文化的中毒者」であるかのように扱われることです。とりわけ行為者の批判的能力が過小評価されるか、あるいは無視されることになります。別の帰結は、行為者が深く入り込んでいる状況の特性を一切顧みることのないまま、行為者の性向的特性に圧倒的な重みを与え、行為者のほとんどすべての行動を、とりわけ教育過程を通じて内面化された支配的規範によって説明しようとすることです。このような支配的規範の内面化は身体化という形態を取ります。身体化とは、習慣において見られるように、身体にこの規範を刻みつける過程であり、まさにこの過程が構造の再生産を説明するのです。それと同時に、あるときは性向のために、またあるときは構造のために、状況がなおざりにされます。ところで、社会学者も、日常生活において絶えず状況の中に深く入り込んでいる行為者も、状況を観察し、記述することはできますが、構造の認識に接近できるのは社会学者だけです。実際、構造を暴露するためには、マクロ社会的な性質をもつ道具、とりわけ、カテゴリーや分類基準の構築、そして計量学を土台とする統計的な道具を使用する必要があります。しかし、このことは、構造の暴露を支える道具が、多くの場合、国家や国家間組織の保護下にある強力な計算センターの存在に大部分依存するということも意味します。したがって、ここ三〇年来行われた多くの研究が示しているように、このようなマクロ社会的な道具は、それが依拠するカテゴリーや計量学と同様に、それ自体が社会的活動の産物、とりわけ国家活動の産物と見なされなければならないのであり、それゆえ、社会認識の道具であると同時にこの認識の対象でもあるという、控えめに言ってもすわりの悪い二重の地位を占めているのです。(4)

最後に、三つ目の帰結は、思い違いをしている行為者と、その行為者の社会的条件の真実を暴露することができる――そして、一部の定式化においては、それができる唯一の存在である――社会学者との非対称性を拡げることです。このような立場は、科学としての社会学の力を過大評価することへとつながります。科学こそが、社会学者が人びとについて本人よりもずっと多くのことを知っているという主張を支えることができる唯一の基礎なのです。このとき、社会学は、社会的世界に関する主要な真理の言説となるという特別な権限が付与される傾向があります。もっとも、そうなれば、社会学は、同様の帝国主義を主張する他の学問と競合しなければならなくなるでしょう。しかし、何にもまして重要なのは、批判的企てが次の二つの間で引き裂かれることです。すなわち、「イデオロギー」暴露を――イデオロギーを基礎とする――あらゆる形態の知識に展開したいという思いと、この暴露という操作に確固たる支点を提供しうる《科学》という保護区域を維持する必要性との間で引き裂かれるのです。最後に次の点も付け加えておきましょう。科学としての社会学と日常知の違いを強固なものにすることは、社会学的言説が社会の中で循環し、それが行為者によって再領有／再解釈されることで生じる諸々の影響を過小評価することにつながります。このことは、反省性〔再帰性〕を標榜する社会学にとってかなり問題となります。ところで、社会学が社会的世界に回帰することで生じるこのような影響は、現代社会においてとりわけ重大なものとなっています。それはとりわけ、（メディアの役割は言うに及ばず）中等教育および大学教育の役割が増大しているからです。このような理由から、行為者はますます、社会科学に由来する説明図式や言語を検討し、それを日常の相互作用（とりわけ論争）に持ち込むようになっているのです(5)。

他方、予想されるように、このパラダイムは行為を十分に説明することができませんし、それゆえ、行為者が関わる論争を十分に説明することもできません。実際、地図学的記述と相互作用論的記述との境界面を維持しようとする努力は、構造論的記述から同定された性向――いかなる状況であれほとんど似たような形で現れる性向――に従って行為者の行動を拙速に解釈することによって、相互作用論的記述を過剰に規定することにつながっているように見えます（このことはまさに行為者（*acteur*）よりも行為主体（*agent*）という語が好まれることによって表現されます）。かくして、一方の基底的構造と他方の身体化された性向との循環関係の強調は、行為者が行為をしなければならない状況の中で直面する不確実性を吸収することに貢献するのです(6)。ところで、行為という概念が真に意味をもつのは、不確実性を背景とすることによって、あるいは少なくとも、可能な選択が複数存在するという条件においてのみです(7)。すべてが初めから決まっているように見える文脈においては、行為という概念そのものの意味が失われる傾向があります。このことは何よりも論争に当てはまります。というのも、論争は、その成り行きだけでなく、様々な論争相手が引き合いに出す事実や解釈も不確実だからです。同様の理由から、社会変動そのものや、批判が変動過程において果たす役割も、この枠組みにおいては説明することが困難です。

社会学の二つの使用――記述の道具としての使用と批判の武器としての使用――の節合には他の問題も生じます。一方で、支配は――ウェーバーの視点に立つと――、知られているほとんどの社会で様々な形で見つけることができる一つの純然たる事実として記述されます。他方で、支配は社会秩序において暴露され、――マルクスから影響を受けた著作、あるいは、少なくとも解放のプロジェクトを目指す著作において見られるように――批判にさらされますが、これはある規範的支点を前提とします。ところで、このパラダイムでは、真理を獲得するための主要な経路として社会《科学》が強調された結果（一九六〇年代から一九七〇年代までのフランスの批判的な著者たちの大半に共通に見られた立場であり、そこではアカデミックの世界で当時なお支配的だった観念論哲学から自由になることが目指されていました）、メタ批判的プロジェクトを支えることを可能にする――我々が上でその特徴を簡潔に示した――規範的資源の大半が利用できなくなっていました。哲学的人間学への準拠は、メタ批判的企てが最も頻繁に訴える支点の一つではありますが、括弧に入れられてしまうのです。だからといって、批判というプロジェクトが放棄されるわけではありません。その結果、批判的態度の表明は、《科学》の要求に背く恐れからそのままの形で引き受けられることはなく、記述という枠組みの内部にいわばはめ込まれることになるのですが、その際頻繁に用いられるのが、読者の中に憤慨の感情を呼び起こしうる手段としてのレトリックです。〔とはいえ、〕このようなレトリックによって記述自体がどこまで過剰に規定されずにいられるのかという点が同時に問われるでしょうし、もし記述への指向と規範的な目標との節合によって生じる問題が明確に引き受けられていれば、――少なくとも同じ程度に――規定されることはなかったでしょう。

批判のプラグマティック社会学というプログラム

批判のプラグマティック社会学というプログラムは、もともとブルデュー派のパラダイムの枠組みで研究をしていた社会学者たちによって一九八〇年代に確立されたものですが、そのねらいは、批判の問題を新たに提起し直し、私が指摘したばかりの諸々の困難を回避しようとする点にありました[8]。とりわけ拒否されたのが、一方の科学の光によって啓蒙された社会学者と、他方の幻想に浸っている日常生活者との非対称性です。このような非対称性は、フィールドワークによっては確認されないもののように我々には思えましたし、さらには、――論争的な表現を用いながらジャック・ランシエールが『哲学者とその貧者たち』で示していたように――新たな種類のプラトン主義的観念論に回収され、それを助長するリスクを含んでいるようにも思えたのです（社会を導くという野心のもと、賢人たる哲学者に取って代わる全知の社会学者[9]）。

批判社会学のパラダイムの中で問題とされたのは、何よりもその記述的次元、すなわち社会学固有の次元であって、その批判的側面ではありませんでした（もし、〔批判社会学から批判のプラグマティック社会学への〕移行が、保守主義への政治的転換に起因するもの、あるいは、一九八〇年代初頭の多くのフランス知識人に見られたようなマルクス主義からリベラリズムへの転換に起因するものであったならば、批判的側面も問題とされていたでしょう）。我々は、厳密な経験的社会学に基礎を置き続けたいと思っていましたし、それを発展させたいとさえ思っていました（我々にとって、厳密な経験的社会学に基礎を置く点こそが、批判社会学の枠内で展開された研究の根本的な貢献の一つを成すものでした）。我々はこのことを、諸々の状況の中にいる行為者の活動についてより優れた記述を提供することによって行おうとしたのです。この目的を達成するためには、（まるで社会学者がこれから発見するものをすでにあらかじめ知っているかのように[10]）機械的に使用されるとデータを押しつぶす恐れのある強力すぎる説明装置を括弧に入れ、行為者が行うこと、行為者が他の人びとの意図を解釈する仕方、行為者が自分の大義を論証する仕方などを、いわばありのままに観察できるようになることが必要であると我々には思えたのです。それゆえ、我々の運動は、手短に言えば、批判的な方向性からより優れた記述の探求へと再転換することにありました。このことは、繰り返しになりますが、批判の問題を前面に置く社会学の理論体系の、そしておそらく、記述の要請と規範的方向性との間の緊張を宿している社会学一般の不安定な性格を示しています。

しかしながら、我々は批判社会学のプロジェクトを放棄したわけではありませんでした。私たちは行為者の行いや振る舞いに関する詳細な記述に注意を向けましたが、このような注意は、――経済学の隠喩を用いてよければ――迂回生産という性格をもっていました。我々は、このような迂回を行えば、最終的には批判を再活性化し、それを社会的現実の中にしっかりと据え付けることができると思っていたのです。我々は、ある知的・政治的文脈――すなわち、垂直的次元と行為主体の疎外意識の不透明性を強調するパラダイムが相対的に放棄され、水平的関係（とりわけネットワークという観点からの分析）および戦略的動機や合理的選択という観点から解釈される行為の様態に関心を向けるパラダイムが優勢になった一九八〇年代という文脈――において、批判の説得力を確固としたものにする必要があると考えていたのです。

ここで実施された戦略とは、現象学において言われるような事象そのものへと立ち返ることでした。ところで、事象そのものへと立ち返ることを批判において達成することとは、人びとが批判に専念する状況、すなわち論争を観察し、記述し、解釈することを第一の目的に据えるということです。それゆえ、我々が行った転換は、民族学の観察手法を取り入れた一連の実地研究という形を取りました。そして、その対象は、可能な限り多様な客観的次元をもつ、諸々の状況で行われる論争でした。しかし、このようなフィールドワークに関する観点の変化は、もし理論枠組みの再編成を伴うものでなければ、一貫性を欠くものになっていたでしょう。

このプログラムは、程度の差はあれプラグマティズムに影響を受けた諸々の潮流から提供される資源を利用しました。これらの潮流は、しばしば非常に異なる経路を辿りながらも、すでにそこに存在する世界の地図学的記述を犠牲にする代わりに、社会的なものを遂行する主要なエージェンシーと見なされる状況下の行為者に社会学者の目を再び向けさせるという点で共通していました。それは、アメリカのプラグマティズムから直接影響を受けた潮流（たとえば相互作用論や――相互作用論ほど直接影響を受けてはいませんが――エスノメソドロジー）である場合もありましたが、フランスの知的文脈に根を置きながら、（たとえばブルーノ・ラトゥールのように）しばしばジル・ドゥルーズの著作を介するという複雑な道を経由して、プラグマティズムの遺産の一部を取り入れた潮流についても言及しておかなければなりません。さらには、プラグマティズムと直接関係はないものの、行為者が状況の中で行う言語活動や解釈作業に社会学者の注意を向けさせた潮流、たとえば、分析哲学や後期ウィトゲンシュタイン、あるいは、分析哲学と現象学を収斂させることに努めたポール・リクールを挙げることもできます。

このように雑多な選択肢の中でとりわけ利用されたのが、言語学と関係する潮流、すなわち、一方の文脈依存性（*indexicalité*）や状況における意味の形成に注意を向けていた言語学的語用論と、他方の生成言語学であり、我々は後者からとりわけ能力（*compétence*）概念を（あまりオーソドックスなやり方ではなかったと言わなければなりませんが）借用しました。我々は能力概念を、状況において受け入れ可能な批判および／あるいは正当化を生み出す行為者の能力を説明するためにはその存在を前提としなければならない生成図式、すなわち行為者の正義感覚ないし道徳感覚を指し示すために用いました。それゆえ、社会的世界を訴訟の場として(11)――すなわち、行為者が不確実な状況の中で調査を行い、何が起こっているのかに関する自分の解釈を報告書に書き留め、性質決定を確立し、試練を受ける場として――記述し直そうとした我々の方法は、プラグマティズムの精神と多かれ少なかれ結びつきうるものなのです。

　生成言語学への準拠が示唆するように、このプログラムは客観主義的な性格と、いくつかの側面においては構造主義的な方向性も保持していました。ただし、それは、地図学的な様式に基づく社会形態学へと向かうものではなく、むしろ認知的で義務的な装置、すなわち能力のモデル化へと向かうものでした。行為者たちが――論争を通じて互いが対立するにもかかわらず、あるいはより正確に言えば、そのような論争が介在することによって――自分たちの行為を調整したり自分たちの解釈を一致させたりするに至るやり方を理解するためには、そのような能力の存在を前提としなければなりません。我々は、同時期に発展した潮流、すなわち、観察者はある時代やある文化に根を置いており、そこから解釈カテゴリーを得ているがゆえに、そのようなカテゴリーと距離を取ることができないことを強調する（解釈人類学のような）潮流に対しては敵対的でしたし、あるいはまた、行為者が局所的《ローカル》に利用できる資源しかほとんど考慮に入れない（一部の厳格派エスノメソドロジーのような）潮流に対しても敵対的でした。

　このプロジェクトの論理に従えば、社会学の主要な仕事は、つながりを作ったり解いたりするために社会的世界の中で用いられている方法を明示し、解明し、可能であればモデル化することにあります。

この意味で、社会学は二次的学問として扱われます。社会学は、言語学と少し似たやり方で、整然さと明晰さの要求に従う一定のフォーマットに基づいて、行為者自身のものでありながらそれを行使する際に必ずしも十全に意識される必要のない能力を提示する学問なのです。このとき、社会学が自らの目標を達成するのは、行為者の社会的能力を申し分なく描き出すことができた場合になります。それゆえ、社会学が重んじる真理の形態とは、言語学的な意味での容認可能性（*acceptabilité*）と類似したものなのです。

メタ批判的方向性――この点についてはあとで詳細に検討するつもりです――について言うと、我々のねらいは、記述から一つの規範性を浮かび上がらせることにありました。研究は何よりもまず、行為者が批判をするための、あるいは批判に直面した際に自らを正当化するための拠り所にしうる規範的位置を明らかにする方向へと向かいました。しかし、それは、行為者が日常生活という偶然的状況の中で展開する批判の収集と解明に基礎を置くメタ批判的プロジェクトの可能性を切り開くような形で行われました。この点をこのプログラムの発展に寄与した一人の言葉を用いて言えば、批判的な社会学が持ち出してくる外在性がつねに不完全な外在性であるということがひとたび認められると、複合的内在性の可能性を探求することが焦点となりました。それに伴い、枠組みの外に出て、その枠組みを批判することに加えて、外在的批判がその対象である枠組みに今もなお負っているものを組み込むことを目指す第三の運動が生じました[12]。

このプログラムとの関連で、多種多様な領域における論争を対象としたフィールドワークがいくつも展開されました。職場や企業における論争[13]、公衆衛生の文脈における論争[14]（とりわけエイズの流行に関連するもの[15])、マスメディアの世界における論争[16]、銀行における論争[17]、文化財の評価と選別[18]、賃金労働者の求人[19]、あるいは私有財産ないし公共財産の分配を担う委員会における論争、教育機関における論争[20]、市町村庁における論争[21]。あるいはまた、製品表示に関して権限をもつ機関の内部で展開された論争[22]や、環境保護に関する論争[23]。さらには、カトリック教会と同じくらい強固に見えるある制度の内部で起きた、聖母マリアは本当にボスニアの羊飼いたちのもとに現れたのかという問題をめぐる論争[24]も取り上げられました。

このプログラムの別の側面は、「事件」、すなわち、場合に応じてその規模も長さも異なりますが、それを通じてある対立が公共空間にもたらされる論争を対象として取り上げた点にあります[25](事件はフランスではしばしばドレフュス事件によって構築されたモデルと結びつけられます)。このような事件が進行していく中で、もともと局所的《ローカル》なものだったある問題は、一般的な性格をもつまでに拡がります。あらゆる人間から憤激を買う可能性のあるスキャンダルとは異なり[26]、事件は、対立する派閥の形成をもたらします。なぜなら、事件には糾弾の矛先の向け直しがつきものだからです。すなわち、ある犯罪を犯したかどで当局に糾弾された個人の擁護がある集合体によって引き受けられると、その集合体は彼もしくは彼女が「実際には」犠牲者であることを示そうとするとともに、糾弾の矛先を糾弾者たちへと向け直すのです。このとき、対立する様々な当事者は、自分の大義に有利になるようにできるだけ多くの行為者を動員しようとします。事件が(こういってよければ)成功すると、それは社会の異なる領域を植民地化し、様々な世界(政治的世界、知的世界、経済的世界など)を分け隔てる境界を横断するまでに至ります。両立不可能な複数の物語が公然と対立し、それによって「実際には何が起きたのか」に関する不確実性が、事件が解決されるまで維持されることになります。

これらの研究を通じて示された行為者（*acteurs*）は、支配の批判社会学に登場する行為主体（*agents*）とは全く異なるものでした。行為者はつねに積極的で、決して受動的ではありませんでした。行為者は明らかに批判的でしたし、その批判的姿勢は、敵対者の隠れた意図と欠点――これらはしばしば敵対者の社会的位置と結びつけられます――を絶えず暴露しようとする批判的な社会学者と類似してさえいました。行為者は、この〔隠れた意図と欠点を暴露するという〕目的を達成するために、教育やメディアを通じて普及した批判社会学の図式を動員することさえしていたのです。彼らは、自分の権利を要求したり、不正を告発したり、自分の訴えを裏づける証拠を示したり、あるいは、自分に向けられた批判に対して自らを正当化するための論拠を練り上げたりしていました。このような視点から検討されると、社会的世界は、受動的かつ無意識に被る支配の場というよりは、むしろ、多数の論争、批判、不和、および、つねに脆弱なものである合意を局所的《ローカル》に回復しようとする企てが横断する空間として現れるのです。

フィールドワークと連動する形で、ある理論研究が着手されました。それは、行為者の活動、および、論争において活用される能力をモデル化することをねらいとしたものです。とりわけ強調されたのが正義感覚です。『正当化の理論』の中で、ローラン・テヴノーと私は、批判を行ったり、批判に直面して自らを正当化したりすることを行為者に可能にする諸々の能力のモデルを打ち立てることを試みました。この不正義感覚のモデルを詳細に描き出すことはせず――そのようなことをすれば長々と論じなければならなくなるでしょう――、この報告の後の部分にとって役に立つ要素をいくつか示していきたいと思います。

『正当化の理論』は、行為が批判に直面する論争という公的状況をとりわけ対象としています。このような状況において、正当化の応酬として行為者によって定式化される批判は、根拠のない素朴な発言として扱われるようなものであってはならず、一定の堅牢性を備えた判断の原理に基づいたものでなければなりません。検討の対象となる状況において、正義の問題はとりわけ、様々な人びとへの物質的あるいは象徴的財（たとえば肩書きや地位）の平等な分配という問題へと向かいます。しかしながら、アリストテレスの正義概念におけるように、ここで目指されている平等とは、算術的平等としてではなく、現前する諸存在の相対的価値を考慮に入れた平等として理解されなければなりません。

この種の係争において正義を呼び出すためには、種別化されなければならないある一定の観点から、論争に関わる諸存在の相対的価値――あるいは、我々の語彙を用いれば、その偉大さ――を評価することを可能にする諸々の道具（すなわち同等性の諸原理）を現働化しなければなりません。フィールドワークをもとにして、我々は、日常生活の多様な状況で稼働している六つの偉大さの原理を同定しました。これらの原理は、古典的な政治哲学から出発することによって定式化されました。実際、市民体（*cité*）という用語で種別化される共通善の形態が展開されうるのは、これらの原理を土台にすることによってなのです[27]。これらの多様な市民体の原理は、ある基底的な構造、あるいは、こう言ってよければ、共通の文法を有しています。この共通の文法は、二つの制約の間に生じる緊張を緩和することを可能にするある理論的構築物を土台としています。その制約とは、平等の制約（我々が共通の人間性の要求と呼んだもの）と序列の制約です。すなわち、ある一定の状況において、諸存在は、共通の人間性への所属ゆえに原則として平等でありながら、階層化された、あるいは非対称的な位置の中に置かれます。この緊張を緩和するためには、モデルに補足的な制約を追加することが必要になります。とりわけ、人びとにある一定の偉大さの地位を決定的な仕方で結びつけてはならず、それをまるで人びとにとって本質的なものであるかのように扱ってはならないという制約がそれに当たります。

このモデルの目的は、人びとが論争の中で示す論拠を考慮に入れることだけではありません。暴力を介することなく、しかし現実に依拠しながら、論争から抜け出し、合意を再び打ち立てようとするために人びとが活用する諸々の手段を説明することも目的としています。我々はこのような手段を現実の試練と呼びました[28]。実際、我々が考えていたように、人びとは、物質的なものにせよ象徴的なものにせよ、状況の中に置かれているモノ（*objets*）と突き合わせることによって、自分の主張を現実の試練にかけるよう促されていたのです。各々の市民体には異なる形で同定される同等性原理や正義原理が対応しますが、それによってモノのレパートリーはこれらの市民体と結びつくのであり、〔これらの正義原理に基づいて〕諸々のモノを関係づけ、それらの内部に整合性を生み出すことで、妥当性領域が描き出されるのです[29]。

かくして、たとえば、効率性によって識別される産業的偉大さと結びつけられるのは、とりわけ、モノや人間の効率性の高低を判断することを可能にする諸々の測定手段あるいは計算機です（たとえば、規格、テスト、会計方式など）。同様に、親族関係だけでなく、より一般的には複数の人格的従属関係の連鎖の中に占める位置に応じて人びとを評価する家政的偉大さ（これはアンシャン・レジーム下のヨーロッパにおいて支配的な偉大さでした）と結びつけられるのは、家族のお祝い、尊敬のしるし、遺言書の条項などのような装置、価値、モノであり、これらが組み合わされることによって、試練を実施し、人びとの偉大さを判断するための土台として機能する妥当性領域が構成されます。

しかし、これらの市民体は全体として見れば両立不可能です。それらがある複合社会の中ですべて作動しているとしても、つねに相対的に脆弱なものに留まる妥協が形成されるのでもない限り、それらがある同一の状況に同時に入り込むということはありません。我々はこのような枠組みに基づいて、行為者が論争の中で行う批判を分析しました。これらの批判は、ある一定の状況における判断の様態を問います。このような問題化は、他の参加者が選ぶものとは異なる偉大さの原理を持ち出したり、あるいは、その判断が実際には公式に認められている原理に基づいておらず、反対に、異なる暗黙の原理に基づいていることを示したりすることによって行われます。

たとえば、生徒の社会的出自や「礼儀正しさ」、あるいはその「卓越性」を、明示的ではなく隠れて考慮に入れているとして、学校の試験を問題化するといった行為を挙げることができます。このような問題化は、一九六〇年代から一九七〇年代のフランスの批判社会学を構成する大きな要素の一つとなりました。[30] 私が先ほど手短にその大枠を示したモデルの用語で言えば、非難の対象となるこの種の試験という状況が不当なものとして記述されうるのは、産業的種類の試練（試験は、標準化された手続きに従って、あるタイプの問題を生徒に受けさせ、その効率性をテストするものと見なされます）が、家政的種類の試練においては完全に許容されるものの、学校的試練の健全な進行を歪めるような偉大さの形態を考慮に入れることによって損なわれているからです。この場合、この問題化に対する可能な答えの一つは、家政的諸関係から成る世界においては正統な偉大さがそこに現れないようにすることによって

——たとえば、選抜試験を匿名にすることによって——、試練をより純粋なものにしようとすることとなるでしょう。

実際、この正義の日常感覚のモデルの論理に従えば、ある試練が人びとによって不当なものと見なされるのは、次のような場合です。すなわち、この試練を原則として組み込んでいるような市民体に属さない諸力を、——たいていの場合暗黙のうちにか、あるいは隠れて——考慮に入れている場合です。すべての試練はある意味で力の試練です。しかし、公正な試練とは何よりもまず、何かについての試練（芸術作品を創造する能力についての、愛情深い父親になる能力についての、コンピューターソフトウエアの難問を解決する能力についての、あなたを雇う企業に利益をもたらす能力についての、など）、すなわち、試練にかけられる力が種別化されている試練なのです。反対に、純粋な力の試練、それゆえ正義の支配から逃れる試練とは、いかなる手段を用いてでも他者に対して優位に立つという目的から、対峙する者同士があらゆる種類の力をそこに注ぎ込みうるような試練として定義することができます[31]。

最後に付言しておくと、このような試練は、程度の差はあれ制度化されます。状況依存的で局所的《ローカル》な試練が存在する一方——それゆえ、その不公正な性格は客観化されにくい（苦情が申し立てられても、それは否定されるかもしれない）——、重要な点と関わり、それゆえ批判を受ける可能性が高いため、制度化される試練も存在します。こうした制度化は、とりわけ、諸々の手続きを定め、試練のフォーマットと呼びうるものを確立する、法律や他の形態の規則を介して行われます（この概念についてはあとで再び検討するつもりです）。このことがとりわけ当てはまるのが、政治的代表者や責任者の任命において重要な役割を果たす試練、さらには、多くの人が求める地位や特権を手にする人びとの選別において重要な役割を果たす試練です（学校的試練、職場での選別という試練、諸々の社会権の獲得に関わる試練など）。その結果、批判は二つの異なる方向へと進む可能性があると言えます。批判は、試練が局所的《ローカル》に実施されるその仕方を対象とし、その試練が既成の手続きを踏まえることなく行われていることを示すという形で展開される可能性があります。あるいは、批判は、試練のフォーマットそれ自体を標的とし、その配置編成が試練に入り込んでいる諸力の集合を統制することができておらず、一部の競争者を不当に優遇する傾向を生んでいることを示すという形で展開される可能性もあります。

批判の社会学を起点にして批判的操作を行うことは可能か？

さて、ここで我々は、――ニコラ・ドディエが「市民体の実験室」[32]と呼んだものの中で展開される――批判の社会学が批判社会学の再編に対してどの程度貢献しうるのかを考えてみましょう。すでに見たように、この節合は、概念構成の中心に一つの規範的差異を導入する可能性を前提とします。批判のプラグマティック社会学の枠組みを起点にすると、一つの可能性が提示されます。それは、（我々がその特徴を上で示したように）社会学の様々な伝統から取り入れた公式をいくつも活用したものと言えます。とりわけ、一方のアメリカのプラグマティズムから影響を受けた社会学が（たとえばデューイにおける経験概念とともに[33]）展開した諸々の主張、他方の規範性を集合体の中に置いたデュルケムの道徳社会学、そして最後に、コミュニタリアニズムから影響を受けたアングロサクソンの道徳哲学が採用したいくつかの立場です。とりわけ我々が念頭に置いているのはマイケル・ウォルツァーの著作です。ウォルツァーは批判を非常に重視した人物ですが、彼はそれをとりわけ集合体が承認する価値基準に依拠するものとして捉えています。この著者において、批判が妥当なものと見なされるのは、批判が次のような異議申し立てを導く場合です。すなわち、ある構築された集団の内部で、そしてまさにその集団の名において行われている行為に対して、それが集団の諸成員によって尊重されている価値基準を侵犯しているという理由からなされる異議申し立てです[34]。

それゆえ、批判のプラグマティック社会学を起点にすれば、メタ批判的立場は、行為者の視点を利用することで、すなわち、行為者の道徳感覚、とりわけ行為者の日常的な正義感覚に依拠することで、今ある社会的世界の姿と、人びとの道徳的期待を満たすために社会的世界が取らなければならない姿とのずれを明らかにするというものになるでしょう。実際、行為者の視点を採用することによって、社会学者は世界に規範的まなざしを向けることができるようになりますし、その規範的まなざしが（たとえば文化的帰属や特殊な政治的・宗教的活動と結びついた）社会学者の個人的な予断や、（たとえば功利主義のような）実質的な道徳哲学の採用によって方向づけられることもありません。

私が先に述べた――調査に基づいて打ち立てられる――不正義感覚のモデルを起点とすれば、確かにいくつかの批判的操作を首尾よく行うことはできます。たとえば、行為者自身が行うように、一部の試練を問題として取り上げ、それが公式のフォーマットに明確に統合された諸力の評価にのみ基づく判断ではなく、隣接する諸力を暗黙のうちに考慮に入れた判断へと至ってしまっており、それゆえ不当な結果をもたらしていることを示すことはできます。たとえば、求職活動と結びついた試練を取り上げてみましょう。このとき批判は、その試練が妥当ではない社会的属性を暗黙のうちに考慮に入れることによって歪められていることを示そうとするものになるでしょう。たとえば、一部の候補者を不利な状態に置く諸々の差別が告発される場合がそうです（女性、マグレブ系であることを示す姓を持つ人びと、ゲイと同定された人びと、高齢者など）。さらには、――第二の事例――試練のやり直しという要求が稀にしか満たされないことを強調し、試練に成功することで得られる特権が、たいていの場合、受益者たる人間に決定的に結びつけられ、〔試練に〕失敗した人びとについても同様であるという事実を批判することができます。これはフランスで言うと、グランゼコールや高級官僚だけでなく、大企業における指導的地位へと通じる道を開く選抜試験が、――利益をもたらすものであろうが、害をもたらすものであろうが――決定的な結果をもたらしていることを告発する場合がそうです。しかしながら、この種の批判的操作では、それがどれほど正統で社会的に有用なものであるとしても、批判社会学の野心を満たすのに十分ではないことが明白であるように思われます。そこにはいくつかの問題が存在します。

一つ目の問題は、とりわけ論争の中で様々な行為者たちが取る立場の相違をどのように解釈するべきかという点に起因するものです。『正当化の理論』の中で採用された方針は、批判や正当化を行うために行為者が持ち出すことのできる手段をすべて統合しうるようなモデルを構築するというものでした。まさにこの点において、この選択は多かれ少なかれ構造主義的な立場に属しているのです。しかし、この方針は、二つの枠組み、すなわち、どちらかと言えば普遍主義的なそれと文化主義的なそれを参照することによってしか擁護し得ません。市民体は歴史的構築物として扱われるものであるがゆえに、普遍主義的な枠組みは明確に拒否されます。文化主義的枠組みに関して言えば、人類学的な意味での文化から政治へとその位置がずらされています。批判と正当化の土台となる規範的支点は、社会的現実の中に根を置く装置と結びついており、この装置はある社会の政治史の産物と見なされます。そのため、異なる国民国家の内部に様々な市民体の様相のバリエーションが——とりわけその配置編成のバリエーションが——確認されるのです[35]。それゆえ、『正当化の理論』において採用された方針は、たとえばコミュニタリアニズムの立場から疑義を呈される可能性があります。実際、この方針に対して、様々な行為者や集団が一つの国家的枠組みの中に統合されるという事態を過大評価していると非難することができます。ある同一の国民国家の内部に多かれ少なかれ統合された諸集団が共存し、それゆえ、その諸集団の一部が——少なくとも類似した集団しかいない状況においては——特定の形態の規範性を維持するということが起こり得ることになっているのです(たとえば、多文化主義という理念が目指しているのはこれです)。同様に、今度はむしろ支配概念を参照することによって、市民体の体系に統合されている諸々の規範的支点は、支配集団(支配階級、植民地開拓者など)の価値と利害と一致した立場を普遍化し、それを全員に押しつけていると主張することもできます[36]。

しかし、このようなアプローチがメタ批判的野望を維持しようとする際に直面する主要な困難とは、次のようなものです。社会学者によって観察される論争に参与する社会的行為者たちは現実主義者です。彼らは不可能なものを要求しません。彼らの現実感覚は、自分を取り巻く社会環境を理解するその仕方によって支えられています。彼らは、自分たちが置かれている状況が公正であるのかどうか、恵まれているのかどうかを、自分と近しい人びと——自分よりも高い職業上の成功を収めたある特定の仕事の同僚や学友など——の人生と自分の人生を比較することによって評価します。あるいは、彼らは自分の状況を両親の状況と比較したり、自分の現在の状況を以前の時代の状況と比較したりします。

その際、日常生活者は、少なくとも社会生活が普段通りに進行している場合は、彼らの側から憤慨や抗議を呼び起こす諸々の状況を組み込む一般的枠組み、すなわち、制度化された試練や性質決定のフォーマットの集合を問題にすることは滅多にありません。それはおそらく、全体化の道具がないために、このような試練の一般的総体とそれが及ぼす影響の輪郭を捉えることが多くの場合できないからです。しかし、とりわけ重要なのは次のような理由です。すなわち、制度化されたフォーマットを背景とする試練はそうでない試練よりも強力であるということ、それゆえ、この枠組みを根本的に変えるような変化を自分の生活の中に求めようとすることは、あまりに常軌を逸した行為となるだろうということを、行為者が暗黙のうちに気づいているからです。行為者——少なくとも日々の活動の流れの中で理解される行為者——は、現実、および、現実の試練のリアルな性格を真剣に受け止めています。カフェテリアのウェイターは、自分が大学教員ではないという事実を不当であると考えても意味がないということを、暗黙のうちに分かっています。なぜなら、彼は、試練にかけられれば、たとえば三角法の試験が要求する諸々の事項を満たすことができないということを、知らないわけではないからです（ただし、彼がそれに対応する授業を受講することで、必要とされる学位を取得しており、自分が差別を理由に——たとえば、黒人であるという理由から、あるいはジェンダーや性的指向などの理由から——排除されていると抗議することができる場合は話が変わってきます）。

さらに我々は、一九八〇年代に行われた諸々の調査を土台にして確立された正義感覚のモデルは、歴史上のある時期と文脈的依存関係を取り結ぶことによって、能力主義的な正義概念を優遇しすぎることになっていなかったかと問うことができます。その時期とは、過去数十年に行われた、社会正義として理解される正義の集合的概念を妥当なものと認めさせようとする努力の解体によって特徴づけられるような時期です。

能力主義的な意味で公正な社会というものがもしあるとすれば、それは、現実の試練と試練を受ける現実が完全に重なり合うがゆえに、各々の行為者がその個人の能力に対応した地位を占めるような社会ということになるでしょう。その結果、試練への批判が起きなくなるだけでなく、試練自体も単純にルーチンとして行われるようになり、次第にその有用性を失うことになるでしょう[37]。しかし、この種の社会は一度も存在したことがないばかりか、おそらく実現することもないでしょう。それには様々な理由が考えられます。一つ目の理由は、試練が明らかにすると考えられている人間の能力の不安定で隠れた性格に由来するものです。試練を絶え間なく刷新するということは不可能であるため、行為者の奥深くに、すなわちその生物学的基盤に、試練の力を据え付けようとする傾向が必ずや出てくることになるでしょう。能力主義的であろうとする社会は、何らかの形態の人種主義、あるいは少なくとも「人間を」生物学的に扱う自然主義の脅威に容易にさらされるのです。二つ目の理由は、一方で人間をいかなる点から評価するべきかについて厳密に定めながら、他方で文脈の影響を完全に中和するような形で、局所的《ローカル》に実施される試練をそれぞれ配置することのできる試練のフォーマットというものを思い描くことができないことです。それゆえ、能力主義的な点から見て真に「公正な」試練を実現するためには、ある特定の状況の中で特定の人間が受けるであろう特定の試練に対して、それぞれ異なる特定の試練のフォーマットを確立しなければならなくなるでしょう。もしそうなれば、当然、試練から比較可能性という能力がすべて奪われることになるでしょうし、それによって、社会的階層構造《ヒエラルキー》を正当化する権力も奪われることになるでしょう。それゆえ、試練はもはやいかなる有用性ももたなくなるでしょう。

いずれにせよ、現実の試練と現実との関係が完全に調整されている社会というユートピア的な状況においてでさえ、社会的世界は絶えず批判の標的となりうるのではないかという感覚が我々の中に強く存在します。少なくとも、ある複合的外在性に依拠することで、現実の試練が実施される仕方――正しい仕方かどうかは問わず――に対する批判だけでなく、現実それ自体への批判の可能性も切り開くという意味で、ラディカルと形容することのできるような批判の標的となりうるのではないか、という感覚が存在するのです。

現実のリアリティの度合い

それゆえ、行為者によって展開される批判に依拠するメタ批判的立場が現実批判の精緻化に役立ちうるのはいかなる条件においてなのかを問わなければなりません。おそらくそれは、行為者自身が――あるいは彼らの一部が――、自分が置かれている状況と他の人びとが置かれている状況を比較するという、正義感覚に固有の操作を別様に方向づける場合でしょう。能力主義的な視点に立てば、この比較は個人間の競争という形を容易に取り、同一の試練に直面している人びととの違い――すなわち、必然的に、少なくともいくつかの点で相対的に近い行為者との違い――を最大化する方向に進みます。他方で、社会正義を指向する視点に立てば、状況の類似性を強調するような関連づけが促進されることになるでしょう。同時に、正義感覚は、集合的不正義を考慮に入れる方向へと進み、全体性感覚の形成を促進することになるでしょう。そうなれば、行為者が直接経験する特定の状況と、政治的構築物の媒介なしには到達できないようなより広い社会秩序との間を往復する可能性が切り開かれることになるでしょう。

しかし、このことは、我々が先ほど強調した抗議の現実主義的自己抑制がいつも同じレベルにあるわけではないことも意味します。この種の自己抑制は、何よりもまず、社会的現実がその堅牢性を信じ込ませ、行為者に試練のフォーマットを変えることの無力さを内面化させることにどれほど成功するかによって変わってきます。手短に言えば、現実が堅牢性をもつ、あるいは――アラン・デロジエールの表現を使えば――持続する（*se tient*）のは、第一に、存在するもの――あるいは、少なくとも集合体にとって関連のあるものとして与えられるもの――を全体化し、表象する道具が、出来事が生じる現実の場だけでなく潜在的な場さえも、完全にカバーすることができると思われている場合です。そして、第二に、そのような道具が、何が起きており、――そしておそらく何よりも――何が起こりうるのかについて、諸々の実体と力を結びつける因果関係のネットワークという形で記述することに成功する場合であり、この因果関係自体も、算出という操作と両立可能なカテゴリー化の道具によって同定され、安定化されるのです。

このような道具は、それがマネジメントの領域に属するものであろうが、会計、統計、あるいは政治の領域に属するものであろうが、民主主義－資本主義社会においては（もっぱらというわけではないにしても）主として国家（あるいは国家間組織）の管轄下に置かれています。こうした道具は、希少性という中心的価値をめぐって現実を編成すると同時に、必然性を根拠にして現実の表象を過剰に規定することを可能にします。現実が堅牢性をもつのは、あるいは持続するのは、現実とそのスペクタル化との間の予定調和を問い直す契機となりうるような出来事が、――実際に生じていないからにせよ、あるいは見えない状態が続いているからにせよ――公共空間の中に一つも現れない場合です。そのため日々の現実の中で誰もが抱く希少性の経験と、とりわけ自分の欲望が諸々の制約と衝突する経験は、その秩序を保証する道具によって構築された現実と即座に結びつけられる可能性があるのです。こうした現実の構築は、表象の次元だけでなく、それと不可分のものである事実と因果関係の次元においても行われます。その影響は、程度の差はあれ、制約を受けるすべての人びとに感受される可能性があります。それゆえ、現実のリアリティは、「無力さの連関としての集列性」によって維持されるのです。(38)

しかし、同様の理由から、現実の中に〔解釈の〕余地を入れられるかどうかは、どの程度行為者が実践的装置や認知的道具を利用できるかによっても変わってくるでしょう。確かに、自分が諸々の制約を受けている状況と、異なる属性をもつ行為者が置かれている状況は異なります。しかし、これらの装置や道具を利用すれば、両者の比較や関連づけができるようになるでしょうし、こうした関連づけを行うことによって、行為者は自らの孤立状態を断ち切ることができるようになるでしょう。ところで、このような道具は必然的に、――試練のフォーマット（すなわち、たいていの場合は、きわめて具体的に言えば、程度の差はあれ法秩序に組み入れられている規則）に遡ることを可能にするものにせよ、あるいは、試練が実施される諸々の条件の関連づけを促すものにせよ――それ自体全体性という観点を取る構築物なのです。

かくして、抗議の自己抑制は、各人が自分自身の力しか頼りにできない原子化された社会的状況において最大となり、集合的行為が可能であるように思われる期間、とりわけ——革命にせよ反乱にせよ——異例の事態が生じる状況において減少します。このような歴史的状況は、社会生活に制約を課す枠組みが次々と解体し、それによって諸可能性の場が切り開かれ、——抑圧されていたか、あるいは容認できないものとして、さらには常軌を逸したものとして見なされていたがゆえに——これまで聞き取られてこなかった期待や希望の声が解放されていく点にその特徴があります。もしこのような権利の要求が、自分の名前で語り、自分以外を根拠にすることができないバラバラの諸個人によって通常の状況の中で表明されれば、それは精神医学的な意味も含めた狂気の沙汰として現れることになるでしょう。そうなれば、権利要求はほぼ確実に、まさに狂気の外的しるしである現実感覚の喪失の兆候として解釈されることになるでしょう。

我々は以前、——とりわけ新聞への投書による——不正義の公的告発に関する研究を行ったことがあります。その中で我々は、精神医学に関する特別な能力を持たないパネル調査参加者たちに、ある不正義で苦しんでいるという報告が掲載されるル・モンド紙に送られた三〇〇通の手紙から成る標本を読み、それぞれの手紙の送り主に点数をつけ、その精神状態に関する総合的な判断を示すようにお願いしました（点数は、完全に精神が健全であると見なされる手紙の送り主につけられる一点から、完全に気が狂っていると見なされる送り主につけられる十点にまで及びます）。この研究を通じて素描されたのが、**正常性の文法**と呼ぶことができるものです。ここで「正常性の文法」と言われているのは、ある苦情が検討に値するものと見なされ、——特異性の次元、さらには狂気の次元へと追いやられるのではなく——集合体によって引き受けられるチャンスを得るために満たさなければならない変形規則を指します。

この研究は、一方で、人びとが日常生活の中で――今回の場合で言えば、人びとが抗議を行い、それを公共空間で認めさせようとする際に――直面する判断において正常性の日常感覚が果たす重要な役割を明らかにしました。他方で、この研究は、不正義に対する抗議が正常なものとして（もしそうでなければ、必然的に正当化されるものとして）受け入れられるチャンスは、限られた数の変形規則が遵守されるかどうか、そしてかなりの程度は、抗議を公にする人びとが、自分の苦情に確証を与え、支援を表明してくれる集合体（たとえば、自由や人権の擁護を目的として作られた結社体）と、どの程度信頼できる関係を取り結ぶことができるかどうかにかかっていることも示しました[39]。

ここで我々が集合体という語で何を言おうとしているのかを明確にしなければなりません。もちろん、個人から出発する社会学がつねに行ってきたように（たとえば、フランスで言えば、レイモン・ブードンの「方法論的個人主義」）、集合体（集団、階級、国家、民族など）を行為動詞の主語にするような定式――たとえば、意志を持つ可能性、計算する可能性、戦略を実行に移す可能性、成果を評価する可能性、規則を適用する可能性などを集合体に付与するような場合がそうです――は、この肉体を持たない集合的存在をまるで人間のように扱う限りにおいて、不当であり、曖昧な部分を残していると考えることができます。この視点に立てば、社会現象を説明するために共同体を引き合いに出すことを断念し、この共同体を虚構と同一視することが要求されることになります。この意味で理解されれば、共同体や集合体全般が虚構であることは否定できません。しかし、次のような事実が考慮に入れられるとき、問題は複雑になります。すなわち、共同体（あるいは集合体）への言及は社会学者の専有物では全くなく、この点において社会学者は、社会の理論化を試みる際に、行為者自身が社会的活動の中で絶えず利用しているある種の構築物を取り上げているにすぎないという事実です。このような仕方で社会的行為の再帰性が構築されない社会の事例を見つけようとしても、おそらくそれは難しいでしょう。したがって、社会的行為者が社会を構築する方法をモデル化することを目的とする社会学は、共同体（あるいは集合体一般）が虚構であると考えることはあっても、それは、この虚構が外見上必然的な性格を有しており、それゆえ、少なくともこの資格において、社会学理論の中に一つの位置を占めるべきものであるということを認めるという条件においてなのです（我々は、制度の問題に取り組む際に、このテーマを再び取り上げ、その内実を明らかにすることを試みるつもりです）。

とはいえ、ここですぐに、この問題と、我々が——不正義の告発に関する研究の中で——現実感覚を示すものとして正常性感覚と呼んだものとの関係について指摘しておきましょう。現実が各人に対して現れるその仕方は、不正義の公的告発や権利要求が孤立した人間によって表明されると、なぜそれが受け入れられる可能性が（気が触れていると非難されるおそれが出てくるほど）非常に少なくなり、反対に、この告発や権利要求が他の人びとによって伝えられ、「集合的」という規定を適用することができるようになる程度にまで自明性を帯びると、なぜそれが受け入れられる可能性が増大するのかを理解することを可能にします。実際、孤立した状態に置かれているそれぞれの人びとにとっては、現実の内容はあたかも不確実な性格を有しているかのように見えるものなのです[40]。この点において、現実との関係は、ルネ・ジラールが主張した、各人が自分の欲望と取り結ぶ関係と幾分似ています[41]。各人が現実を承認する（あるいは、自分の中ではっきりと現実に属すると経験されるものを承認する）のは、ただ他の人びとが現実をそのようなものとして指示してくるからに過ぎないのです。現実はある種の固有内在的な脆弱性に苦しんでおり、そうであるがゆえに、現実のリアリティは、それが維持されるためには絶えず補強されなければなりません。そしておそらく、社会学者ではなく行為者自身による集合体への言及が果たす役割を理解するためには、この種のプロセスを引き合いに出さなければなりません。我々はこのあとのページで、通常制度と呼ばれているものや、それが社会生活の中で果たす（我々の見解では中心的な）役割を理解するためには、さらには、制度が内包する（そして社会性一般に逆説的で脆弱な性格を付与する）矛盾を同定するためには、このようなラディカルな不確実性が少なくとも分析のレベルでどれほど必要であるのかを見ていくことになるでしょう。

いつも同じ人びとが…

不正義への告発という事例を敷衍することによって、我々は次のように述べることができます。すなわち、行為者が表明する要求や要望に関する判断に対して現実感覚が及ぼす制約の水準は、それらが個人的なものや局所的《ローカル》なものとして提示されるのか——あるいは同じことですが、解釈されるのか——、それとも反対に、集合的なものに属し、一般的妥当性を要求することができるものとして提示されるのかによって大きく変わってくる、と。それゆえ、一般性への上昇は、それが信頼できる形でなされる限りにおいて、公的抗議が成功するための必要条件なのです。

そうであるがゆえに、革命的と簡潔に形容することができるような状況は、抗議の規模を拡大させるのに有利に働きます。というのも、抗議の規模の拡大それ自体が、社会生活の通常の状況の中でなされる権利要求に対して現実感覚が行使する諸々の制約が弱体化した結果だからです。このような歴史的状況は、個人の不平が集合的な形態を取る点にその特徴がありますが、そのような状況においても差異への注意がなくなるわけではありません。それは、〔自分と〕近い人びとの間に見られる個人的差異への注意から、遠く離れた諸々の集合体や集団を分ける差異への注意へとシフトするのです。

とはいえ、付言しておかなければならないのは、このようなプロセスが病理的形態を取る場合があるということです。それは、カテゴリー間の一般的な差異が行為者の経験の中から引き出されるのではなく、外部から持ち込まれるような場合です。行為者は、そのような差異に実体を与えるために、それを近接空間に投影する傾向があります。このとき、行為者は、自分よりもわずかに多くの特権を局所的《ローカル》に享受する人びとを、害をもたらすものとして話題となった外部諸力を代表する人物として同定することになるでしょう。そうなれば、関連づけの過程はその向きを変え、分断と万人に対する万人の闘争という形態を取ることになるかもしれません。かくして、革命は、独断的に使用される同一化とカテゴリー化の道具を生きられた空間にそのまま当てはめようとする前衛たちによって独占されると、退廃するのです(42)。

これとは対照的に、関連づけの過程が行為者の経験に根を下ろしている状況で、試練のフォーマットに異議申し立てをする可能性が生じるのは次のような場合です。すなわち、ある特定の人物の価値が試練において認められるのはなぜなのか、そしてそれは正しいことなのかという問いが、ただちに集合的な様相を呈することになる別の問いに取って代わる場合です。その問いをわざと素朴な言葉で提起すれば――すなわち、常識と同じレベルの言葉で提起すれば――、次のように表現することができます。なぜいつも同じ人びとが、いかなる性質の試練であれ、そのすべてあるいは大半で成功を収めるのか、それとは対照的に、なぜいつも同じ人びとが、すべてのもしくは大半の試練において、凡庸（『正当化の理論』の用語法に従えば卑小）であると示されるのか。この問いは行為者の正義感覚と関係がないと言うことはできません。もしそうであれば、この問いは批判のプラグマティック社会学では全く接近できないということになるでしょう。しかし、この問いは、集合的実体を構築し、それをある全体の中に組み入れることで、支配や搾取といった概念に意味を与えようとする際に利用可能な社会的手段——とりわけ分類形態——がどのような状態にあるのかによって、異なる形で提示されます。

ここ三〇年の間にフランス社会（そしておそらく、より一般的に言えば西洋社会）に影響を与えた二つの正反対の運動を比較すると、このことがはっきりと分かります。その二つの運動とは、一方の労働関係の個人化という運動と、他方のジェンダー関係の集合化という運動です。詳細は省略しますが、我々は、ある社会集団に帰属意識を持つこと——とりわけ、一九八〇年代初頭ではまだ非常に存在感のあった社会階級に帰属意識を持つこと——と、行為者が分類の諸形態を内面化し、支配関係の中で自分が占める位置を考慮に入れるようになることが、いかなる点で軌を一にしていたのかを示すことができます。とりわけここで念頭に置いているのは、組織としての国家が用いていたある管理の手段——職業別社会階層——です。これは、権利要求の運動がいくつも生じたあと、一九三〇年代半ばから一九五〇年代半ばまでの間に確立されたものです。多様な媒介物（労働協約、世論調査機関、年金制度など）を通じて引き継がれながら、この職業別社会階層という分類法は、行為者が社会空間の中での自分の位置を知り、他者を同定し、お互いを同定し合うために利用する諸々の認知的装置にすぐに組み込まれました。[43] 周知のように、このような集合体への帰属意識は、ここ二〇年の間に急激に弱まり、混乱状態に陥りましたが、この時期は、不平等の著しい増大と社会移動の減少、すなわち、階級間の障壁の強化によって印づけられます。ところで、この〔労働関係の個人化という〕運動は――その直接的な結果ではないにせよ――労働運動の圧力の下で形成され[44]、国家が使用する統治の手段に部分的に組み込まれていた[45]、社会集団や社会的対立を同定し、分類するための意味論的道具が解体したすぐあとに起きたものでした。とはいえ、不公平感はなくなったわけではありません。それは、一方の異なる領域の試練と、他方のその程度も種類も異なる不利な状況に置かれている行為者たちを関連づけることを可能にするような手段が存在しないために、込み上げてくる苛立ちや不安のように客観化することが困難な、怨恨《ルサンチマン》という形をとってずっと現れ続けたのです。

反対に、同じ時期、男性支配の結果生じるジェンダー不平等は、確かになくなりはしなかったものの、集合的に引き受けられ、特定の権利要求や闘争の発展を支える基礎となりました。ところで、フェミニズム運動を通じてある意味論が構成されることがなければ、このような変換が起きることはなかったでしょう。その意味論とは、女性一般が被る弾圧（たとえば、長い間労働組合の場で聞き入れてもらえず、言葉にすることさえできなかった、職場でのセクシャル・ハラスメント）が特定の記述の対象となり、その特殊性において把握される個々の女性の経験と、その一般的次元から検討される女性の条件との往復を可能にするような意味論です。

今述べた典型的な事例において、個人の能力の公正な評価と、能力に応じた諸個人間の物質的・象徴的財の公正な分配の評価という問題は、このとき別の問題に置き換わります。すなわち、同じ人びとという言葉で一体何が意味されているのかという問題、同じ人びとにとって現実がいつも満足のいくものであるのに対し、他の――不利な状況に置かれているという点で――同じ人びとにとって現実がいつも過酷なものであるという事実を暴露するためには、どのように例証が行われるべきなのかという問題です。批判の中心にクラスという観念、すなわち社会階級という観念（さらにはジェンダー、民族集団といったクラスの観念）を位置づけることも、その位置づけを維持することも容易なことではありません。なぜなら、この観念は、諸個人の差異や個別性という否定し難い障害を乗り越えなければならないからです。実際、諸個人の差異や個別性という凸凹をならすためには、同等化という手段を用いて、優先的に構築されたある観点から人びとを関連づけることができなければなりませんが、そのようなことをすれば、そのもとに異なる人びとを集められるかもしれない他のありうる関係を薄れさせる傾向が出てくるでしょうし、そうなれば、他のありうる関係を二次的なものとして扱わざるを得なくなります。

私はかつて、およそ一九三〇年代半ばから一九五〇年代半ばまでの間にフランスで形成された管理職層（*cadres*）というカテゴリーを対象とする研究を行うことによって、この点を示そうとしたことがあります（この研究のねらいは、当時の構造主義的マルクス主義が社会階級の問題を提起する仕方を特徴づけていた自然主義や実体論に代わる選択肢を提示することにありました[46]）。この研究は、管理職層というカテゴリーの形成過程に伴う膨大な作業――認知的であると同時に、政治的・制度的な作業――を詳細に追うというものでした。このカテゴリーは、一九三〇年代以前は誰からも理解されないものでしたが、一九六〇年代以降になるとその存在は自明で否定し難いものとして扱われるようになりました（それは、このカテゴリーが問題化される一九九〇年代まで続くことになります）。しかし、この研究は、他の同等性の原理に基づく他の可能な再編成様式が、同じ時期にどれほど試練にかけられ、耐久性があり信頼できるものとして具体化されるに至らなかったのかも示しました（たとえば、少なくともフランスで最近まで制度による承認を得られなかった「中間階級」というカテゴリーがそうであったように）。

社会階級の例を続けましょう。ある観点からすれば、社会階級の中に虚構しか見ないことは全くもって正しいと言えます。社会階級の虚構的性格がとりわけはっきりと現れるのは、まるでカテゴリー化の作業を通じて生じるカテゴリーが、社会的なものの事物化された枠組みの中に以前からずっと根を下ろしていたかのように、階級が実体的に定義される場合です(47)。このような事物化は、定義や分類という準法的な操作を強調し、人工的なものにすぎない多くの問題――たとえば、マルクス主義の影響を受けた社会学者の世代の関心を集めた「階級間の境界」という問題――を引き起こします。しかし、別の観点に立てば、諸個人間の調整された競争に至上の価値を置く、社会秩序と必然的に対を成すものを、社会階級への言及の中に見出すこともできます(48)。それは、個々人の能力に応じた公正な報酬という（実現不可能な）理想を掲げながら、諸々の現実の試練を通じて現実にフォーマットを設定することによって、現実そのものを統御するのです（*arraisonne*）。ところで、諸々の現実の試練が互いに組み合わされることで、ある種の試練によって裏づけられ、ある観点から見た限りでの能力の低さが、その後、行為者が別の種類の試練に立ち向かわなければならなくなった際にも影響を及ぼすようになる可能性は十分に考えられます。実際、試練の対象となるのは異なる観点から検討される限りでの人びとであるということが仮定されているとはいえ、〔成功／失敗するのはいつも〕同じ人びとであるという事実は、この区分に一つの明白な性格を与えることになりますし、成功と失敗はハンディキャップとアドバンテージの累積という周知の論理に従って汚染される傾向が出てくるのです。

現実批判としての批判社会学

仮に、一方で行為者には関連づけを行う認知的能力が広く備わっており、それゆえ、同じ人びとが（いつも、あるいはほとんどいつも）成功し、同じ人びとが失敗しているということを行為者は分かっているということが認められるとすれば、他方で行為者には正義感覚が広く備わっており、それには共通の人間性という理念、それゆえ、人間存在間の基本的平等という理念が組み込まれているということが認められるとすれば（たとえこの理念が、集合体の排他主義的、自国民中心主義的、人種主義的な理解と対立することがあるとしても）、なぜ行為者は、能力主義的な論理に基づいてでさえ正当化することが困難なほどあからさまで、とりわけ執拗に存続することが分かっている不平等という事実を受け容れてしまうのでしょうか。批判社会学は、マルクス主義の疎外概念を再精緻化しながら、このような事態への明白な服従というパラドクスを、しばしば行為者の信念や、行為者がその犠牲となっている幻想を強調することによって解釈しようとしました。なぜなら、〔批判社会学の主張によれば〕行為者は支配的イデオロギーの支配下にあり、そのカテゴリー的構造を内面化してしまっているからです。支配的イデオロギーのようなものが実際に存在し、それによって不平等が過小評価されると同時に正当化されているという考えに疑問を投げかけることはしなくても、我々は、このような理論構成が何よりも支配階級そのものの規律＝訓練化を対象としたものであることを示すことができます。支配階級の成員も、とりわけ子どもという地位と自律的で責任ある大人という地位を分ける境目の時期に差し掛かると、平等主義的な理念と大規模な不平等という事実との間で生じる緊張に遭遇します[49]。それゆえ、支配的イデオロギーの社会的役割とは、支配階級を構成する様々な階級内集団間の相互の団結を維持し、（レイモン・アロンがパレートについて行った解釈が示しているように[50]）その成員が自らの特権の妥当性に対して持ちうる自信を強化することなのです。しかし、被支配階級については、一方の――現実が多かれ少なかれ堅牢であることを示しうるような――現実の維持を保証する装置の状態と、他方の行為者が現実から自分を引き離し、その妥当性を問い、その権力を抑えるために依拠することができる集合的装置の状態との関係を考慮に入れた、別の解釈が練り上げられなければなりません。

　民主主義‐資本主義国家における批判的勢力の現状を検討すれば、このことがはっきりと分かります。現在、集合的企てとしての批判に欠けているものとは、おそらく批判へのエネルギーというより――それは非常に多くの人びとの間に存在します――、むしろ（ゲシュタルト心理学からイメージを借りれば）批判がそこからくっきりと浮かび上がり、形態を取るような地でしょう。批判はまるで、定式化されるとすぐに、現実の公的次元に実体を与えるフォーマットに組み込まれてしまうかのような状態なのです。批判の力を削いでいるのは、サルトル的な隠喩を用いれば、リアルなものの集列性と粘着性と呼ぶことができるもの[51]、すなわち、こう言ってよければそのリアリティの過剰から自らを引き離すことの困難であって、――よく言われるように――「プロジェクト」や現況に対する「オルタナティブ」の不在ではありません。たとえば、労働運動の社会史がはっきりと示しているように、過去の反乱は、ある「オルタナティブ」が「ユートピア」と呼ばれる文学や哲学のジャンルをモデルにして詳細に描かれ、それが示されるのを待ってから華々しく現れるというわけでは決してありませんでした。反対に、「オルタナティブ」のような何かが出現することが可能となるのは、つねに反乱を起点とすることによってであって、その逆ではなかったと言うことができます。しかし、——叛逆という意味での——反乱が現れるのはかなり例外的であり、それ自体しばしば例外状態[52]への一つの応答となるものですが、このような反乱は現実と距離を取る、あるいはこう言ってよければ現実を相対化する数ある手段の一つに過ぎません。ところで、この距離を取るという過程は、——このあと詳しく述べていきますが——ある社会秩序全体を問いに付すというプロジェクトが現実から距離を置いた視点の採用を前提とする限りにおいて、社会秩序へのメタ批判を指向する社会学的企てによって促進されます——同じ理由から、この過程が思考実験の領域に属するものであったり、あるいは虚構的性格を帯びるものであったりすることが容易に認められるでしょう。しかし、まさにこのような外部を梃子にすることによって、現実からそれが主張する必然性を部分的に取り除き、現実をまるで相対的に恣意的なものであるかのように取り扱うことができるようになるのです。

支配の理論が集合体や諸々の形態の集合的行為を参照しないわけにはいかない理由もここにあります。実際、——その最小限の定式において理解される——支配の告発の根底には、数の問題がつねに存在します。ある人間が別の人間に対して行使する支配について語るとしても、各人が純粋な個人として同定され、考察されるのであれば（当然ながら、現実にこのようなことが起きることは決してありません）、それは全く意味をなさないでしょう。モナドの状態にいれば、——ホッブズが指摘していたように——

誰一人支配することはできませんし、誰一人支配されることもありません。それゆえ、支配の問題を提起することとは、なぜ少数の行為者が多数の行為者に対して権力を持続的に確立し、存在するものの規定を意味論的に統制することによって彼らを支配し、そして何らかの形で彼らを搾取するということが可能になっているのかを問うことなのです。ホッブズの『リヴァイアサン』で口絵の役割を果たす視覚的な比喩の事例に見られるように――そこでは君主の姿が権力行使の対象である人びとの身体の集積を通じて描かれています――、数の問題が批判的様相を呈するときには、次の点が問われることになります。すなわち、少数の人びとが結びつき、たった一人の人間として行為しているかのように錯覚させることによって、自らの力を増大させることができているのはいったいなぜなのか、という点です。しかし、少数の人間による支配を受ける大多数の人間の方に焦点が移ると、今度は被支配者の断片化を助長する条件とは何かが問題となってきます。実際、もし少数の行為者たちが支配的位置へと登りつめることができているのが、各人が結びつくことによって力を増大させた結果であるとすれば――当然一人一人が自由に利用できる力は限られています――、被支配者が従属状態にある理由は、彼らがお互いに引き離されており、孤立した個人としての自分の力以外に何も動員することができない点に求められなければなりません。同様に、被支配者を断片的状態から集合的状態へと移行させることによって支配と闘う可能性は、批判が掲げる解放《エマンシパシオン》という作業の主要な目標の一つを構成します。たとえ――啓蒙という事例においてははっきりと見られるように――この解放《エマンシパシオン》という作業が、行為者を自律した個人として規定することによって、それまで帰属していた集合体から行為者を引き離すという段階を最初に経るものであるとしてもです。とはいえ、この自律を目指す第一の運動が支配の理論と両立しうるのは、この運動が個人化の時代においてもその歩みを止めることなく、どうすれば新たな種類の集合体の形成と折り合いをつけながら自律を保護し、さらには強固なものにすることができるのかを問う場合のみなのです。

批判社会学と批判の社会学は両立可能か?

この報告を終えるにあたって、我々の指針となった区別、すなわち批判社会学と批判のプラグマティック社会学の区別をもう一度取り上げてみましょう。そうすることで、これら二つのプログラムが提供する、行為者の批判的活動へと立ち戻り、それを支えるための可能な手段——すなわち、社会学と社会批判との妥協を形成するための可能な手段——をとりわけ対象化してみたいと思います。すぐに指摘しておきたいのは、我々がこのときある種のパラドクスに直面しているということです。

我々が批判社会学に対して指摘した主要な難点とは、——手短に言えば——その高みから見下ろす(surplomblant)性格と、行為者が日常生活の諸状況の中で展開する批判的能力に対して取る距離です。批判のプラグマティック社会学は反対に、行為者の批判的能力と、行為者がある状況下で解釈をし、行為をする際に発揮する創造性を十分に認めています。しかし、このプログラムに従うことによって、メタ批判的方向性と結びついた一切の野心を満たすことはやはり難しいように思われます。それゆえ、我々は、一方で批判社会学の側に立つと、明確な批判への可能性を切り開きはするものの、意識から逃れる構造に従属する行為主体(*agents*)を指定し、行為者の批判的能力を考慮に入れない理論的構築物に直面することになりますが、他方で批判のプラグマティック社会学の側に立つと、行為者が展開する批判的行為に対してしっかりと注意を払いはするものの、その批判的潜在能力がかなり制限されているように見える社会学に直面することになるのです。

このパラドクスは、社会学が社会批判に対して果たす貢献とはいかなるものなのかという問いかけから同定されるものですが、その必然的帰結として、社会学はある厄介な問題と出くわすことになります。それは、より一般的に言えば、記述とそれが利用する全体化の道具に関わる問題です。事実、社会的なものの記述は、二つの異なる立場から行うことが可能です。一つ目は、すでにつくられた社会的世界（*monde sociale déjà fait*）から出発するというものです。この場合、社会学者は、この世に生を受けた新たな人間存在が心ならずもその中に身を置く社会環境を描き出すことを自らの目標とします。この新たな到来者にとって、社会はすでにそこに存在しており、彼もしくは彼女はその中のある一定の場所に投げ込まれているのです。この視点から見ると、記述を行うことが可能となるのは、高みの地点に立ち、（行為者として）行為すると見なされる人間を多かれ少なかれ括弧に入れることによってです。記述は地図学、計量学、社会形態学へと向かうことになるでしょうし（それは統計を用いることになるでしょう）、最終的に歴史学に向かうことになるでしょう（なぜなら、すでにそこに存在する世界とは歴史の産物だからです）。それゆえ記述は、（たいていの場合国家の枠組みの中で）社会を管理し、その統治を確実なものにするためにつくられた全体化の道具を活用することになるでしょう。ところで、このような管理の道具は、社会がその高みから統治される場合に社会的再帰性の土台となるものですが、――すでに見たように――社会学によって手段として用いられる一方、別の観点から見ると社会学の対象を構築するものでもあります。なぜなら、このような管理の道具はそれ自体、権力行使のために社会的に構築されるものだからです。

二つ目の立場は、今つくられている社会的世界（*monde sociale en train d'être fait*）から出発するというものです。このとき社会学者は、活動中の人びとを対象とする観察を利用することになるでしょうし、彼らが社会的世界をつくるやり方、あるいは――アングロサクソンから生まれた新語を用いれば――社会的世界を「遂行する」やり方が強調されることになるでしょう。この二つ目の立場において、記述は下から行われることになるでしょうし、どちらかというと諸々の状況が記述の対象として取り上げられることになるでしょう。なぜなら、この枠組みの中でこそ、行為は可視化されるからです。この記述において、行為者の相互行為能力と解釈能力が強調されることになるでしょう。しかし、このような行為の結果を全体化する際、記述はいくつかの困難に遭遇することになるでしょう。

問題は、これら二つのアプローチが、どちらも正当化しうるものでありながら、異なる結果を、さらには両立困難な結果をもたらすという点にあります。第一のケースにおいて、強調点はどちらかというと行為主体にのしかかる制約と力に置かれることになります。第二のケースにおいては、強調点はむしろ、周りの環境に適応するだけでなく、それを絶えず修正する行為者の創造性と解釈能力に置かれることになります。

行為者の批判的能力にほとんど注意を払わないにもかかわらず、なぜ高みから見下ろす批判社会学は、批判的能力を十分に認める批判のプラグマティック社会学よりも大きな批判力を生み出しているように見えるのでしょうか。おそらくその主な理由は二つあります。一つ目は、全体性の視点を取ることで、高みから見下ろす社会学は、不利な状況にいる行為者たちに集合的な道具、とりわけ分類様式を提供するからというものです。このような道具を手にすることで、行為者は、自分たちを断片化し、それゆえ支配することにつながる、個人化を伴う能力主義の表象に対抗することができるようになります。かくして、高みから見下ろす社会学がその普及に貢献する分類の道具（社会階級に関するものにせよ、ジェンダー、民族、あるいはまた年齢層に関するものにせよ）は、不利な状況にいる人びとに、批判的能力を増大させるための手段を、すなわち、一方で彼らの断片化につながる諸力と闘うための手段と、他方で自分たちが何によって（あるいは誰によって）支配されているのかを特定するための手段を与えるのです。

二つ目の理由は、一つ目の理由ほど明白なものではありませんが、全体性の視点を明確に取ることによって――すでに見たように、このことはある外在的な位置（単一の外在性）をあらかじめ採用することを前提とします――、高みから見下ろす社会学は、現実を相対化する可能性を切り開くからというものです（なぜなら、社会秩序全体を記述するためには、あたかもこの特定の社会秩序を他の可能な秩序と突き合わせることのできる位置が存在するかのように振る舞うことが必要となるからです）。ところで、相対化は批判の第一歩です。反対に、プラグマティック社会学は、まさにそれが近接性に根を置いており、行為者と観察者の両方に現れるがままの現実から出発しようとするものであるがゆえに、現実を閉ざす効果を及ぼす傾向があるのです。

しかしながら、これら二つの社会学プログラムを比較すれば、必ず高みから見下ろす社会学が批判の点で優れていると判断されるというわけでは全くありません。いくつかの問題を指摘することができます。

高みから見下ろす社会学が遭遇する一つ目の問題はまさしく、社会批判という点において社会学的に妥当であると同時に効果的な全体化を行いうる高みの地点とは一体どこなのかという問いに関わるものです。手短に言うと、我々は、この位置がこれまで様々な国民国家と結びついていたということ、しかもこのことがとりわけ、第二次世界大戦後に発達し、福祉国家の発展を目の当たりにした諸々の批判的な社会学に当てはまるということを看過することはできません。西欧の民主主義–資本主義国家において、この時期の特徴は、とりわけ社会階級の国民国家化の強化という点にあります。すなわち、——十九世紀以来、マイケル・マンが「インフラストラクチャー的権力」と呼ぶものを社会に対してさらに行使しようとする国家の取り組みに参加することで利益を得ていた(53)——中間階級の国民国家化だけでなく、——長い間この企てから多かれ少なかれ離れたところにいた——庶民階級、さらには——マイケル・マンがよく示しているように、十九世紀と二〇世紀初めの三分の一に超国家的あるいは国境横断的な性格を有していた——支配階級の国民国家化が強化されたのです。批判的な社会学が依拠する資料の枠組みを提供したのは、かなりの程度国民国家の諸組織、とりわけ福祉国家の諸組織でした。このことはもちろん国立統計経済研究所の職業別社会階層に当てはまりますが——この職業別社会階層という道具は、国民経済計算や国家計画（Plan）の作動と結びつきながら、社会階級を記述するために社会学によって用いられました——、それだけでなく、たとえば労働社会学にも当てはまります。周知のように、労働社会学は、国営企業（entreprises nationalisées）の中に格好のフィールドを見つけたのです。ところで、批判は今日、これまでと異なる状況に立ち向かわなければなりません。それは、権力の中心の分裂を特徴とするものであり、権力の一部は国民国家の手前、あるいはそれを越えたところに位置するようになっています。批判はまた、社会階級の脱国民国家化という現在の動向も考慮に入れなければなりません。この動向は、政治的もしくは経済的必要から南側諸国から逃げ出さなければならなくなった移民労働者――滞在許可証を所持していようがいまいが――の数が増加することに伴って、さらには、支配階級の一部が国民国家的空間から解放されることに伴って生じたものです（資本主義の変動や金融のグローバル化によって、支配階級の一部は、二〇世紀の世界戦争、および、国土への経済の撤退によって妨げられていた超国家的生活様式を取り戻すことができるようになったのです）。それゆえ、全体化を行うために社会学が依拠しなければならない審級とは何かといった問題、また、どのような形でそれを行うべきかといった問題は、深刻な形で生じています。福祉国家の組織と比べて社会科学（経済学は例外）に対して好意的な態度を示すことが非常に少ない諸組織が保持している文書資料を利用しようとする際に社会学者が遭遇する困難については、言うまでもありません。したがって、批判が正義を参照するだけでは、暴露されるべき非対称性を宿す集合を定義することも[54]、さらには――人間存在、非-人間を問わず――考慮に入れることが適切な諸存在を定義することも[55]困難な状況が生じているのです。

さらに厄介な問題は、批判社会学が提示する現実の描写の中で、一方の支配の諸力に関する記述と、他方の行為者がそこから逃れるために行う行為の記述とのバランスをどう取るかという点です。行為者の批判的能力を過小評価し、その依存性、受動性、幻想性を強調する自己イメージを行為者に差し向けることによって、支配を高みから見下ろす社会学は、士気を喪失させる効果を、言ってみれば自己を喪失させる効果をもたらす傾向があります。この効果は、とりわけ現実が非常に堅牢であるように見える歴史的文脈においては、相対主義をニヒリズムへと、そして現実主義を運命論へと変えうる力を有しています。支配が情け容赦ない性格をもち、ごく些細な相互行為状況を含めいかなる状況においても（さらには批判的集合体の内部においても）垂直関係が水平関係に対して優越するということをあまりに強調し過ぎてしまうと、高みから見下ろす理論は、政治的活動の点で人びとのやる気をくじくだけでなく、社会学的記述という点から見ても満足のいくものにはなりません。このような理論では、隷属化の程度の違いを区別することは難しいですし、行為者がいかにして解放《リベラシオン》への道を切り開きうるのかを理解することも難しいのです。たとえ、この場合の解放《リベラシオン》が、必然的に局所的《ローカル》なものである一時的自律ゾーンを確立することでしか達成されないものだとしても、です。しかしながら、歴史はこの種の局面状況に関する多数の事例を提供してくれます。至る所に支配を見るようなことをし過ぎると、どこにも支配を見たくない人びとのための道が切り開かれるのです。

　メタ批判的な方向をどこまで拡張するのが適切なのかということの問題は、ヘルベルト・マルクーゼに対して提起された問題とかなり似通っています。彼は（『エロス的文明』の中で）、抑圧のフロイト的問題構制をあらゆる形態の既知の社会に拡張したあと、最終的に過剰抑圧という概念をこしらえることで、当時のアメリカ社会を記述し、それにラディカルな批判を浴びせようとしました[56]。同様に、支配概念に意味をもたせたいのであれば、支配概念を構築する際、この概念が社会生活のまさに中心を占める操作、すなわち、制度が行う存在するものの規定という操作のすべてと完全に混同されることのないようにしなければなりません。それゆえ、抑圧と過剰抑圧の場合と同じように、次の二つを区別することが必要です。一つは、大多数の社会で、さらにはすべての社会で確認することのできる、主体の絶対的自律や欲望の全面的解放《リベラシオン》という理念と一致しないにもかかわらず、その一般性ゆえに批判を免れる傾向のある諸制約（なぜなら、そのような制約がなければ単純に社会は全く存在しなくなってしまうだろうということが、少なくとも暗黙のうちに認められているからです）。もう一つは、日常的な諸制約に折り重なるか、寄生するか、あるいはそれらを利用することで、特定の支配集団が被支配集団に対して行使する極端な権力を強固なものにしようとする弾圧の諸形態です。この問題はまた、デュルケムに対して提起された問題と関連づけることができます（この点に関して、デュルケムの精神は、フロイトの精神とそこまで離れておらず、またしばしば指摘されてきたことですが、ソシュールの精神ともそこまで離れていません）。集合的規範が個人の欲望や行動に対して及ぼす拘束（contrainte）――その違反が集合的制裁を伴う拘束――によって社会を定義しながらも、デュルケムは、彼が「病理的」と形容する拘束の作動と正常な拘束の作動とを区別しようとしました。あるいはまた、より現代に近いところで言うと、とりわけルカーチの物象化概念の再解釈を用いることによって、アクセル・ホネットと彼のチームが「資本主義の病理」と呼ぶものを同定しようとするその仕方と関連づけることもできます[57]。

　最後に付言しておかなければならないのは、体系性の精神から、支配を高みから見下ろす理論には、あらゆる非対称を一つの根本的な非対称（これは場合に応じて社会階級、ジェンダー、民族などといった形を取ります）に還元する傾向があるという点、より一般的には、（ミシェル・フーコーが強調した）権力の遍在的性質と、（我々が『正当化の理論』の中で市民体という概念を用いてモデル化しようとした）社会生活の中で作動している評価と愛着の様式の多元的性格を無視する傾向があるという点です。ところで、この後者の点は社会学的記述の妥当性に影響を与えるだけではありません。それは行為者の批判に対する期待にも反します。民主主義－資本主義社会において、行為者は、解放《エマンシペシオン》の作業と絶対的なものとして与えられる世界観への支持とをもはや混同しなくなっていますし、さらには、矛盾に対するこうした耐性を、様々な形態の原理主義から身を守るための主要な砦として築いているように見えます。

多元主義とその対極にあるもの、すなわち絶対主義との関係は、それゆえ、支配を高みから見下ろす理論のつまずきの石の一つとなります。実際、このような支配の批判的理論構成がもつ武器の一つは、問題となる社会秩序において、様々な次元――宗教的信仰、道徳的・美的指向、象徴的レパートリー、真理の証明方法など――がいかにして一つの中心軸に従うようになるのかを示す点にあります。そして、その意味で、この中心軸は、支配的イデオロギーとして規定されるのであり、それ自体ある集団――社会階級、民族集団、ジェンダーなど――に固有の利害と合致していると見なされます。しかし、このような絶対主義の告発は、今度は、社会生活のあらゆる次元を「最終的な」決定要因と判断される一つの要因に還元したいという誘惑から批判理論を遠ざけ、反対にそれを多元主義の方へと向かわせなければならなくなるでしょう。ところで、多元主義を真剣に受け止めなければならないという必要性を、支配を高みから見下ろす理論はしばしば見落としているように見えます。というのも、この理論は、多元性の承認とリベラル個人主義を同一視する傾向があるからです。

今日信頼に足るものとなるためには、支配のメタ批判を指向する社会学は、過去の失敗から教訓を引き出し、これまで詳しく述べてきた様々な議論を考慮に入れながら、我々が一方で高みから見下ろすプログラム（*programme surplombant*）と呼んだものの貢献と、他方のプラグマティック・プログラム（*programme pragmatique*）と呼んだものの貢献を統合することを可能にする分析枠組みを備えなければならないでしょう。高みから見下ろすプログラムの側から見れば、この枠組みは、外在性の立場を取ることで得られる可能性、すなわち、現実を問いに付し、被支配者に断片化に抵抗するための手段を提供する可能性をもつことになるでしょうし、このことは被支配者に社会秩序の描写と同等性の原理を提供することによって達成されることになるでしょう。被支配者はそれらを手にすることで、互いに歩み寄り、諸々の集合体の中で結びつきながら自分たちの力を高めることができるのです。しかし、プラグマティック・プログラムの側から見れば、このような枠組みは、一方の行為者の活動と批判的能力に注意を払い、他方の多元主義への期待を承認しなければならなくなるでしょう。現代民主主義－資本主義社会において、こうした多元主義への期待は、最も支配を受けている人びとを含め、行為者の批判感覚の中で中心的な位置を占めているように思われます。

かくして、たとえば、批判的な行為者たちが今日その中で結集したいと思えるような集合体とは、ある特定の観点から確立された集合体であり、それゆえ、各々の参加者が他の観点から他の種類の集合体と関係を取り結ぶことを妨げないようなものです。ここで我々は、両義性への価値付与に、民主主義－資本主義社会における批判的集団の特性の一つを認めた諸々の分析（たとえばジグムント・バウマンやマルコム・ブルが展開したそれ[58]）に従うことができます。民主主義－資本主義社会は、それとは反対に生活のあらゆる次元を一つの優先的に選ばれた関係（宗教関係、民族関係、ジェンダー関係、階級関係など）に還元しようとする他の傾向――これもまたそれなりに「批判的」と呼びうる傾向――と対立し、さらには争うことになります。このような関係は、実体的なものとして定義される一つの集団の中に具現され、しばしば――現実に存在するものにせよ、仮想上のものにせよ――一つの領土と組み合わされます。その意味において、この傾向は原理主義的と形容することができます。

しかし、高みから見下ろすプログラムとプラグマティック・プログラムを両立可能なものにしようとする努力[59]は、ある種のコラージュで満足することはできません。それには、現実に輪郭を与える社会的操作と、現実の問い直しを目的とする社会的操作の双方を、同一の方法と同一の枠組みを用いて分析することを目指す、厳密に社会学的な作業の継続が必要になります。次回の報告で我々はそのような努力の輪郭を、制度が行うことと、制度が社会の中で作動しているときに批判が行うことを突き合わせることによって描いていきたいと思います。

第三章　制度の権力

第一報告で我々は社会学と社会批判の関係を確立する様々な方法を検討しましたが、そこから引き出すことのできる教訓の一つは、第一に、メタ批判理論と日常的と呼ぶことのできる批判との区別を分析上強調するというものでした。前者は、社会学がもたらす諸々の描写を頼りにしながら、ある外在性を起点にして特定の社会秩序における支配の諸形態を暴露し、それを問いに付します。後者は、論争にコミットする行為者によって内側から行われるものであり、——その一般性のレベルは様々ですが——批判と正当化の継起に組み込まれます。しかし、我々はまた、これら二種類の批判の相互依存性も強調しました。メタ批判理論は行為者が表明する不満を無視することはできませんし、それに堅牢な形を与えられるようにその枠組みを再定義することを最終的な目標としています。行為者に関して言えば、自分の不平不満にエネルギーを与えるための資源をメタ批判理論の中にしばしば求めます。

第二報告では、二つのプログラムがより詳細に検討されました。それらは両方とも、メタ批判と日常的批判との関係が提起する諸問題に直面しています。一つ目のプログラム——批判社会学——は、高みから見下ろす社会学的記述と規範的立場の表明との妥協形成に依拠しており、その主なねらいは、それと知らずに受けている支配について行為者を啓蒙し、その批判的可能性を高めるための資源を行為者に提供することにあります。二つ目のプログラム――批判のプラグマティック社会学――は、反対に、行為者の批判的能力を起点とするものであり、第一に、社会学が提供する諸々の方法を用いて行為者の批判的能力を明らかにすることを目指します。それから、第二に、行為者による日常的批判とそこで現れる道徳感覚や正義感覚のモデル化を足掛かりにすることによって、規範的立場を――ひいてはメタ批判的な立場を――確立することを目指します。これら二つの社会学的プログラムは、とりわけ社会批判にもたらしうる貢献の種類という点で大きな違いが存在します。とはいえ、指摘しておかなければならないのは、両者とも、まさに社会生活を送る中で日常生活者たる行為者たち、とりわけ搾取と支配に服している行為者たちが、何が起きているのかを把握しようとする際に――すなわち自分の無力さを乗り越えようとする際に――用いる諸々の手段とつながっているという点です。

本報告と次回の報告は、この手段を少なくともその形式的次元において特定することに捧げられることになるでしょう。私は、我々が社会的世界の中で批判のようなものが存在するという事実をどのように解釈しうるのかについて、社会学の道具を用いて再考したいと思います。このことは、いわば、最も日常的でありふれた形で展開される批判にメタ批判理論がもたらす実質的な貢献を括弧に入れることによって行われます。批判の可能性そのものを問うことは、社会的活動が絶えず批判的であることはないし、おそらくそれはありえないということを認めることを前提とします。形態としての批判(forme critique)は、ある地〔背景〕(fond)から浮かび上がります。それは、批判的であるどころか反対に、普段の活動の中で現れるような現実に対するある種の暗黙の同意によって特徴づけることのできるもの、あるいは、社会学、とりわけ（ここで用いている用語で言えば）たとえばアルフレッド・シュッツの著作に見られるような現象学から影響を受けた社会学がこれまで非常に強調してきた自明性（自明な世界）によって特徴づけることのできるものです。私がこれから展開していく議論とは、この地というプレグナンツを説明するためには制度の社会学に立ち戻らなければならない、というものです。批判の問題は、それを支える制度の問題と切り離すことのできないと私には思えるのです。それゆえ、私はこれから制度の社会学の諸要素を取り上げ、それを批判の社会学の視角から検討していきたいと思います。

「制度」を求めて

実際、支配のメタ批判理論をどこまで拡張するべきなのかという前述の議論を続けていけば、社会学が制度と呼ぶものに関する非常に厄介な問題に遭遇することになります。制度概念は、――ジョン・サールが「社会的現実の構築」に関する著作で指摘しているように――社会学の中でかなり奇妙な位置を占めています(1)。一方で、制度概念はこの学問の根本概念の一つであり、それをこの学問から取り除くことなどほとんど不可能です。大半の社会学的著作の中で、制度という語は、多くの場合付随的にではありますが、まるで必然的であると同時に自明なものであるかのように繰り返し登場します。しかし、他方で、制度概念は、定義の試みがなされることも、種別化の試みがなされることも滅多にありません。この概念は、まるで当たり前のものであるかのように用いられるのです(2)。ただし、それが登場する文脈によって、その意味はだいぶ異なってきます。あるときは、制度的なものと社会的なものがほとんど同一視されます。この場合、「社会的事実」を識別するための標識は、それが「制度化」されており、それゆえ「自然的」事実と対立する点に求められることになるでしょう（これは多かれ少なかれデュルケムの立場であり、さらに言えば、ある点ではサールの立場でもあります[3]）。あるときは、制度はその法的（憲法的）次元において国家と同一視されたり、「正統性」の最終的な根拠を国家に置く諸装置と同一視されたりします。このとき、制度は、ホッブズの精神に則って、人間存在の飽くなき欲望に制限をかけ、それによって暴力を抑制することを可能にする道具と見なされます（デュルケム派による分析に時折再浮上するテーマ）。あるときは、諸事物の世界の中に組み込まれているある経験的なモノを指し示すために制度が語られます。たとえば、銀行の本店や組合本部のような、鉄格子のある門番付きの建物がそうです。あるときは、制度化されたものは、持続的で必然的なものと結びつけられ、不安定で偶発的なものと対置されます（このとき、制度的なものは状況的、局面的、あるいは文脈的なものと対置されます）。そしてまたあるときは、拘束（contrainte）が前面に置かれます。このとき、全体的な性格をもつ監禁を目的とした場所の中に、制度の理念型が認められることになります（ゴフマンの「全制的施設[4]」）。

我々が以前の報告で検討した二つの社会学的プログラムにおいて、制度概念は異なる位置を占めています。しかし、それは、どちらの場合においても、どちらかというと否定的な価値が付与されており、制度は多かれ少なかれその引き立て役となっています。批判社会学のパラダイムは、そのデュルケム的系譜ゆえに、またその構造主義とのつながりゆえに、制度のようなものの存在を認めます。しかし、その経験的分析には（理論的説明の場合のように明示的にではないにしても）、制度をそれが行使する支配の効果という点からもっぱら記述する傾向が見られます――さらに言えば、この傾向は、一九六〇年代と一九七〇年代のフランスにおける大多数の批判的な作家の著作に共有されています。それゆえ、この枠組みにおいて制度概念はデュルケムの立場とは異なり否定的に特徴づけられており、批判社会学の大部分は制度批判であると言うことができます。さらに言えば、支配という診断の際限のない拡張に貢献しているのが、一方の――デュルケムの精神に基づく――制度の遍在とそれが社会生活の営みの中で果たす中心的役割の承認と、他方の――デュルケムとは正反対の――制度にとりわけ支配の手段を見る行為との結合です。至る所に支配があるのは至る所に制度があるからだ、というわけです。

プラグマティック・プログラム、とりわけここ二〇年間にフランスでそれに与えられた形態において、制度、および、制度化された諸事実からなる秩序は、無視されるか、あるいは批判社会学の場合のように、どちらかというと否定的に特徴づけられます。実際、プラグマティック社会学という語によってしばしば指示される現在の潮流がフランスで広がったのは、少なくとも部分的には、一九六〇年代と一九七〇年代の構造主義的社会学への反動、すなわち、デュルケムの構造主義的解釈と距離を取ることによってでした（デュルケム自身、プラグマティズムに反対の立場を表明していました）。制度を無視する傾向がとりわけはっきりと現れるのは、プラグマティズムのプログラムを引き合いに出す記述が、記述される対象に――たいていの場合暗黙のうちに――序列をつける傾向のある判断を伴う場合です。かくして、構造主義に対するプラグマティズムの優位は、半ば道徳的な様相を呈することになります（この場合、しばしば後期ウィトゲンシュタインが引き合いに出されます[5]）。このような優位は、一方のマクロ的で、全体論的で、全体化作用をもち（さらには全体主義的な）、「規則至上主義（juridisme）」に汚染された、人間存在の人間性およびその行為へのコミットメントの諸様態を無視する悪い構造主義と、他方の人びと、および、人びとが相互行為する状況、すなわち、人びとが「共に生きること」を探求する中で自らの発明、実験、解釈の能力を活かす「今ここ」の状況を尊重する良いプラグマティズムを対比するのです。両者の対比はとりわけ、言表の意味の問題をめぐって展開されます。後者の視点から見ると、言表の意味はつねに文脈依存的、局所的《ローカル》、状況依存的、即興的であり、発話行為から独立することは決してありません。このような視点は、制度が備える意味論的道具（その中でも特権的な地位を占めるのが法的道具です）を問題化することにつながります。

それゆえ、この視点から見ると、――ごく稀にしかなされないとはいえ――制度的なものの次元に属するであろうものを参照することの利点は、多くの場合、信用を失う恐れのある状況を解釈し、交渉によって解決を試み、修復する能力、あるいは、新たな問題に対して局所的《ローカル》な解決策を見つけ出すために共通感覚を駆使する能力を阻害する、外部から行為者に課される制約に注意を向けることができることにあります。多かれ少なかれ安定した意味論を持ち出し、諸装置、とりわけ、それを介することで（出来事が到来する複数の局面状況の間を移動する行為者であれ、発話行為がなされる複数の文脈の間を移動する言表であれ）実体が複数の状況の間を移動しながらも自らの同一性を維持しうるような制度的諸装置を記述しようと努める社会学は、ラディカルなプラグマティズムを特徴とするこのような理論的立場から様々な糾弾を受けます。最も頻繁になされるのはおそらく短絡的な実体論という糾弾であり、その当然の帰結として観念論や「プラトン主義」という糾弾もなされます。このような社会学は、〔言語〕

使用を通じて生じるモノとその指示との間の繊細な相互作用——すなわち言語活動の論理そのもの——を無視していると非難されます。〔この非難に従えば〕このような社会学は、「実詞」から「実体」に直接向かうか、あるいは発話行為に関心をもつことなく言表を扱うことで、様々な文脈で用いられる語の恒常性が〔その語によって〕指示される事物の同一性を必然的にもたらすと信じ込む過ちを冒しているということになるでしょう。さらに、この種の批判の延長線上で、このような社会学は、本質という様態をもち、具体的な状況の経験的観察を通じて収集される諸々のモノに対して高次の次元に位置する永続的な実体（たとえば「国家」、「社会階級」、「家族」など）が実在すると素朴に信じていると糾弾されることもあります。

「共通感覚」という幻想

私見によれば、このようにプラグマティズムを全面的に採用する立場には——少なくとも、それが相互作用の断片を記述するという観点を捨て、準規範的パースペクティブにコミットするときには——主要な欠点が存在します。それは、この立場自体が描いた非常に有望な道を最後まで歩み続けようとしないという点です。実際、プラグマティズムの観点が社会学にもたらした主要な貢献は、社会的配置編成を脅かす不確実性を、それゆえ現実の脆弱性を強調した点でした。しかし、この不確実性を減らすために行為者が動員する能力に過度の信頼を寄せることで、歩みを途中でやめてしまうのです。このパラダイムから多かれ少なかれ派生したいくつかの潮流において（たとえば、時折ゴフマンにおいて、あるいはエスノメソドロジーに属する諸々の研究において）、この立場は、辻褄が合うように協同しようとするある種の暗黙の意志を行為者に与えるという結果をもたらしています。まるで社会における人びとが必然的に、（局所的な《ローカル》）社会的配置編成を守り、紐帯を正常な状態に保ち、現実への賛同を回復しようとする欲望に取り憑かれており、それゆえ社会的空隙の恐怖をホモ・ソシオロジクスの主要な欲動にしているかのように考えられているのです。このように行為者が意味や紐帯を作り出したり修復したりするために用いる能力が過大評価されるのは、おそらく、少なくともかなりの部分は、一人ひとりの行為者の内面にいわば据え置かれていると想定される共通感覚の射程が過度に見積もられていることに起因します。

共通感覚のようなものへの言及は、参照する理論的正当化が異なればその表現の仕方も変わってきますが、合意を支える「広く共有されている明証性の総体」の存在を当てにする社会学や社会人類学の理論構成の中に数多く存在します。共通感覚概念の曖昧な点の一つは、様々な方向に傾くその能力に起因します。つまり、あるときは感覚与件に、あるときは「性向」に、あるときは「合理的主体」の「形式的要求」に、あるときは日常言語の中に沈澱している諸々のカテゴリーに、またあるときは、ある同一の伝統――この語が、それ自体で価値がある、特定の文明に自分たちは属していると主張する人びとによって持ち出される、代々受け継がれてきた過去の所産という意味で理解されようが、あるいは、少なくともこれほど自民族中心主義的ではないものの、文化人類学的な意味で理解されようが――への帰属と密接に結びついた先験的推論に傾くその能力に起因するのです。[6] これらの様々なケースにおいて、合意はまるで相互行為から自然と生じるものであるかのように扱われます。それは、相互行為の参加者たちがある同一の意味経験を共有しているからと説明される場合もあれば、彼らがみな揃って理性に訴えているから、彼らがある同一の言語的世界の中に属しているから、あるいはまた、彼らの想像力が同一の資源によって構造化されているから、と説明される場合もあります。しかし、いかなる視点から検討されようとも、ラディカルな不確実性とそれが引き起こす不安の可能性があまりに性急に吸収されているように我々には思えます。より一般的に言えば、存在するものがいかなるものなのか（*ce qu'en est de ce qui est*）に関するラディカルな不確実性は、社会科学の中でかなり曖昧な位置を占めています。一方で、それは社会科学の諸学問が一つの回答を提示しようとしている諸問題の根幹にあるものと言うことができます。しかし、他方で、それは多かれ少なかれなおざりにされ、ある種の必然性として扱われる合意という見せかけの現象に依拠する説明の方が優先されてきたという事実を強調することもできます。このような説明は様々な潮流の中で異なる形態を取ります——その詳細をここで検討しようとすれば、膨大な時間を要することになるでしょう。たとえば、（文化主義的人類学に見られるように[7]）初等教育での経験を介した社会化を引き合いに出すものもあれば、（生物学的基盤を自らに与えるものであろうがなかろうが、ミクロ経済学のモデルに見られるように）共通の合理性を引き合いに出すもの[8]、（コンヴァンシオン主義のいくつかのバージョンに見られるように）相互行為の反復を基盤とする自己‐創発過程を引き合いに出すもの[9]、（現象学から影響を受けた社会学に見られるように）間主観的関係を介した視点の収斂を引き合いに出すもの[10]、あるいはまた、経験的現実と同時に倫理的要請としても扱われるコミュニケーションと討議を前面に置くものもあります[11]。

共通感覚という概念の様々なバリエーションに関する議論に踏み込むことはせず——そのようなこと

をすれば、まったく収拾がつかなくなってしまうでしょう！——、私は、この概念が批判的操作を対象とする社会学にとって一つの障害となったということを示唆しておきたいと思います。実際、この概念が用いられることで、合意という見せかけの現象に依拠する記述（と説明）が優先され、——暗黙のうちにではあっても社会生活に絶えず宿っており、批判が展開される論争という状況において明白になる——不確実性や「不安」（ローラン・テヴノーの表現）が過小評価されることにつながりました。さらには、——ローラン・ジャフロが行ったように——次のように主張されることさえありました。すなわち、共通感覚のようなものへの準拠は、懐疑主義や相対主義を経ることで批判への道を切り開いてきた諸々の理論的見解（たとえば、デカルトの主張を先鋭化させた懐疑主義に抗して展開されたシャフツベリーの「道徳実在論」、あるいはまた、その二〇〇年後にジョージ・E・ムーアがヘーゲルから影響を受けた社会理論の発達を阻むために採用した立場がそうです）[12]に真っ向から反対するという目的から、とりわけ道徳について「反動的な」性格をしばしば有していた、と。道徳実在論や付随性、共通感覚に訴えることは、それを拠り所にすれば全員が合意に達するであろうという基盤を強調することにつながります。最後に、同様の結果に至るのが、——今度は普遍的にではなく、ある同一の文化を共有する諸成員から構成されるある特定の集団の内部で——いかにしてあらゆる物事が（暗黙の合意にせよ、実質的な合意にせよ）合意という状況を作り出すことにつながっているのかを示そうとする、同じパラダイムの文化主義的バージョンです。しかし、このようなアプローチは、たとえそれが不確実性を縮減する過程を説明するとしても、意見の対立や論争の重要性を最小化することによって、社会生活の流れを絶えず脅かす不確実性の重要性も最小化する傾向を有しています。

もっとも、我々が『正当化の理論』の中で合意と論争の両方を、同意と批判の両方を、そしてとりわけ、しばしば急激に起こるこれら二つの選択肢の観察可能な転換を説明しうる多元主義的な枠組みを構築しようとしたのは、一つの「原初的」現象として扱われるこのような合意の絶対主義から逃れるためでした。この研究において、多元主義的視点——これはニーチェとウェーバー、そしておそらくこの場合ずっとヴィーコから引き継がれたものです——は、そこで提示された不正義感覚のモデルに内在する多元主義が外的な多元主義によって拡張されるという形で、はっきりと示されています。実際、この研究において正義を指向する行為は、数ある行為レジームの中の一つに属するものとして提示されています——これは、私が『能力としての愛と正義』[13]において愛を論じる中で素描した立場であり、その後ローラン・テヴノー[14]によって広く展開されました。それでも、二〇年近くたった今振り返ると、このような多元主義的な立場がそれほど強く打ち出されてこなかったために（そしておそらく、概念レベルで十分に明確化されなかったために）、『正当化の理論』の中で提示された枠組みが、現実を閉ざし、それによって現実をいわば計算可能にしうるようなものとして利用されることを防げなかった点を認めなければなりません。

この報告の残りの部分で、私は、共通感覚の自明性を括弧に入れることで、ラディカルな不確実性が支配する原初状態という視角から社会的世界の一貫性という問題を提起するつもりです（これは契約主義的仮説における自然状態と同様に一つの思考実験であり、しかも、『リヴァイアサン』においても、「バベルの塔で失われたもの」と一般的敵意の脅威が関連づけられています[15]）。このような不確実性は、意味論的なものであると同時に義務論的なものでもあります。それは存在するものがいかなるものなのか、これと不可分のものですが、何が重要で、何が価値があり、何が重視すべきもので、何が熟慮に値する（y regarder à deux fois）ものなのかという問いと関係しています。この種の不確実性が顕在化するのは、行為者たちが論争に巻き込まれることで、実際的な決まりごとから解放される場合です。このような決まりごとがあることで、行動指針が多かれ少なかれ共有され、諸々の指標を軸にして調整されていたわけですが、それがいったい何を由来とするものなのかが問われなければならなくなるのです。それゆえ、我々のねらいは、何が存在し、何が価値があるのかに関するこの恒常的な不安を真剣に受け止めることにあります。このような不安は、秩序が支配しているように見える状況においても潜在していますが、論争が展開される諸々の瞬間においてはっきりとその姿を現します。我々はこれを、「原初的現象」として扱われる「集合的志向性」という仮説に訴えることなく（たとえば、ジョン・サールがそれに生物学的基礎を与えています）、また、方法論的個人主義の受け入れ難い要求に訴えることなく行うつもりです。かくして、我々が捉えようとしているのは、秩序と批判が取り結ぶ——一つの総合に至ることがないという意味で弁証法的では全くない——関係です。実際、我々の理解では、一方で、批判はそれが危機に陥れる秩序との関係でしか意味をもちませんし、他方で、秩序維持のようなものを行う諸装置が意味をもつのは、それが絶えざる脅威を背景にしていることが誰の目から見ても明らかである場合のみであり、そのような脅威を表象するのが、時代や社会によってその程度は異なるとはいえ、批判の可能性なのです。

不確実性の問題――現実と世界

一方の持続しているものと、他方の不確実性に襲われ、かくして批判の可能性にさらされているもの。この両者の関係の問題は、現実という一つの平面にいる限り、十分に論じることはできません。実際、二次元の座標空間の中では、現実は、いわばその力のみで持続しているように見えるもの、すなわち秩序と一体となる傾向がありますし、そうなると、この秩序が少なくとも最もラディカルな形で問題化される事態が理解できなくなってしまいます。さらに言えば、この直観こそが、現実の社会的構成を強調する――大成功が約束された――社会学を支えていたのです[16]。しかし、これらの用語で現実について語ることは、その射程を相対化することにつながりますし、それによって、現実はその中に吸収されることのないある地〔背景〕から浮かび上がるということが示唆されることになります[17]。我々が世界と呼ぶつもりのこの地は、――ウィトゲンシュタインの定式を借りれば――「起きることのすべて」と見なされます。この現実と世界の区別[18]を明確にするという目的から、フランク・ナイトがリスクと不確実性を区別する仕方との類似点を示すことができます[19]。リスクとは、それが確率によって予測できる（probabilisable）ものである限りにおいて、まさしく十八世紀に発明された現実を構築する道具の一つであり、ミシェル・フーコーが示したように[20]、当時確立された自由主義的な統治様式と密接に関わっています。しかしながら、すべての出来事がリスクの論理に基づいて制御できるわけではありません。というのも、ナイトが「ラディカルな」と呼ぶ不確実性の未知の部分が残り続けるからです。これと同じように、現実を捉え、それを表象しようとするプロジェクトを立てることはできても、世界をその全体において記述しようとする計画は、人間の手が届く範囲を超えています。しかしながら、その可能性――あるいは、近代統治の言語で言えば、その「蓋然性（probabilité）」――が現実の構想に組み込まれていなかった出来事や経験がことばの中に現れたり、――個人による行為にせよ、集団による行為にせよ――行為の位相に到達したりするまさにそのたびごとに、世界に属する何かがその姿を現すのです。

現実はたいていの場合恒常性を（あるいはこう言ってよければ、秩序の維持を）指向するという点も付言しておきましょう。これは、現実が管理している諸要素が（まさしく「現実の」と呼ぶことができる）試練、および、多かれ少なかれ制度化された性質決定によって支えられており、このような試練と性質決定がループ効果によって現実を生産し、再生産する傾向があるということを意味します。しかしながら、このような恒常性を維持することは困難です。世界が現実に対して行使する権力は、まさに世界が絶えざる変化を被っており、しかもこのような変化が「社会的」な次元に限定されるわけでは全くないという事実に由来しています。それゆえ、世界は想像力に身を委ねているわけでは決してなく、むしろ変身の論理に従っているのです――たとえば、オウィディウスの詩〔『変身物語』〕が世界を神々に住まわせることによって我々に教えてくれるのがこの点です。しかしながら、世界は超越性と全く関係ありません。現実がしばしば高みから見下ろす権威を要求する（とりわけ統計学に依拠した）描写の対象となるのに対して、世界は内在そのものです。言い換えれば、世界とは、各人が生の流れに身を置く限りにおいてその中に巻き込まれているような場であり、そこに根を持つ経験は必ずしも言語化されることもなければ、ましてや意図的な行為の対象となることもないのです。

私が今つけたばかりの現実と世界との区別は、形而上学的なものでは全くなく、経験的研究と直接結びつけることが可能です。この区別は、たとえば、私が生むことと中絶について行った研究（『胎児の条件』）の基底をなしています――その概要のみを今からみなさんにお伝えしたいと思います。一方で、分析を通じて同定されたのが、人間存在を生むという行為、すなわち、新たな到来者を世界に参入させる行為を構成する様々な要素に内在する矛盾です（この場合の内在的矛盾は人類学的性格を有しています）。このような矛盾がはっきりと現れるのは、その様々な要素が（主として母親が行う）反省的予期によって関連づけられ、現実の緊張関係に置かれる場合だけです。しかし、これが起きないということはまずありません。というのも、たとえ世界に到来する〔＝生まれる〕場合であっても、そのような存在もまたある社会性の中に投げ入れられる運命にあるからです。それゆえ、この矛盾はつねに、生むという行為を――少なくとも象徴的な平面において――失敗させる脅威となるのです。他方で、文献調査とフィールドワークを通じて同定されたのが、一定の歴史的状況において生むことを枠づける諸々の取り決めです。この取り決めは、明確な規則と暗黙の――もしくは否認された――規範によって構造化されており、我々はそれらを（批判のプラグマティック社会学が頻繁に用いる概念である）文法という形式で記述することができます。取り決めがなされるからといって、それが対処する矛盾が乗り越えられるわけではありません――それは不可能です。取り決めがなしうるのは、矛盾を回避したり和らげたりすることで、それを許容可能なものとすることなのです。それゆえ、これらの文法は、クロード・レヴィ＝ストロースが神話に与えた役割と多少とも類似した役割を果たします。[21] しかしながら、現実を構築し、組織化するこのような取り決めは、決して堅牢なものではありません。なぜなら、その論理と矛盾する出来事が批判によって世界の中から引き出される可能性がつねに存在するからです。そのような出来事は、現実の「恣意的な」あるいは「見せかけの」性格を暴露するための要素、あるいはまた、取り決めを「脱構築」するための要素をもたらすのであり、それによって新たな種類の取り決めが形成される道が切り開かれることになります。形式的には類似した過程でも、とりわけ対象となる矛盾がより歴史的な性格を有する場合は、異なる道を辿る可能性があります。ここでは差し当たり、批判は、現実の枠内でも告発したり問題化したりすることのできる対象に事欠きはしないものの、世界から引き出される出来事や経験を迎え入れるときに最もラディカルな形で表現されることになる点を強調しておくだけで十分でしょう。

二つ目の議論は、批判とそれが現れる論争を一層際立たせることにつながります。それは、生の流れに身を置く人間存在間の合意を構想し——その身の置き方は人によってそれぞれ異なるとはいえ——、実現することの困難と関わります。この点についてはあとですぐに立ち戻りますが、私はこの困難を、人間存在が身体を有しているという単純な事実と結びつけることになるでしょう。身体を持つがゆえに、誰もが必然的に位置づけられます。第一に、知覚の現象学が我々に教えてくれるように、——そこから諸々の出来事が各人に対して現れることになる——ある時空間の一時点に位置している限りにおいて。それだけでなく、社会学や経済学が我々に教えてくれるように、ある社会的位置を占め、諸々の利害関心を持つ限りにおいて。最後に、精神分析の教えに従えば、欲望、欲動、好き嫌い、固有の身体経験などを持つ限りにおいて、です。このことは、どの個人も世界について一つの視点しか持つことができないという結果を導きます。これらの視点を共有されたものとして考えたり、それらが何の苦労もなく一つにまとまると考えたりすることを可能にするものはアプリオリには存在しません。いかなる個人であっても（この点についてはあとですぐに詳細に検討するつもりです）、他のあらゆる人間に対して存在するものがいかなるものなのかを述べることはできませんし、たとえそのような権力を持っているように見える場合であっても、それをするために必要となる権威を持ってはいないのです。かくして、原初的と呼びうるような状態の中にいるいかなる個人も、不確実性を吸収し、それが引き起こす不安を消し去ることのできる資源を持ってはいません。この議論を敷衍することによって、我々は、様々な人びとがある同一の文脈と見なすことのできるものの中にいるとしても――もし文脈をもっぱら空間的・時間的座標によって定義するのであれば――、何が起きているのかを別様に解釈し、手持ちの資源を別様に用いているがゆえにある同一の状況にいるわけではないと考えることができます。

こうした様々な理由から、我々には、プラグマティックなパースペクティブが、（私が実践的と呼ぶことになる）ある行為の位相の諸特徴を明確にしてくれるものではあるものの、批判が世界の不確実性を利用することによって秩序維持の諸装置に対して絶えず及ぼす脅威を十分に考慮に入れているとは思えないのです。そうであるがゆえに、この種のアプローチだけでは、何が存在するのかについて多かれ少なかれ合意をし、変化を被っている諸存在を一定期間にわたって存続させることがきわめて困難であるにもかかわらず、現実のような何かが維持されるプロセスを同定するには不十分であるように我々には思えるのです。このことはとりわけ、安定した身体的実在を欠いており、それゆえ、名指したり指差したりすることによってその意味に関する合意を確立することが不可能な実体に当てはまります。この資格において、我々はまさにこのような実体を――たとえばフレデリック・ネフがそうしているように

――非実在的存在と形容することができるのです[22]。しかしながら、社会学は、――社会、集合体、集団、社会階級、ジェンダー、年齢層、国民、祖国、教会、人民、民族、政党など――その主要な対象がこの種の実体に属する限りにおいて、それを無視することはできません。このような実体の存在が問題をはらんでいるのは、――方法論的個人主義が繰り返し何度も強調していたように――真に存在するのは肉と骨を備えた生身の人間存在のみであるはずなのに、それを構成要素とする総体をこの実体で指示してしまっているからだけではありません。それはまた、あるいは何よりも、人間存在そのものがきわめて不安定だからです。すなわち、人間存在から成る総体とは、多くの社会の――そしておそらくすべての社会の――社会生活の中できわめて積極的な役割を果たしている死者は言うまでもなく、一方の消えゆく運命にある死すべき存在と、他方のどこからともなくやってくる新参者から構成される、統一性を欠いたものなのです（ブルーノ・カルサンティがオーギュスト・コントを検討した著作の中で強調していたように、これはコントが好んで採用していた考えです[23]）。いずれにせよ、社会学が行うことは、このような実体を信じつつ、行為者自身が行うことを辿っていくことだけなのです。行為者は、このような非実在的存在を参照することなしには、自分たちがその中に身を置いている現実の表象を自らに与えることはできませんし、とりわけお互いのつながりを長期にわたって構築することもできないのです（行為者にとってこの企てはきわめて困難なものであるため、ほとんどつねに失敗することが運命づけられています）。

これまでの考察から、我々は不確実性が社会生活の中で果たす役割を理解するための二つの戦略を描くことができます。一つ目の戦略は、批判、および、行為者たちが――たとえ言葉の暴力であっても――暴力に身を委ねるのではなく、対立する自分たちの視点を比較検討する論争を対象とするというものです。このような状況は、不確実性が最も明確な形で可視化される瞬間です。なぜなら、〔論争の〕参加者たちは、何が「実際のところ」起きたのかに関してそれぞれ別の解釈を提示するだけでなく、自分の真理性要求を支えるために異なる事実も提示するからです。しかしながら、我々は、二つ目の戦略――今度は間接的な戦略――を採用することによって、不確実性に到達しようとすることもできます。それはいわば反対推論によるものであり、不確実性を解消するか、あるいは少なくともそれが引き起こす不安を減らし、何かがほんの少しでも持続するようにするために――すなわち、現実のようなものが存在するようにするために――利用する必要があるように思われる数多くの手段を対象とするというものです。ところで、この二つ目の道は制度の機能に関する分析を経由します。とはいえ、どちらの場合においても、採用される立場は一緒です。それは、社会生活の作動にいわば内在していると見なされる暗黙の合意という考え方を放棄し、論争と、それに伴う視点、解釈、語法の相違を社会的紐帯の中心に置くというものです。そうすることで、このような立場から合意の問題に立ち戻ることで、その不確かで、壊れやすく、おそらく例外的な性格を検証していきたいと思います。

ここで提示される枠組みの構造

不確実性の問題を主軸に据えて批判と合意の枠組みを見直す試みは、二つの大きな対立を基礎にしています。一つ目は、——ある一定の文脈における語法を強調する語用論的なアプローチがとりわけ関心を寄せてきた——実践的瞬間と、——我々がメタ語用論的と形容することになるであろう諸々の手続きの使用が行為者の側に要求される——反省性の瞬間を区別するというものです。先に述べておくと、実践的瞬間において人びとは、何が起きているのかに関する解釈の違いを無視することによって、とりわけ、不確実性を生む諸々の要因をもたらしうるような行動のずれに目をつぶることによって、自らを脅かす不安を遠ざけようと積極的に協力し合います。

二つ目の対立は、私が先ほどメタ語用論的と呼んだ行為の位相にもっぱら関わります。この対立は、この二つ目の位相の内部に、二つの異なる様態のメタ語用論的介入を区別します。この二つの様態は異なる形式で現れます。

一つ目は、起こることの絶え間ない流れの中から一つの選別を行うことによって、存在するものを確立し、それを時間が経過しても存在し続けるものとして維持することを可能にする形式です。この場合、私は認証の装置について語ることになるでしょう。というのも、私がこれから示していくように、この装置は、存在するものが——真に《存在する》という意味で——《存在する》、いわば「絶対的に」《存在する》ことを認証することによって、不確実性を遠ざけることを賭け金としているからです。私見によれば、このような装置は、——その様態は様々でしょうが——公式の想定と呼ぶことができるものや、共通感覚＝常識と呼ばれるものが表明される際にそこに含まれる想定を支えてもいます。共通感覚＝常識は存在するものに関する最小限の合意として理解されるものであり、そのように理解されることで今度は行為の実践的様態と深く関わる可能性をもつようになります。

二つ目は、不確実性を生む諸々の要因に依拠する装置と結びついた形式です。その目的は、――公式の表明の中にせよ、共通感覚＝常識の表明の中にせよ――存在するものとして与えられるもののリアリティに異議を申し立てることによって、不安を生じさせることにあります。この場合、我々は批判的形式について語ることになるでしょう。

これら二種類の形式と、それと結びついた装置は、一般的に、対立する立場を巻き込むものとして扱われます。これら各々の立場から世界について相容れない視点が取られ、調停困難な社会学的諸理論が展開されます（手短に言えば、一方のプラグマティズムから影響を受けた理論と、他方の制度主義から影響を受けた理論[24]です）。しかしながら、私はこれらを対称的に扱い、その関係を検討し、それをある同一の枠組みの中に統合することを試みるつもりです。この枠組みにおいて、認証と批判が意味をなすのは、両者が対話的関係において検討される場合のみです。かくして、認証の主な目的は批判を未然に防ぐことにあります。批判について言えば、もしそれが世界の中で起きることとの経験に依拠することなく、現実を支える認証された主張に異議を申し立てようとすれば、あらゆる作用点を失い、――このあとでより詳しく検討されるように――ある種のニヒリズムに陥ることになるでしょう。

実践的瞬間

実践的行為の様態、および、この形態の行為が優位を占める瞬間を手短に特徴づけるために、私はピエール・ブルデューの初期の著作の一つである『実践理論の素描[25]』だけでなく、プラグマティック社会学のいくつかのアプローチとその成果にも依拠していきたいと思います。

この第一の位相に属する共同行為は、ある任務の遂行に向けて人びとを一つにまとめます。その重要な特徴の一つは、行為の流れに関与する人びとがまるで何が問題となっているのかを程度の差はあれ分かっているかのように――今何を行っているのかを分かっているかのように――振る舞う点、および／あるいは、信頼できる他の人びとあるいはその一部もそのことを分かっているかのように振る舞う点にあります（このことは、たとえ共同で遂行される任務の定義がかなり曖昧なものであっても当てはまります）。そしてまた、まるで全員が進行中の任務の遂行において多少なりとも首尾よく一つにまとまり、協力し、連携することができるかのように振る舞う点にあります。これは、何が起きているのかについて不安が生じることのないようにするために、また、合意の問題について気にかけることのないようにするためになされる暗黙の合意――暗黙の合意は、社会学の文献において、とりわけ現象学から影響を受けた潮流において、今起きていることをあたかも自明なものであるかのように受け入れようとする一つの収斂としてしばしば解釈されてきました――として解釈することができるものです（当然ながらこの解釈は外側から行われます。なぜなら、内側から解釈される限り、問題が提起されることすらないからです）。それゆえ、この第一の位相において、共同行為は何よりもまず、「その場をうまく切り抜けたい」という思いから、「なすべき」何かへと、果たすべき任務へと向かいます。それは必ずしも、あらかじめ明確に定められた「目標」を達成することを意味しませんし、ましてや計画通りに行動することも意味しません[26]。それは、たいていの場合他の何かに単に移行できるようにするために、一連の行為が達成されることを目指すだけなのです。かくして、行為は未来を指向するのであり、しかもそれは程度の差はあれしばしば切迫感を伴うのです。

計画も、あらかじめ定められた手続きも存在しないからといって、行為は全く制約を受けないというわけではありません。行為は、諸々の際立った点、あるいは指標[27]をもとにして方向づけられます。これらは内的なものと外的なものとがあり、状況に応じて異なる形で特徴づけられます。この指標は、行為を多少なりとも調整し、共に行うべき何かへとそれを方向づけるためのつかみどころを提供します。しかも、共に行うべき何かの解釈は、行為にコミットする多様な人びとの間で変わりうるにもかかわらず、そのことは、少なくとも誰もそれについて指摘することがない限り、人びとの関係を乱すことはありません。外的指標とは、物理的なものにせよ象徴的なものにせよ、装置やモノのことです。内的指標とは、習慣や性向――すなわち身体に刻印されている装置（ブルデューにおけるハビトゥス）――のことです。しかし、それはまた、程度の差はあれ安定した精神状態の場合もあります。というのもそれは、性質決定を生じさせたり、さらには公的状況の中で正当化へと引き継がれたりすることがあるからです。最後に、それは心的な生に属する非時間的な布置連関の場合もあります（「無意識的なもの」という用語が言及する次元がこの心的な生です）。これらの指標との関連で自分自身を位置づけることによって、行為者は必要とされる振る舞いを行ったり、あるいは繰り返したりすることが段々とできるようになります。かくして習慣が形成され、その結果、――技術的性格と義務論的性格の両方を有する明確な指示という意味での――規則という概念を使用することなく、行為者の身振りを実践という位相で記述することができるようになります。たとえ、外部の視点から観察すれば、諸々の規則性を検出することができるとしてもです[23]。これはつまり、この種の状況を研究するのにとりわけ適した道具の一つを構成するプラグマティック社会学が強調しているように、実践的位相における行為がつねに状況に埋め込まれていることを意味します。

　このような実践的瞬間を一般に支配しているのが、――場合によって程度は異なりますが――ある種の寛容です。それは、輪郭がかなりあいまいなある一般的枠組みの内部における各人の行動のずれに対する寛容であり、まるで誰も一人でできないようならそれをみなで行うべしという要求が平和をもたらす役割を果たすかのように行われるのです。寛容とは、ごく大雑把に言えば、語法の多様性について、様々な行動の仕方のずれについて、可能な限り目をつぶることを意味します。このようなずれは、目で見て、認識されることはあっても、指摘されることはありません（ゴフマンが述べているように「見られているが気づかれていない」）。人びとはまるでそのようなずれがレリヴァントではないかのように振る舞うのです。この種の状況を支配する寛容は制裁の問題と関係づけられなければなりません。寛容について語ることとは、行為者が少なくとも明示的な形で制裁を科さなければならない――あるいは、第三者に制裁を科すよう要求しなければならない――状況に置かれるのを避けることを意味します。というのも、「軽蔑の目で見る」や「仏頂面をする」、あるいは「いやいやながら」仕事をするといったように、暗黙の制裁や漠然とした制裁であれば存在しうるからです。

　明示的な制裁と暗黙の制裁は容易に区別することができます。明示的な制裁の場合、それを公布する者が、判断を下し、制裁を要求した責任を公然と負わなければなりません。それゆえ、それを公布する者自身が、――たとえば、要求された制裁には何の根拠もないと思われたり、やり過ぎであると思われたりするといったように――他の人びとから判断される立場にあるのです。反対に、暗黙の制裁の場合、それに公然と憤るということが仮に起こるとして、その責務を負うのは制裁を受ける本人です。それゆえ、制裁を受ける者は暗黙のうちに示されていたものに明示的な形を与えなければならないわけですが、そのためには、自分が糾弾する人物やその場にいる観察者たちが、問題となっている制裁の実際の性質を否定し、不満を述べる者をある種の「被害妄想」の犠牲者と見なしてくるリスクを冒さなければなりません。寛容な態度が示され、制裁が控えられるのは、ただ単にその場にいる者が誰一人制裁を科すリスクを負いたくないから——そしてそれは多くの場合、単に制裁を科すのに十分な権威を誰一人持ち合わせていないから——という場合もあるでしょう。しかし、より一般的には、寛容な態度を示し、制裁を遠ざける行為は、もし行動のずれが指摘されてしまえば必ずや展開されることになるであろう論争を未然に防ぎたい、あるいはそれを遅らせたいという共通の関心を暗黙の動機としているのです。（そうであるがゆえに、実践的な寛容は、それと全く無縁の倫理的観点から検討されるならば、一つの知恵として賞賛されるか——それのおかげでほとんど支障なく活動を進行できるようになる——、あるいは反対に「偽善」として非難されうるのです。）

それゆえ、この位相を特徴づける諸特性の一つである寛容は、弱いレベルの反省性と結びついています。(29)（ゴフマンが述べるような）修復や調整は絶えず行われますが、それは局所的《ローカル》なものです。高みから見下ろす位置の不在、自分の身体の外部にある記憶装置や、——同等性を作り出し、暗黙の比較に明確な形態を与えることを可能にする——道具としてのカテゴリー、より一般的には、計算ツールが用いられることの少なさ、これらは不満と不快感を明確な権利要求へと変えることを困難にします。しかしとりわけ、ジャック・グッディーが——書かれたものの人類学(30)に関する彼の研究の中で——まさしく強調していたように、全体化のグラフィック・ツール、とりわけ一覧表、ダイアグラム、図表といった支えの不在が、行為の流れの様々な瞬間に介在し、一定期間に渡って持続する差異や相違やずれを、明確な緊張や周知の矛盾に変えることを困難にするのです（ただし、はっきりとこの目的から発明された「記憶術」が活用されることはあるかもしれませんが）。さらに言えば、（経済学者が述べるように）このように制限された反省性の維持に、機能的な解釈を与えることも可能です。このとき、少なくともある程度の実践の分散までは、最適以下のレベルで調整が行われる方が、共同行為の継続を容易にするという事実が強調されます。実際、行動の仕方の差異が、そういった差異がどうつくられるべきなのかに関する〔意見の〕不一致へと変容すれば、共同行為は脅かされることになるでしょうし、こうした不一致をもたらすのが、参加者同士の調整レベルを上げようとする明示的な努力なのです。

それゆえ、実践的レジームの利点の一つは、行為者に自分自身の矛盾だけでなく、現実と世界の矛盾にあまりこだわらないようにすることを可能にする点にあります。かくして、このような矛盾が対象化され、明確なものとなれば崩れてしまうかもしれない見かけの合意を維持することが可能となります。寛容な態度が示され、制裁が控えられる条件の一つであるこのような弱いレベルの反省性は、論争の危険を冒すことも、ある権力に基づく強権的な介入を要請することもなく――ほんの些細な語法や解釈のずれでも、高みから見下ろす装置からすぐに特定されてしまうというのであれば、そういったことも起きるかもしれませんが――、最小限のレベルの調整を維持することを可能にします。その結果、少なくとも対立がある一定の寛容の閾値を下回り続ける場合に生じるのが、論争の自主規制です（各々の具体的な状況でこの閾値を同定することは、現場ベースの社会学が果たさなければいけない最も重要な任務の一つでしょう）。

我々の枠組みにとって最も興味を引く実践的位相の特性には、言語に関わるものもあります。確かに、ある実践的位相の中に深く入り込んでいても、人びとは言語を用います。しかし、一方で、人びとが言語をどのように用いるかはきわめて文脈依存的です。いかなる発話が産出されたり受容されたりするのかも文脈次第であり、こうした発話に説明的な身振りが伴うこともあります（たとえば、手ぶりをしながら次のように述べる場合。「そこにあるそれちょうだい」「ペンのこと?」「ああ、そうだよ、その書くもの、早く…」）。この場合、まさしく日常的と形容することのできる言語に組み込まれているカテゴリーは、境界によって区切られた同質的空間という形ではなく、輪郭がはっきりとしない空間がその周りに配置される焦点という形で記述されるべきものであり、それがいかなる様態で活性化されるかは、発話行為の対象との実践的関係によって絶えず変わってきます[31]。

他方で――そしてこれが後の議論にとってとりわけ重要なのですが――、言語はまるでそれが指示するものと一体であるかのように（まるで名づけることや指差すことと同じものであるかのように）用いられます。行為の流れと時間的に切り離された行為を報告するのに言語が用いられることはありませんし、あってもそれはごく稀です。たとえば、まだ行われていない行為を詳細に記述することで、たとえば他者にそれをやらせようとする場合や、あるいは反対に、（たとえば、その妥当性を正当化するために）他者に過去の行為を説明するような場合がそうです。より一般的には、比較するためにせよ対置するためにせよ、シンボル形式と事態との関係がそれ自体で検討されることはありません。同様に、性質決定と対象との関係、あるいはタイプと生起例（トークン）との関係が問題化されることも避けられます。これらの様々な理由から、実践的位相は批判の展開にとってほとんど都合のいいものではありません。このことは、この位相において発話の真理性の問題が前景化することは滅多にないということも意味します。それは、嘘の可能性が排除されているということではありません。むしろ、〔発せられた〕言葉や、場合によっては行動の仕方を通じて示される諸々の主張が疑いを呼び起こすということがあるとしても、その疑いが——まるで論争を遠ざけようとする集合的努力を暗に尊重しようとするかのように——いわば抑圧されることを意味するのです。

実践的位相における存在様式はおそらく社会によって異なる重要性を帯びますが（『実践理論の素描』において、ピエール・ブルデューはそれを特に伝統的な農民社会と結びつけているように見えます）、このレジームに転換する可能性がない社会構成体はおそらく存在しません。我々はそれに様々なやり方でアプローチすることができます。ピエール・ブルデューの社会学的研究の基盤を成す理論構成において、実践はスコラ的なものとの対立関係の中で構築されています（これは、規則至上主義と同一視される構造主義に対する彼の批判を基礎づけ、社会人類学から得られるデータと、マルクスにおいて展開されたようなプラクシス概念との間に一つのつながりをつくることを可能にするものです）。別の例を挙げると、正義のレジームとアガペーとしての愛のレジームとの対立について検討した論文の中で（この論文は『能力としての愛と正義』[32]というタイトルの本の中に掲載されています）、私が描き出した愛のレジームに関連する諸特性——とりわけ、現在への選好、計算道具の放棄（反対に、正義のレジームは計算道具を欠かすことができません）――が示唆しているのは、このレジームが、実践論理が目指すある種の極限点となりうるということです[33]。

実践的位相が支配的となる瞬間は頻繁に生じます。それは、我々がみなこの位相が秘めている可能性もそれがもたらす利点も経験していると言えるほどです。しかし、ここで擁護したい議論は、実践的位相を共同行為の唯一の枠組みとして考える限り、社会生活を完全に理解することはできないというものです。ここにはいくつかの問題があります。一つ目の問題は、行為の最小限の枠組みを維持するのに必要とされる指標の問題です。もちろん、この指標は相互作用やその反復から生じる自己‐創発や自己組織化といった効果を通じて形成されると考えることはできますし、習慣によって保証される規則性に依拠していると考えることもできます。〔しかしながら〕このような説明は、我々からすれば十分なものとは言えません。なぜなら、この指標の規範的次元も、それが内包する義務的な力も説明されないからです。

二つ目の問題は論争に関するものです。実践的位相は反省性も累積性も乏しいため、論争までには至らない暗黙の不合意の維持を可能にしますが、それは――すでに述べたように――ある一定の寛容の閾値までの話です。この閾値を超えてしまうと、それほど多くのことが要求されないレベルの調整であっても、この位相で利用可能な手段だけで共同行為を維持することができなくなります。実際、論争においては、互いに異なり、しばしば両立不可能な複数の視点が対立します。事の本質に迫ろうとする異なるやり方と密接に結びついた複数の真理性要求が競争下に置かれます。絶対的真理という観念――すなわち、いわば否応なく認められるために、認証されることも正当化されることも必要としない真理（ジヨージ・E・ムーアが時折言及していたように思える種類の真理）――は危険にさらされます。同様に、――実践的位相では行為の流れの中で多かれ少なかれ吸収されている――現実と世界の偏差が大きく広がります。なぜなら、現実という織物それ自体が問いに付され、世界から引き出された諸要素が論争の場へと投げ入れられることによって揺り動かされるからです。

それゆえ、実践的位相と並んで、別の位相の可能性を考えなければなりません。その位相を、言語人類学から用語を自由に借用することによって、メタ語用論的と呼んでいくことにしたいと思います[34]。

メタ語用論的位相

実践的位相に組み込まれる諸々の瞬間と区別するために、私は、参加者たちの注意が、目の前のタスクから、起きていることをどのように規定する（*qualifier*）ことが適当なのかという問題へと移行する過程で生じる反省性のレベルの上昇によって特徴づけられる諸々の瞬間を、メタ語用論的と呼ぶことを提案します。このとき、参加者たちの注意は、共同行為それ自体、その様態、その可能性の条件、それが組み込まれる形式へと向かいます。人びとが――まるで協同して――行っていることは、もはや自明なものと思えなくなります。そして、――あとで見ていくように――たとえ見かけの合意に疑問が投げかけられることがなくても、注意とエネルギーは、切迫する現実の事態に対処するために行わなければならないことからそれていき、自分たちはつまるところ何を行っており、自分たちのしていることが真になされるためにはどのように行動しなければならないのかという――こう言ってよければ自己言及的な

――問いへと向かうのです。

たとえば仮に、我々にとって馴染み深い次のような状況があるとしましょう。それは、学生の応募書類を検討するために開かれる教授会です。各人が作業に取り組んでいますが、そこには無駄なことをしたくないという密かな関心が共有されています。あまり疲れたくないし、同僚と揉めたくもない、子どもを学校に迎えに行かなければならないから六時前までには終わらせたい、といった具合に。十枚の書類を検討し終えたが、まだ二〇枚も残っている。仕事を片付けなければならないと、コーヒーブレイクを取らず作業を進める。しかし、あるとき、一人の同僚がいかめしい顔つきで話し始め、問いを提起する。我々はそれぞれの書類を検討する際にきちんと同じ規則と手続きに従っているのか、と。かくして、人びとは書類の検討を止め、全員がこの新たなレジームの中で調整をし合うようになります。人びとは次のように自問します。「ところで手続きとはいったい何のことだ?」。そもそも手続きなど存在するのか。また、我々はいったい何をしているのか。我々が形成している集合体とはいったい何なのか。それは審査委員会という名に値するものなのか。それとも、疲れ切ってけじめがなく、自分たちが行っている仕事、より正確に言えば（外部から考察する批評家であればこう表現するかもしれないが）「手っ取り早く片付けようとしている」仕事から気を紛らわせてくれそうなものであれば何でも好意的に受け入れようとする教授たちの一群に過ぎないのではないか。試練の結果を受ける者にとっては非常に重大なものでありながら、それを全く恣意的に実施するような教授たちの一群に過ぎないのではないか。

活動が実践的様式で継続されているあいだは、誰一人規則を守ることについて気に留めているようには見えなかったにもかかわらず、この種の瞬間になると規則という問題が再び前面にやってきます。参加者たちは、自分たちの不安を抑え、不合意がもたらす脅威を遠ざけることのできるような規則が存在するかどうかについてあれこれと考えます。中には、当該問題に関する自分の権威をひけらかしながら(たとえば委員長)、ある規則を持ち出してくる参加者もいるかもしれません。もし、この種の対象が以前に構築されてストックされており、それをどこに探しに行けばよいのかを誰かが知っているのであれば、です。参加者たちはまた、共同の管轄権内にある意味論的形態(とりわけ法的形態)の鉱脈を掘り起こし、それを類比的に利用することで、進行中の行為がいかなるものなのか——とりわけいかなるものでなければならないのか——を述べることを可能にする諸々の定式を生み出そうとする場合もあります。

性質決定の問題

「我々は本物の審査委員なのか?」とは何を意味するのでしょうか。実践的位相ではいかなる関連性ももたないものの、反対にメタ語用論的位相へのコミットメントを典型的に示すこの問いかけは、タイプとしての状況(本物の審査委員)と生起例としての状況(我々が今行っていること)との関係に関わっています[35]。さらに言えば、ここで起きていることと、ある規範的観点から見てここで起きていなければならないものとの関係こそが、我々が状況という語を用いることになるその仕方を明確にしてくれるのです。状況は、一方で行為が位置を占めるある特定の状況が指示されることによって、他方でこの文脈に意味が付与されることによって同定されます(この意味付与は、文脈をある明確な行為のタイプに結びつけることによってなされます）。それゆえ、ある同一の文脈は、異なる状況が連続して生起する場となりうるのであり、しかもそれは、とりわけ論争の場合、様々な行為者に当てはまります。より形式的な言葉で言えば、我々は実のところ何を行っているのかという問い、また、これと同時に提起される我々は何者なのかという問いは、事態とシンボル形式（その諸特性は論理的に配置されると同時に諸価値に覆われています）との関係と関わっていると言うこともできます。それゆえ、現実を構成する諸々のモノを指し示す言葉に（場合によっては「適切な言葉」を執拗に探し求めるようになるまで）注意が向けられるのは、タイプへの言及がある価値階梯におけるその位置づけを浮き彫りにするからなのです（「研究セミナー」を指し示すのにたとえば「授業」という語を用いることは「研究セミナー」に対する侮辱にならないか、あるいは「大邸宅」に「別荘」という語を当てはめることは「大邸宅」の価値を下げることにならないか[36]）。

この過程を構成する諸要素のうち、我々の関心を引く社会特殊的な要素を指示するために、私は（我々が『正当化の理論』で提示した）性質決定という用語を再び取り上げたいと思います。この用語はもともと法律を由来とするものですが、私はその外延を修正することで、フンボルトから影響を受けた認知人類学がカテゴリー化や分類のような概念を取り扱うのと同じようなやり方でこの用語を取り扱っています[37]。性質決定はこの意味で理解されるとき[38]、少なくとも三つの相互に関連する特性を有しています。（a）性質決定は、一方で、あるタイプとしての状況における事態や役割と結びつきうるシンボル形式と、他方で、ある生起例としての状況における事態や遂行と結びつきうるシンボル形式との関係を固定します。それゆえ、性質決定の目的は、フレデリック・ネフが「形成図」と呼ぶものと指示対象を関連づけることによって後者を統制すること、あるいはまた、――イレーヌ・ロジエが中世の意図主義的な文法に関する歴史研究の中で述べているように――「名詞にもともと付与されている特性と、それが使用され、発声されることを通じて明らかになる特性[39]」との関係を引き受けることにあるのです。(b) 性質決定は、問題となっている状況やモノに、諸々の述語だけでなく、他のモノとの関係も結びつけることによって、こうした状況やモノに一つの価値を付与することを可能にします[40]。(c) 最後に、性質決定は、とりわけ語法のレベルで、現実の中で諸々の影響を及ぼします。それは、正しい語法と侵犯的な語法の二者択一を提示し、それによって一つの制裁の可能性を切り開くという仕方で行われます。それゆえ、性質決定という過程は、まさしく記述的でありながら同時に規範的でもあるのです。この過程は、それが諸々のタイプを確立したり固定したりする操作に関わるのか、それとも、一方のすでに確立されており、多かれ少なかれ安定化されているタイプと、他方の生起例を個々のケースで関連づける操作に関わるのかに応じて、異なる二つの観点から考察することができます。最後に付言しておくと、性質決定の要請は、あらゆる存在、モノ、事実、あるいは状況について等しい力で課されるわけではありません。この要請は主として重要なモノを対象とします。すなわち、我々の社会で言えば、法、あるいは、国家に依存していない他の形態の規則によって担われているモノをとりわけ対象とするのです(かといって、これだけというわけではありませんが)。

存在、モノ、事実、状況などが重要であると述べることで一体何が意味されなければならないのかを明確にするために、我々は重視(*respect*)という語を取り上げ、その可能な語源の一つ、すなわち二度見る(*regarder deux foix*)という観念を隠喩的に利用することができます。このとき、ある事態が丁重に(avec respect）扱われるのは、それが一度目はその文脈依存的あるいは文脈的な存在様態において見られ、二度目はそれがあるタイプと関連づけられる限りにおいて見られる場合だということになるでしょう。すなわち、まるで生起例をタイプに包含するかのように、タイプを生起例に——即座に、またある種のフラッシュバックを通じて——戻すことで、批判によってその関係が危機に陥れられるか、あるいはその危険のあったシンボル形式と事態を、再び完全に一致させようとする場合であるとも言えるでしょう。かくして、この意味で理解されると、重視とはつまるところ、ある妥当性を、それゆえある価値を付与することだということになります。一度しか検討されず、それゆえ純粋に文脈的な事態が偶発的なものとして扱われうる一方（その妥当性は文脈や今ここの使用にのみ依存します）、二度検討され、そのタイプと関連づけられる事態は、価値が付与され、重要なものと見なされます。とはいえ、指摘しておかなければならないのは、この価値が肯定的なものにも否定的なものにもなりうるということです。それゆえ、恥ずべきものと判断されるモノについて、——今しがた述べた意味において——重視に値すると言われることはあり得ても、それは今回は非難の言葉を通じて示されるのです。

メタ語用論的位相と自然メタ言語

これまで指摘してきたように、実践的位相において、言語は、とりわけそれが道具的に使用されると、まるで世界とぴったりと一致しているかのように扱われます。反対に、メタ語用論的位相においては、シンボル形式と事態との関係、それゆえ、両者を分かつ（あるいは分かちうる）空間、両者の可能な隔たり、両者の生じうる距離こそが、共通の関心の中心を占めるようになります。社会生活の中心を占める不確実性は、環境を構成する諸存在が機能不全に陥る可能性に関する不安（エンジンはかかるだろうか、馬はこちらの言うことを聞くだろうか、など）から離れ、何よりもまず性質決定の問題へと向かいます。実のところ我々は何をしているのだろうか。我々はいかなる状況に身を置いているのだろうか。いかなる事実が問題となっているのだろうか（たとえば、「レファレンダム〔としての国民投票〕」なのか、それとも「プレビシット〔としての国民投票〕」なのか。あるいはまた、「犯罪」なのか、それとも「愛ゆえの行為」や「勇気ある行為」なのか、など）。たとえば、ボルシチとして提示されているこのスープは、本当にその名に値するものなのか。この腕時計は、見かけはすべてロレックスだが、本物のロレックスなのだろうか、それとも偽物なのだろうか。あるいはまた、「ロレックスの偽物」なのか、それとも「ロレックスの模造品」なのか。さらには、これは本当に腕時計なのか、などもあります。これらの例から分かるように、ここで提起されている問題は、モノをその記述的・機能的特性において指示することにのみ関わるわけではありません（まるで、他の参加者たちが普段「手斧」と呼んでいるものを私が「木製のノミ」と名づけることによって、実践的位相の中にあいまいさが生み出され、その結果私のパートナーが私に正しい道具を差し出さなかった場合のように）。それは何よりもまず、問題となっているモノに付与しなければならない価値に関わっているのであり、それには数々の義務論的な帰結を伴うことが想定されます。[41] 同様に指摘しておきたいのは、カテゴリーの作動の平面における実践的位相からメタ語用論的位相への転換は、言語に組み込まれている諸カテゴリーが用いられるその仕方の変化としばしば結びついているという点です。このような転換は、——実践的位相における言語使用についてすでに見たように――諸々の焦点や原型（文脈依存的可変性を促進するもの）を中心にして二極化される曖昧な輪郭の集合を活性化するカテゴリーの使用法から、諸々の境界によってその輪郭が定められ、諸々の定義によって安定化され、諸規則と結びついた相同的な意味論的諸空間をもとにして確立されたカテゴリー使用法への移行と結びついています[42]。

しかし、メタ語用論的位相の最も特筆すべき特性は、言語を変えることなく言語活動それ自体について語るという、自然言語が持つ可能性――形式言語と異なり、自然言語だけが持つ可能性――が、この位相の中で利用されることです。これはたとえば、――古典的な例（さらには男尊女卑的な例）ですが――「語の十全な意味における男性[43]」について語られる場合がそうです。話し手は、自然言語の中にどっぷり浸かりながらも、まるで自分の発言と距離を取りうる位置に身を置き、自分が発話主体となりうるかのように振る舞います。実際、（ジョセット・レイ＝ドゥボーヴがメタ言語に関する著作で書いているように）「対象言語について語るために用いられる道具言語[44]」としてのメタ言語に頼ることによってのみ、シンボル形式と事態との関係――すなわち、実践的位相においては不透明に留まるか、関連性を持たない関係――に注意を向けることができるのです。このようにメタ言語が提供する諸々の可能性に訴える行為がとりわけ明確に見られるのは、メタ語用論的位相の一つで我々の興味関心を引くもの、すなわち、いくつかの批判の様態が顕在化する位相においてです。たとえばゼミを取り上げてみましょう。教授はぼんやりと考えごとをしており、プレゼンを行う博士論文準備者はもごもごと話しており、学生たちは居眠りをしたり、おしゃべりをしたり、ポータブルゲーム機で遊んだりしている。このとき、他の人間と比べて少し気難しい一人の参加者が手を挙げ、無愛想な口調で次のように問います。「あなたはこれをゼミと呼ぶのですか？」。この種の発話は、あるタイプとしての状況をもとにして生起例としての状況を批判することをその本質としています。すなわち、今ここの事態がタイプ状況の諸特性を示すシンボル形式（ゼミ）によって指示されるに値しないことを示す点にその本質があるのです。形式的には、この種の発話は、「あなたはそれを…と呼ぶ(45)」という公式が示すように（もっとも、これは暗にしか示されない場合もあります）、自然言語のメタ言語的可能性を頼りとしているのです(46)。

認証のメタ語用論的位相

批判の位相を少しの間脇に置き、これとは別のメタ語用論的位相、すなわち認証の位相を検討していきましょう。私見によれば、認証の位相は批判の位相と対称的かつ正反対の特性を有しています。

これまでとは別の種類のメタ言語的発話、たとえば「ゼミとはゼミである」といったようなものから始めてみましょう。我々はこの発話を次のような形式の下で翻訳することができます。「『あなたが』ゼミ『と呼ぶもの』は、『紛れもなく』ゼミである」。この発話のまさしくメタ言語的な部分が括弧に入れられると（しかも経験的事例においてこれは明示されないのがほとんどです）、この公式は一つの同語反復《トートロジー》となります。この種の同語反復《トートロジー》には明らかに、二つの指示的な方向性が含まれていると考えられます。第一のケースは、二つの〔ゼミという〕語がタイプ（タイプ状況としてのゼミ）を示すというものです。第二のケースは、二つの語のうち一つがタイプ状況としてのゼミを示し、もう一つが生起例としての状況を示すというものです。第一のケースにおいて、タイプとしてのゼミとは何かに関する性質決定は、繰り返しによって特徴づけられます（このとき、我々は真の同語反復《トートロジー》に直面することになります）。第二のケースにおいて、ある事態は既成のゼミというタイプをもとにしてゼミと規定され（qualifié）、両者が同一視されることになります。[47] このような操作において掛け金となっているのは、おそらく次の点にあると言えるでしょう。すなわち、（ある文脈の中に）存在するものが、可能なあらゆる世界において、あるいはこう言ってよければ、永遠の相の下において《存在する》ということを認証することによって、その存在するものを強固にするという点です。事実、同語反復的《トートロジカル》な発話の形式的特性の一つは、「誰に対してであれ真であり、発話行為がなされる状況から独立している」[48]ものとして提示される点にあります。しかしながら、我々の考えでは、この種の操作は社会的現実の構築において本質的な役割を果たしており、――その陳腐さを嘲笑うために時折注意が向けられることはあっても――この操作にほとんど注意が向けられないのは、おそらくそれが当たり前のように日常的に行われているからなのです。

認証の位相がどのように作動するのかを理解するために、我々は、アリストテレスが『弁論術』の中で儀式言論と呼んでいるものを事例として取り上げることができます[49]（これは多かれ少なかれ「儀礼的言説」という呼称の下でピエール・ブルデューの社会学によって引き継がれています）。儀式言論は賞賛あるいは非難の言論の一つであり、それゆえ、存在するものの存在とその価値を不可分のものとして顕在化させます。アリストテレスはこの言論が有するいくつもの注目すべき特徴を描いていますが、とりわけ重要なのが、公衆の面前で行われても、厳密に言えば情報的内容を何一つ含まない言論であるという特徴です。なぜなら、この言論は、――アリストテレスが述べているように――「議論を呼び起こすようなものではなく、周知のもの」を扱っているからです。この種の言論は、存在するものと価値のあるものを顕在化させることによって、それをいわば永久に定めることを目的とするものであり、その極致と言えるのが弔辞です。実際、この記述の明確な対象となる者はすでに命を落としているため、新たに行為を行うことによって、称揚される述語のリストを改定するということはもうできないでしょう。この種の言論は、何が存在するのかに関する不安を和らげる一つの手段と見なすことができますが、それはとりわけ、この言論が批判を通じて示される恒常的な脅威――その程度は、状況、歴史的文脈、社会によって異なってきます――に対処するものと考えられるからです。批判はこの種の脅威を、次のような問いを提起することを通じて示します。すなわち、「あなたはそれを…と呼ぶのですか？」（儀式言論の場合、たとえば「あなたはそれを英雄と呼ぶのですか？　それとも、聖者、学者、芸術家などと呼ぶつもりですか？」）です。

儀式言論の例が示すように、メタ語用論的な操作は、――それが認証に関わるものだろうが、批判に関わるものだろうが――大なり小なり公的な性格を有していなければなりません。公的なものとなることで、儀式言論は解釈を安定化させ、のちに起こりうる解釈の変更を制限することに寄与します。実際、儀式言論は、各人が「自分の胸に秘めている」かもしれない意見を共有知（*souvoir commun*）に変えます。そうなると、ゲーム理論が認識上の均衡の可能性を確立する際に拠り所とする共有知識（*common knowlege*）の論理に従って、[50] 自分が知っている（あるいは知っていると想定される）ことは他の人びとも知っており、それを自分が知っているということも他の人びとは知っている、ということが成員全体で起こるようになるでしょう（ただし、ゲーム理論はこのような認識上の均衡を相互作用の機制が作動した結果と考えるのみで、ある公然たる事実の性格について判断を下す権威の審級の問題を提起することはしません)。このことは、この種の遂行が他者とともに行われるだけでなく、他者の目の前でも行われなければならないということを意味します。他者は証人という立場に置かれており、ある瞬間のある場所で物理的に存在するだけにとどまらず、何らかの形で関与しなければなりません。たとえそれが、単に何が起きたのかを覚えておくという関与にすぎなくても、すなわち、必要に応じて相手にその事実性を単に思い起こさせるという関与にすぎなくても、です[51]。

身体なき存在としての制度

存在するものに関する問い——哲学者が提起するようなものとしてのそれではなく、社会的世界を遂行する行為者たちがそうせざるを得なくなって提起するようなもの、すなわち、おそらく多くの場合、論争が状況の中で広がり、暴力の脅威が存在するようなときに行為者たちが提起するようなものとしてのそれ——は、ピエールやポールやジャックにとって存在するものとは何かという問いではありませんし、リヨンやパリで存在するものとは何かという問いでもありません。それは、全員にとって存在するものとは何か、こちらでもあちらでも存在するものとは何かという問いです。それゆえ、この問いは個人的な返答の対象とはなり得ません。儀式言論の例が示すように、それを発する者は、その言論の対象について一つの視点を表明するかのように自分自身を提示するわけではありません。彼/彼女は、——時代遅れと見なされる問題に立ち戻っているかのように思われるリスクをあえて冒して言えば——「即自的に」あるいは「本質的に」存在するものを明らかにするために語っているのです。しかしながら、先に示唆しておいたように、他の人びとに、いや、他のすべての人びとに、存在するものがいかなるものなのかについて述べるために必要となる権威を持っている個人は一人もいません。それは、個人が身体を持っているという単純な理由からです。つまり、身体を持っているがゆえに、個人は必然的に、ある外的な時空間と、ある内的な時空間の両方の中に位置づけられているからなのです。日常的な相互行為状況において、各人ができるのはただ、きわめて正確に言われているように、「自分の視点を提示すること」だけなのです。しかし、とりわけ論争が明らかに拡大し、暴力へと転換する恐れのある不合意を終わらせる必要がある場合、一つの視点を表明するだけでは十分ではありません。

　法的評価を受ける発話に関してオリヴィエ・カイラが（オースティンを参照しながら）きわめて的確に指摘しているように、[52]「それぞれの話者」は、どんなに「誠実」で「真面目」であっても、「自分一人の力では、他者との合意へと至るように自分の言葉を方向づけることは決してできない」。なぜなら、「話者が発した発話の文字通りの意味と、発話行為が対話者に対して及ぼす志向的力との間には、乗り越え難い距離がつねに存在する」からです。事実、「対話者は、〔話者が〕実際に込めた意図を、発話テクストから読み取れるわけでは決してない」。それゆえ、対話者は、「いかなる――隠れた、隠蔽された、秘密の、人に言えない――意図から話者が自分に対してそう言ったのかをつねに自問しなければならない限りにおいて」[53]、解釈なしで済ますことはできません。そこからオリヴィエ・カイラは、――彼はとりわけ法を事例としていますが、彼の推論は法以外の領域に広げることができます――「最終的な結論を述べる」特権、すなわち正しい解釈の独占が「慣行に従って」与えられる、彼が「第三者というトリック」と呼ぶものを定める必要性を推論しています。この第三者は通常、ある人物という外観の下で現れます（たとえば、オリヴィエ・カイラが扱う例で言うと、憲法裁判官）。しかし、この人物に対して期待されているのは、――一つの身体の中にはめ込まれている日常生活者が述べるのと同じように――自身の「視点」を表明することではありません。この人物の話が聞かれるためには、その身体が捨象されなければなりません。

それゆえ、考えられる唯一の解決策は、存在するものがいかなるものなのかについて述べるという任務を身体なき存在に委譲することです。身体なき存在だけが、――ウィトゲンシュタインが「草稿一九一四－一九一六」の中で用いた定式を用いれば[54]――「諸対象をそれらの内部から見る」のをやめ、それらを「永遠の相の下で考察」し、「外側から見る」ことができるのです。

社会学につきまとうこの身体なき存在こそが制度です。制度とは、存在するものがいかなるものなのかについて述べるという任務が委譲される身体なき存在です。それゆえ、――ジョン・サールが行っているように――何よりもまずその意味論的機能から制度を検討しなければなりません。制度に帰せられる任務とは、何が重要なのかを述べ、それを認証することです。この操作はタイプの確立を前提とします。タイプは、何らかの仕方で固定され、記憶され（先人たちの記憶、成文法、語り、短い物語、教訓、像、儀礼など）、多くの場合諸々の定義の中にストックされなければなりません[55]。そうなることで、タイプは、曖昧で矛盾した使用や解釈を受ける諸々の事態を不確実な状況の中で規定する必要が生じたときに、いつでも利用できるものとなるのです。制度はとりわけ、重視されるべきものとそうでないものとの選別を行わなければなりません。ある文脈との関連で、まるで偶然起こった出来事であるかのように、一度しか検討されることのないものと、二度見ることが望ましいものとの選別を、です。このことは、今ここに存在するものと、空間におけるどこか、過去における以前、不確定の未来における以後に存在するものとを選別することも意味します。だからこそ、制度の現象学は、制度に、持続的な――あるいは永続的と言ってもいいような――実体を確立する能力を本質的特性として付与します。制度に声を与えたり、制度に仕えたり、制度がその持続と永続に貢献する現実の諸領域の中で単に生きて死んだりする人びとの個人的身体とは異なり、制度は、時間の経過とともに生じる腐敗を免れているように見えるのです。

他方で、身体なき存在であるがゆえに、制度だけが唯一非実在的存在に対して真に内容を与えることができるという点も付け加えておきましょう。身体を持つ人間は物的対象の関連性を、単純にそれと相互作用をすることによって、あるいはそれについて人間同士で相互作用を行うことによって（それに触れたり、見せたり、動かしたり、交換したりすることによって）顕在化させることができる一方、非実在的存在は制度を介することによってしか現実の中に組み込まれることはありません。制度は、しばしば言語論理学者がこき下ろすこれらの存在に対して――言語論理学者にとって非実在的存在とは、「対応するいかなるモノももたず、言語の信頼性を損なう恐れのあるような固有名を形成してしまう言語の宿命的傾向[56]」から生じるものとされます――、幻想では全くないある形式の実在に到達する可能性を与えるのです（第一次世界大戦で何百万もの人びとが命を落としたのは、「祖国」というこれ以上ないほど非実在的な存在を守るためではなかったか）。

制度の意味論的機能は、特殊言語的な形式をはるかに超えています。なぜならそれは、記号論が研究する非常に広範な象徴的表現の統率を担うからです（それは身振りによる表現から図像や音楽にまで及びます。このことが明確に見られるのが、これら様々な媒介物が多かれ少なかれ調整され、場合によっては明確な規則によって厳密に定義される儀礼というケースにおいてです）。とはいえ、我々は、ここで何が問題となっているのかを強調するために、特殊言語的な制度がどのようにして諸言語を作り上げるのか、たとえば、一つの政治集団が複数の実体へと分かれることにつながる諸々の出来事が起きたときに、制度がどのようにして俚言の連続体に切れ目を入れ、異なる国語を作り出そうとするのかについて考えることができます（古典的な事例の一つは、スウェーデンと分離したあとに形成されたノルウェー語ですが、旧ユーゴスラビアの分裂のあとに生じた諸々の言語的過程についても同様の指摘をすることができるでしょう[57]）。ある言語の構築は、ある民族や（「徒党」と対置される[58]）「人民」の構築と同様、ある一定の領土に押しつけることができるよう、語彙や統語法を同質化し、語法の良し悪しを規定するという膨大な作業に基礎を置いています。このような同質化は、しばしば一つの支配的な方言に依拠しますが（フランスの場合はパリ地方の方言）、――ミシェル・ド・セルトー、ドミニク・ジュリア、ジャック・ルヴェルがフランス革命の言語政策に関する研究で示したように[59]――周辺部の話し手に対する真の暴力を伴う場合があります。この点において、いわゆる「国」語は、ある一定の領域内であっても共同体が変わると少しずつ異なってくる傾向のある「俚言」と区別されます。そのバリエーションはもともと二次的なものにすぎない諸特性にしか影響を与えることはありませんが、それらが混じり合うとコミュニケーションはより困難なものとなっていきますし、その困難の度合いは「地域言語」間の空間的距離に応じて増大していきます。国語の視点に立つと、地域言語はジャーゴン、あるいは私的言語という地位にほとんど還元されます。それは、子どもたちがお互いを理解し合うために、また、自分たちのやり取りを大人に聞かれないようにするために発明することのある言語と少し似ています。あるいは、作家が時折テクストの中に自分の個別性を表現するというねらいから作り上げる言語にも少し似ています。ただし、このような企てには、大半の読者に、さもなければすべての読者にその個別性が理解されないというリスクが伴います(60)。

かくして制度に帰せられるのは、指示対象を定めるという任務のすべてです。制度にこの任務が帰せられるのは、とりわけ、その価値が重大で、その述語が諸々の定義によって安定化されなければならない対象を制度が相手にするような場合です。このような任務――コンヴァンシオン経済学が強い関心を寄せたもの(61)――が存在しなければ、資本主義のようなものは単純に不可能になってしまうでしょう。実際、エルナンド・デ・ソトが示したように、事実上の財産を資本へと転換するためには、財産が個人の証言という保証がなくても維持され、財産を所有すると同時に財産によって所有される人びとの身体から離れても循環しうるように、所有権を規定する諸々の形式を変えることが必要になります(62)。このことがはっきりと見て取れるのが、――シモーナ・チェルッティが研究した――外国人遺産没収権のケースです。これによると、公権力は、外国人である財の所有者が死亡し、その相続を要求する者が誰も現れない場合、その財を没収することができるとされました。そのような財は、その身体的事実性において定義される所有者という人間から切り離されると、「所有者がいない」ものと見なすことができたのです(63)。

制度的操作は、――物質的なモノにせよ、あるいは資格のように非物質的なモノにせよ――他に譲渡できるような形である人間や組織にモノを結びつけるために必要となるだけでなく、モノの所有権を定義し、それによってモノを製品や財へと変え、市場の確立を可能にするためにも必要になります(64)。実際、需要と供給が一致し、市場が確立され、それが（多かれ少なかれ）機能しうるためには、財についての情報が価格の中に凝縮されていなければなりません。しかし、このプロセス自体が可能となるためには、財があらかじめ定義という作業を受けるか、あるいは財とそれを示す言葉――あるいは財に付与された名詞――との関係が確定記述によって安定化されなくてはなりません[65]。このような指示対象を定めるという任務を行っているのがブランドであり[66]、より一般的には、――モノが様々な形で利用される中でその同一性が失われることを防ぐ――標準化（たとえばＩＳＯ〔国際標準化規格〕）や品質管理を行う諸制度なのです[67]。これらすべての制度は、ワインについてそう言われるように、「統制呼称」を保証します。同様の操作は、たとえば、それ自体時代や国によって大きく変化しうる基本的な会計の枠組みによって定められる諸制約に左右される限りにおいて、企業評価にも組み込まれています[68]。

　我々はまた、中絶がもはや法によって認められなくなる妊娠の時期の決定という――私が『胎児の条件』で関心を寄せた[69]――事例も挙げることができます。この時期を決定するやり方には次の二つが考えられます。一つ目は、胎内にいる存在に焦点を当て、ある一定の発育の段階からこの存在が「物」の状態から「人」の状態へと移行すると考えるというものです。これは、この存在を権利の主体として考える可能性を切り開くことになるでしょう。しかし、そのためには、連続する成熟過程の中に根本的な断絶を導入し、それを正当化することによって、法的地位へと転化しうる一つの存在論的地位をこの存在に与えるような形で、――配偶子、初期胚、胚、胎児、〔子宮外で〕生育可能な胎児などを区別する――医学的カテゴリー化という作業を続けることが必要となるでしょう。まさにこの困難を回避するために、多くの国々で、妊娠がある程度進むと中絶を行うことには母親に対してリスクを伴うという事実が法律の論拠として選ばれているのです。後者の場合、法によって打ち立てられる分割は、たとえそれがその恣意的な性格ゆえに（とりわけ、考慮に入れられる法律によってそれが大きく変わりうるという事実を論拠としながら）批判されることがあるとしても、存在論的な断絶を前提とはしません。それゆえ、このような分割が中絶の正統性をめぐる論争の焦点となることもほとんどないのです。

意味論的安全および／あるいは象徴的暴力

批判的な観点からこのような操作を検討することによって、――たとえばピエール・ブルデューが行っているように――それが「象徴的暴力」に属すると考えることは、全くもって正当なことです。このとき、――オースティンに倣って――平叙文によって現実をつくる制度的行為の遂行的性格に強い関心が向けられることになるでしょう。しかし、それと同時に、発話内の力と、ポリスの道具の利用可能性がもたらす全く別の種類の力との関係が強調されることになるでしょうし、それゆえ、構成的行為の恣意的性格が強調されることになるでしょう。[70] しかも、制度的行為の本質が多くの場合（暴力を思い起こさずにはいない用語である）切断すること、すなわち、連続的なものを不連続なものに置き換えることにある以上、この行為の多かれ少なかれ恣意的な性格を否定することはできません。このことがとりわけはっきりと見て取れるのが国民国家の間に国境が作られる場合であり、これは地理学者たちの研究によって広く立証されています。[71] しかし、この点については他に何千もの例を挙げることができるでしょう。たとえば、グランゼコールの試験に最下位で合格した者と最上位で不合格になった者とを分ける境界がその例の一つです――両者はほとんど同じ点数を取ったにもかかわらず、非常に異なる運命を辿ることになるでしょう。それゆえ、この種のケースにおいて、制度によるマーキングや境界画定の論理が強力な相乗効果を及ぼすのは、ほんのわずかな違いを重大な差異へと変換することによってなのであり、この差異は人びとに決定的に結びつけられるとよりいっそう重大なものとなります。制度は、ある価値を認証するだけにとどまらず、価値を創り出すことにまで大きく貢献するのです(72)。

しかし、問題は、別の角度から検討するとこの操作に意味論的安全という役割も認めることができることです。実際、まさに同種の操作が、諸存在、とりわけ抽象的な諸存在――指で示すことも触れることもできない諸存在――を様々な文脈の中で再同定し、その同一性を保ったまま他の場所へと移すことを可能にするのです。この操作はまた、――肉からつくられるものとしての人間存在がそうであるような――具体的な存在を、たとえばリベラリズムの主体のように安定化された抽象的存在へと変換することも可能にします。かくして、人間存在のようにはかなく変化を被りやすい生をもち、とりわけ――プラグマティックなアプローチが明らかにしているように――そのアイデンティティの輪郭が自分のいる状況によって変わる諸存在に、恒常的な特性が付与されます(73)。奴隷という古典的な例を挙げてみましょう。奴隷の主人は、いくつかの文脈では、奴隷を高く評価したり、奴隷に愛着を抱いたり、奴隷が朗読する詩に耳を傾けたりすることはあります。しかし、状況が変わると彼ら／彼女らは売られてしまいます。ある日の友人は翌日の商品、というわけです(74)。さらに言えば、これは我々が今日家畜に対して行っていることと少し似ています。それゆえ、奴隷は意味論的安全なき存在です。たとえ、個人や文脈によっては保護の対象となりうるとしてもです。

制度にとりわけ意味論的な役割——その特徴は、〔言語の〕使用文脈を可能な限り考慮に入れないようにすることによって、指示対象を安定化させることにあります——を割り当てることで、制度を他の二種類の実体と混同しないようにすることができます。これらの実体は制度と結びつけられることが非常に多いですが、分析上区別しておくことが適当です。その二つとは、ポリス[75]の役割を果たす行政機関と、調整の役割を果たす組織です。これら二種類の実体は、こう言ってよければ、制度が諸身体の世界の中で作動するために備えておかなければならない手段を示しています。さらに言えば、そのあまりに受肉化された外観ゆえに、制度は特殊利益を実現するための武器でしかないのではないかという疑いを人びとに容易に抱かせるのであり、それゆえ、批判の一撃に対して脆さを呈します。しかしながら、組織と制度との節合が間接的でありうる一方（たとえば、資本主義企業は固有の制度的権威を有しておらず、そのため資本主義はつねに国家と結びつきます）、制度が行政機関から完全に自由になることはありません。なぜなら、制度の意味論的役割はただちに義務的な性格を有するからです。制度は辞書を作成するだけで満足することはできないのです。制度は、その無視が制裁を引き起こす定義を打ち立てます。この場合、意味論的作用とポリス的作用はセットなのです。

　とはいえ、指摘しておかなければならないのは、制度という語が半ば物象化されて用いられ——たとえば、学校や病院が「制度」として指示されるときのように、それが日常的な用法で用いられる場合がそうです——、その規制的、会計的、物質的枠組み（建物、融資枠など）が同時に強調されるようになると、我々が制度、組織、行政機関についてつけたばかりの概念上の区別がぼやけてくるという点です。実際、これらの枠組みの中に組み込まれている多くの状況は、それが詳細に検討されると、〔意味論的作用よりも」行政的作用や組織的作用の方が強く見えるといったように、非常に多様な局面を帯びる場合があります。それゆえ、この意味で理解される「制度」の中で起きることのすべてが厳密な意味で制度的であるわけでは全くありませんし、多くの状況は我々が実践的と形容した位相に基づいて展開されてさえいるのです。制度の制度的次元が優位になるのは、些細な障害が重なることでルーティンが妨げられる場合だけです。別言すれば、「制度」が自らの輪郭を失うことなく、いわば崩壊しないようにするためには、「制度」それ自体が絶えざる再制度化のプロセスを受けなければなりません。この修復過程の中で、行為者たち、あるいはそのうちの何人か――通常は、自分には権威が与えられていると考える人びと――は、正規の手続きに従って行動せよという要求を想起させることによって、身体なき存在の（虚構的）現前を立て直そうとします。そうすることによって、彼ら／彼女らは、その「成員」であると（間違って）言われたり、あるいはそれを構成すると（間違って）言われたりする種々雑多な身体をもつ人びとから成る配置編成の中で、身体なき存在が溶解してしまうのを防ごうとするのです[76]。

意味論的統制と物理的強制が結び合わされる地点に位置するのが試練と規則です。我々は次回の報告で試練の問題を再び取り上げるつもりですが、差し当たり次の点を指摘しておけば十分でしょう。すなわち、現実の試練のフォーマットは制度による保証を受けるものであり、――試練が妥当なものだと判断されうるために従わなければならない手続きを定義する――規制に関わる法文にしばしば書き込まれるという点です。このことがとりわけ当てはまるのが、人びとが求める地位の獲得において重要な役割を果たす選別の試練のケースです（学校の試験、スポーツの試合[77]、選挙、いくつかの場合では採用試験など）。このような定義は、テストを受ける諸存在の性質を未知のままにしておかぬよう、試練の構成要素を安定させ、明示することを要求します（すでに見たように、この操作は必然的に不完全なものであり、このことが批判への道を切り開きます）。実際、現実の試練が妥当なものと判断されるためには、それは何かの試練として提示され、——我々は今回の報告では取り上げませんが——他の種類の試練、すなわち、勝つためならあらゆる手段が是とされる、暴力を伴う力の試練と区別されなければなりません。

ここで言われる意味での制度は、行為の流れにおける相互作用やその反復によって生じる自己‐創発過程を通じてしか現れることはないのかと疑ってみることができます。このような過程は、習慣の形成とそれに伴う「客観的」と言われる規則性の形成を説明することに関しては、あるいは、恣意的なものとして扱われる焦点へと諸行為が収斂することを可能にする暗黙の慣行の確立（各人は他の人びとが採用しているであろうと信じる行動に自らを合わせるのであり、その古典的な事例が車の右側通行ないし左側通行です）を説明することに関しては、十分信頼に値するものです。しかしながら、この過程だけでは、制度が諸存在の性質決定を支える仕方を理解することはできないように思われます。それは、このような機械的な過程だけでは、モノの特性の規定をほとんど考慮に入れることができないからというだけではありません。とりわけ、この過程だけでは、価値を生じさせることも、また、規範の文字通り規範的な性格を支え、——こう言ってよければ——義務的な影響を及ぼすこともできないからです。容易に認めることができるように、まさにルーティンという言葉で特徴づけることのできるような状況であれば、習慣に従い、規則性を頼りに——より正確に言えば、たいていの場合、規則性がその中に据え置かれている諸々のしるし（たとえば電車の時刻表）を頼りに——自分の位置を決めるだけで、十分行為を導くことはできます。実際、この種の状況の特徴の一つは、まさしく、このような指標が恣意的であるかどうかという問いが退けられている点にあります。我々は通常、電車が七時三四分ではなく七時四五分に駅に到着するということに対して、それは本当に根拠のあることなのかと問うことはしません。しかし、論争という状況ではもはや同じようにはいきません（たとえば、ある特定の時間の電車の到着が一部の行為者にとって有利に働き、他の行為者に不利に働くような場合がそうです）。このとき、恣意的である（それゆえ、ある特定の利益に暗に資することになっている）という批判によって問題視されることがないようにするために、所定の規則は正当化されなければなりません。しかし、すべての人間に自明なものとしてただちに受け入れられるのでもない限り、正当化が単発で終わることは滅多にありません。正当なものとして提示される各々の理由は、多くの場合、正当化が行われ、批判が行われ、また正当化が行われ、といった一連の流れによって特徴づけられるプロセスの中に組み込まれるのであり、これによって正当化は我々が一般性への上昇と呼んだプロセスに従って移動し、広がる傾向があります。論争と批判が社会生活の中心を占めているからこそ、規範性が規則性の中に完全に吸収されてしまうことは決してないのです。

制度化と儀礼化

制度的介入の強迫的な次元と儀礼の反復的性質を理由に、これら二つの形式の間には親和性があるという直観が生じるのは反復のせいだと考えられることが、これまでしばしばありました。しかしながら、先程示唆しておいたように、規則性の次元に属する反復は、儀礼化とほとんど共通点はありません[78]（私が毎朝髭を剃るのは毎晩髭が伸びるからですが――これはかなり私をうんざりさせるルーティンワークです――、私はそこで儀礼を遂行したのだという考えが私の頭に浮かぶことはないでしょう)。それゆえ、制度化と儀礼化との関係の原理を別のところから探してこなければなりません。我々の見立てでは、この関係は、認証というメタ語用論的操作に課せられる諸々の制約と関わっています。実際、儀礼化に関連する特性の一つは、行動(あるいは発言)の機能的帰結を考慮することよりも、行動の仕方(あるいは発言の仕方)に関する要求を優先させる点にあります(少なくとも、機能的帰結が事態を変更しようとする行為――その変更の仕方には様々ものを考えることができますが――との関連で考察されるのであれば)。たとえば、もしフライ・フィッシングに興じる際に、私がマスを捕まえられるかどうかという問題よりも完璧にキャスティングできるかどうかを気にするのであれば(キャスティングがうまくいかなくても魚を捕まえられることはありますし、キャスティングに成功しても手ぶらで帰ることはあります)、私は自分の振る舞いを儀礼化しがちだと人から言われることになるかもしれません。ここでは儀礼化の客観的なねらいがよく現れています。すなわち、儀礼化は、日常生活の諸契機の中でつねに存在するタイプとしての状況と生起例としての状況との隔たりをなくし、それによって、あたかも両者がある総合的な行為において合致しうるかのようにすることを客観的なねらいとしているのです。もしそのような合致がなされれば、シンボル形式と事態はぴったりと重なり合うことになるでしょう。しかしながら、それは、関連性があると判断されるいくつかの特性は選び、二次的なものとして拒否されるそれ以外の諸特性は犠牲にするという、様式化が必然的にもたらす諸々の影響について目をつぶることが条件となります。それゆえ、現実は、今ある姿で認証されるだけでなく、それと不可分のものとして、今ある姿であり続けるためのあるべき姿としても認証されるのであり、その結果、別様にはなり得ないものとして認証されるのです。

人類学によって演劇化と結びつけられることの多いこのような操作は[79]、とりわけそれが——しばしば起こることですが——公衆の面前で行われたり（たとえそれがたった一人で行われるとしても、まるで行為する自分を見るためであるかのように、その人格が二つに分かれていく傾向があります）、首尾よく行われたりする場合（あとで見るように、いつもそうなるとは限りません）、同一の行為の流れの中にいる俳優と観客との調整を確実なものにします。このことはまさしく、能動と受動との差異が——完全になくなるわけでは決してないにしても——可能な限り不分明になるほど縮減されるような形で行われます[80]。このとき、内的状態にせよ外的状態にせよ、それまで多様な状態に置かれ、分散していた人間存在たちは、次のような確信を揃って抱くようになります。すなわち、存在するものは本当に、議論の余地なく、そしてしばしば——通過儀礼ではっきりと見られるように——決定的な形で存在するのだという確信です。生まれた者が確かに生まれているということ、息子ないし娘が確かに子ども時代を終え、成年期に入ろうとしているということ、独身だった者が今後既婚者となるということ、あるいは、首長に任じられた者が（それ以前は他の人びとと同様に一人の人間であったとしても[81]）確かに首長であるということ、死者が確かに亡くなったということ、こういったことに対して疑いを差し挟む資格のある者はもはや誰もいなくなります。しかし、それでも疑いが入り込み、批判が噴出することはあります。

次回の報告で、私は、制度に割り当てられている必要かつ実現困難な任務が内包している矛盾それ自体から、いかにして批判が生じるのかを明らかにしていきたいと思います。

第四章　批判の必要性

前回の報告で、私は社会生活に浸透する不確実性を強調するとともに、この不確実性を——たとえ吸収することはできなくても——少なくとも耐えられるものとするために行為者が頼りにすることができる様々な行為の位相を概略的に描きました。こうして私がつけたのが実践的位相と、私がメタ語用論的と呼んだ位相との区別です。前者はとりわけ弱いレベルの反省性と、諸々の違いに対するある一定の寛容によって特徴づけられる一方、後者は強いレベルの反省性をその特徴としています。私は、少なくとも二つのメタ語用論的位相の存在を認めることができるという考えを提示しました。それは認証と批判です。認証という語で私がとりわけ言おうとしているのは、世界という地を背景にして浮かび上がる現実の構築を担う際に制度が遂行するような種類の任務です。私は最後に、制度の——いわば——正当化を試みました。私はこの正当化を、——身体に拘束されている人びとの間で視点を交換するだけでは決して生じることのない——最小限の意味論的合意を打ち立てるためには、身体なき存在に訴える必要があるという点を強調することによって行いました。しかし、このような正当化を試みたからといって、私は別の立場、すなわち、制度が行使する権力に象徴的暴力の発露を見出すことによってそれを告発するという、制度に対して完全に批判的な立場の妥当性を無視していたわけではありません。この二つ目の立場は批判の必要性を前提とします。私がこれから試みるのは、この必要性を正当化することです。それはまず、批判の可能性が制度の作動そのものに宿る緊張の中にいわば潜在的に組み込まれているという議論を展開することによって行われます。次に、私は、批判的位相を認証的位相との関連でより詳細に検討することで、批判が制度によって行使されうる支配への唯一の砦となるということを明らかにしていきます。実際、批判が社会生活の中で果たす欠かすことのできない役割こそが、社会学が批判を重視し続けてきた理由を説明するのです。

解釈学的矛盾1——代弁者における具現

制度が抱えている問題とは、それが必要なものでありながら同時に脆く、利益をもたらすものでありながら同時に悪用されやすい点にあります。制度が必要でありかつ利益をもたらすものである限りにおいて、我々はその実在を信じなければなりません。しかし、制度の脆さは、何よりもまず、この実在のリアリティを疑わずにいることが難しく、その悪用されやすい性格がより明確に感じられるようになると、制度に向けられる疑いが一層広がる点に起因します。とりわけ二つの問題が制度の存続を危うくします。一つ目はその基礎の問題に関わります（これは頻繁に引き合いに出されるものではありますが、我々が強調したい問題ではありません）。ある権威を打ち立てるものである限りにおいて、制度はそれ自体が基礎づけられなければならず、かくして制度は権威付与の連鎖の中に組み込まれることになります。この連鎖は、近代社会においては通常、国家を越えて遡ることはありません。しかし、その長さがどれほどのものであっても、この権威付与の連鎖はある問題に突き当たります。それは、究極の基礎を保証しうる存在とは何かという――政治神学が廃れて以降きわめて厄介なものとなっている――問題です。[1] たとえ制度が持ち出す権威の基礎を探し出すという企てが単純に徒労に終わることがないとしても、この問題は残り続けます（これと多少とも似通っている問題が、ある明示的な協定（convention）を言語の起源に据える諸々の思索が直面するパラドクスです。なぜなら、言語の基礎を成す協定としての合意を確立するためには、言語をすでに所有していなければならないからです[2]）。

　制度が直面する脆弱性の要因のうち、我々がここでとりわけ注目したいのは、代弁者における制度の具現に関わるものです。代弁者におけるその具現は、我々をより根本的な検討へと導くことになるでしょう。ただし、今回検討の対象となるのは、制度という身体なき存在と、制度の名において語る肉の存在との緊張だけではおそらくありません。行為要求に直面したときに――すなわち、諸々の手段を用いて自らを状況の中で実現しなければならないときに――制度のことばそれ自体が示す限界も検討されることになるでしょう。

　すでに示唆していたように、視点の制約から逃れることができるのは、また、世界を永遠の相の下で考察しながら存在するものがいかなるものなのかについて述べることができるのは、身体なき存在だけです。しかし、ここで問題となるのは、この存在が身体を持たないがゆえに語ることができない、少なくとも――裁判官、行政官、聖職者、教授といった――我々と全く同じように肉と骨を持った存在である代弁者を介することによってしか自分の意見を述べることができないという点です。後者の存在は、公式に委任され、権威が付与されている場合でさえも、――状況に埋め込まれている、打算的である、好色であるなどといった――身体を持つ日常的な存在でしかなく、それゆえ、我々と全く同じように視点の不可避性という刑に処されています（少なくとも、制度の代表として自分の意見を述べることが前提とされていない場合は）。まさにこうした理由から、自分自身の名において自己固有の身体から意見を述べているのではなく、まさしく――エルンスト・カントロヴィッチにより有名になった「二つの身体」の論理に従って、自分の身体性に身体なき存在の諸特性を付与すると見なされる――制度の名において自分の意見を述べているのだということを明確に示すために、（制服や規定の修辞学的表現などのような）特定の象徴的標識がこの存在にしばしば付与されるのです。とはいえ、このような代弁者は、日常的存在として現れるのか、それとも制度的様態において現れるのかに応じて、自らの姿形を変えるということはほとんどできません（できるとしても、服装、声の調子、態度などを変えるのみです）。それゆえ、代弁者は我々をだましてはいないと十分確信を持てるほど、また、我々が目にし、耳を傾けている者が具現化された制度であって、あなた方や私と同じように単なる誰かではないと十分確信を持てるほど、代弁者の内面に確実に接近することを可能にするようなしるしは何一つ存在しないのです。

ここから制度に関するある根源的な両義性が生じます。この両義性はおそらくあらゆる社会生活に本来的に備わっているものではありますが、これはとりわけ、問題となる諸集団の規模の大きさゆえに、関係の絶えざる調整――これを行うためには、互いに面識があり、対面状況にいることが前提となります――によっては集団間の確執を修復することができないような場合に顕在化します。また、いくつかのアメリカ先住民社会（いわゆる「無頭制」社会）をその古典的事例の一つとする小集団においてでさえも、論争が拡大すると、（カトリーヌ・アレスがアマゾンの森で暮らすヤノマミ族を事例にして分析した）[3]分裂－融合過程に従って、ある一定の成員、親族集団、近隣集団を遠ざけ、より遠くの場所に居を構えるよう出て行かせることによってしか、解決の糸口を見つけることができなくなります。ただし、それが可能となるのは、人口が少なく、豊富な自然資源をもつ広大な領土を利用できるという生態学的文脈の中だけです。

それゆえ、一方で人びとは制度を信頼し、その存在を「信じます」。実際、制度の介入がなければ存在するものに関する不安が不合意とともに増大していくしかないような状況において、他に何ができるというのでしょうか。しかし、他方で、このような制度が虚構でしかなく、実在するのはそれを構成し、その名において語る人間存在だけなのだということを誰もがよく知っています。ただし、この人間存在は身体、欲望、欲動などは備えていても、彼ら／彼女らを信頼することを可能にする特定の性質は何一つ持ち合わせていません。かくして我々は次の二つの間を揺れ動くのです。「これは市町村アレテ〔省令〕だ」「よく言うよお前！　あの市長、実の叔母であるあのケチなばあさんから相続したあばら屋をすごい高値で売りつけようとしているゲス野郎なんだぞ」。しかし、ここでもまた、制度に対する信仰と制度に対する批判は不可分の対を成します。というのも、何が存在するのかについてわざわざ述べる者が誰もいなければ、批判すべきものとして一体何が残るというのでしょうか。

我々が提案したいのは、この緊張の中に一つの矛盾を見ることです。それは一般的な社会生活の中心にいわば組み込まれているような矛盾であり、分析のこの段階では乗り越え不可能なものとして考えてマを引き起こします。我々はこの矛盾を解釈学的矛盾と呼びたいと思います。それは次のようなジレンマを引き起こします。一方でこのジレンマは、存在するものが（それ自体として、あるいは全員にとって）いかなるものなのかについて述べるという任務を放棄し、視点のやり取りを優先する結果、議論を暫定的にですら閉じることができなくなるということ以上のリスクが生まれるというものです。とりわけ重要なのは、行為を支える環境を構成する諸存在の規定や安定性に関する不確実性が生じ、それによって断片化に対する不安が呼び起こされるという危険です。行為者たちはこの種の断片化から身を守るために、狭い解釈の世界のうちに閉じこもろうとするかもしれませんし、そうなれば集合体に分断が不可避的に生じ、いずれ暴力のリスクへと行き着くことになるでしょう。この二者択一のうちのもう一方は、存在するものがいかなるものなのかについて述べるという任務を身体なき存在としての制度に委譲するものの、それによって別種の不安が生じるというものです。この不安も、存在するものに関する不安と同様に恒常的なものです。今回の不安は次のような問いと関わります。すなわち、制度が自らの意見を表明することを可能にする代弁者は、この身体なき存在の意志をきちんと表現しているのか。それとも、制度の代わりに話しているように見せかけて、実は自分自身の意志を押しつけることしかしていないのではないか。そこには、自分の身勝手な欲望を——すなわち、我々全員がそうであるように、身体を持ち、それゆえ私利を求め、状況に埋め込まれている存在が抱える欲望を——満たそうとする隠れた意図のようなものがあるのではないか。

それゆえ、我々がここで解釈学的矛盾という語で指示しているのは分析装置だけではありません。この矛盾は行為者の意識の中に（あるいは、少なくとも意識の片隅に）つねに存在しており、——論争にせよ、あるいは環境を構成する諸要素間の単なる不調和にせよ——不測の出来事が現実の内容に関する疑いを再燃させるたびに活性化する可能性があります。しかし、この不安を信仰という心理学的位相に閉じ込めることはおそらく間違いでしょう。それが顕在化するのは何よりも行為の次元においてなのです。事実、社会の中にいる人びとが直面する主要な問題とは、何を信じなければならないのかという問題（この問題が真に存在するのは、制度に対する統制を自らの力の基盤としている人びとにとってだけです）よりはむしろ、どう行動しなければならないのか、とりわけ何ができるのかという問題、すなわち、行為能力の問題です。後者の問題が成り立つためには、行為者自身のものではない権力が行為者にどの程度制約を課し、制限を加えているのかについて評価を行うことが必要になります——すでに示唆しておいたように、この評価は、歴史的条件に応じて、現実という土台（社会的に構築された現実）をもとにして行われる場合もあれば、あるいは反対に、世界（起きることのすべて）の経験がもたらす側面の可能性を探りながら行われる場合もあります。それはつまり、解釈学的矛盾の現れは、（それから身を守るために、信仰やイデオロギーに騙されるがままになっているとされる）諸存在の内面の中ではなく、むしろ諸存在が行為と取り結ぶ関係の中に探し求められるべきだということです。この関係はとりわけ、大した対価を払う必要なくある一定の仕方で行為するチャンスが自分にどの程度与えられているのかについて、諸存在がどのような評価を下すのかによって変わってきます。

解釈学的矛盾２——意味論対語用論

とはいえ、身体なき存在としての制度と、それにことばを与える身体的存在との節合が不安を引き起こす可能性があるとしても、それは、言語とそれが具体的な形をとる発話状況との関係に根をもつ一つの混乱が目に見える形で現れただけの話にすぎません。実際、もし制度のそれとして提示されることばが実践と限りなく近い距離につねに存在するのであれば——すなわち、制度の意味論的機能が経験の領野を完全に覆い尽くすような力を現実にもち、その結果視点の複数性が除去され、たった一つの視座が意味作用の領野を満たすようになれば——、この不安は容易に吸収されることになるでしょう。しかし、そのためには、具体的な状況の多様性を乗り越え、それらをすべて一つの連続的で縫い目のない織物としての状況に融合させることが必要になってくるでしょう。ところが、そのような操作は単純に実現不可能です。なぜなら、それは行為の論理そのものと矛盾することになるからです。諸身体の世界の中で作動する行為の論理は、絶えず変化し、行為がその中で遂行される文脈から自由になることはありません。それゆえ、行為は必然的に複数の解釈と結びつけられるのです。しかしながら、我々の議論にとって非常に示唆的ないくつもの例外を生んでいるように見えるある種の状況が存在します。それは、儀礼によって設定される状況です。

実際、儀礼を（そして、それよりも劣化した形ではありますが、我々がのちに真理の試練と呼ぶことになるものを）通じて取り組まれるのがまさにこの種の問題です。儀礼を同定する際にしばしば用いられる最も明確な特徴の一つは、目的論的な観点から見るとまるで二種類の対応関係をできるだけ接近させるために編成されたかのような、ある状況を設定することにあります。その対応関係とは、一つは行為が現れる様々な位相間の対応関係――とりわけ、ことばを用いて行われることと、身振りを用いて行われることとの間の対応関係――、もう一つは人間の行為と他の周囲の存在の配置との対応関係です。他の周囲の存在とは、（この機会にしか使用されることのない）あらかじめ定義されたモノ、空間内の特定の場所、日付、人びとによって選ばれ、繰り返し到来するチャンスといった一連の諸存在を指します。かくして、状況の中に入り込むどの要素も他のすべての要素に対して一つの制約を課すのであり、それによって装置全体が自己言及的に安定化されることになります。文脈という概念を、遂行される行為や発せられることばから相対的に自立しており、それゆえ、行為とことばをそれに適合させなければならなくなるような（その結果、解釈がもたらす変化を犠牲にしなければならなくなるような）条件という意味で理解するのであれば、この概念こそ、少なくとも原則的には儀礼と全く無縁であると言えます。なぜなら、――たとえば、質疑と応答という対話的な形式において見られるように――行為が現れるどの位相も他の位相と適合するような形であらかじめ確立されているからであり、また、ひとつながりのものとして組織化され、あらかじめ定められた通りに、それゆえ予見可能な形で展開される行為の現れのすべてが、（それ自体種別化され、安定化されている）周囲の装置によって――可能な限り――固定されているからです。とりわけオースティンの研究以降よく知られているように、たとえば諸要素のうちたった一つでも欠けるか、予期と一致しないだけでも、必要なことばが述べられないか、しかるべきときに述べられないか、ふさわしい人物によって述べられないだけでも、ある身振りの遂行が運悪く妨げられるか、逸脱するだけでも、対応関係が崩れ、儀礼が失敗するのに十分なのです。

とはいえ、やはりこれが何を意味するのかを考えなければなりません。儀礼が失敗するとは、世界を同化し、それによって世界が顕現する可能性さえも吸収することを目指してその全体が構築された環境の中で、世界がその場違いな存在を認めさせ、承認させるに至ったことを意味します。あるいは、世界がまさしく現実と区別されるものとして現れることで、儀礼的状況がその人工的な存在様態にまで切り詰められ、いわば告発されることを意味するとも言えます。このとき、儀礼的状況は、現実と世界との偏差を吸収するという客観的な目標を全体的に指向するものであるにもかかわらず、別様にも構築され得た数ある現実の一つにすぎないと見なされることになります。かくして、〔現実と世界との間の〕ずれは、それがどんなにごくわずかで偶発的なものであっても、(4) 批判と同等の役割を果たすのです。また、同様に、同一の文脈にいる人びとの何人かが状況に入ることを公然と拒否するだけでも、儀礼的行為は揺らぎ、何らかの形で告発されます(このことが今日頻繁に見られるのが、たとえば次のような葬儀の場面です。すなわち、愛する亡き人の遺体が敬虔の念をもって埋葬地まで送られることを切望する一方の死者の近親者たちと、信仰心がないかあるいは〔宗教に対して〕敵対的であるがゆえに、この文脈の中でどう振る舞えばよいのかも分からなければ、他者に対するこれまでの自分の言動を撤回することなく人前で振る舞うにはどうすればよいのかも分からない他方の死者の友人が、一時間もの間同じ教会の中に集まるような場面です)。

ところで、このように世界と現実との偏差を吸収することは、諸身体の世界の中に身体なき存在を真に実在させるための唯一考えられる方法です。実際、身体なき存在は、——それが生きていようがいまいが——身体が通常現れるのと同じ仕方で現れることはありません。というのも、その存在様態は、それ自体変化する環境に自らを継続的に適応させるという形でしか存在し続けることができない点を特徴としているからです。すなわち、身体なき存在は、世界と現実との差異を基点とする絶えざるゲームを介することでしか存在し続けることができないのです。そして、現実は今ある形で維持されるためには絶えず修復されなければならず、それゆえ、他ならぬ現実としてそれを問題化するものの試練を受けなければなりません。しかし、そのように振る舞うためには身体を有していなければなりません。まさしくこのような理由から、人間が神に訴えかけることを可能にする——また、これほど頻繁に見られるものではありませんが、神が人間に答えることを可能にする——配置編成を確立する能力によって自らを正当化する宗教は、この種の装置〔＝儀礼〕の発明を可能な限り進めてきたのです。宗教において身体なき存在の現前は、とりわけ儀礼が実施される際にすべての参加者に課される制約を通じて明らかにされます。各々の参加者は、他の参加者も同様の状態にいると想定し、その状態に自らを合わせることによって、自分自身の状態を確認していくことができますが、まさにそのことを通じて、同じことばを発し、同じ身振りを行う諸身体が結合し[5]、身体なき存在という仮想的ではあるものの物質的な類同代理物（*analogon*）が現実化していくのです。身体なき存在は、（たとえばある演説者が演説の中でナポレオンの名に言及する場合のように）言及されるだけでなく、上演＝現前されるものでもあるのです。

かくして、この種の装置〔＝儀礼〕は、他の諸機能——とりわけ政治的諸機能——が身体なき存在を参照しなければならなくなるたびごとにそこから範例的方法を引き出す、いわば貯蔵庫や宝庫となりました。しかし、その際、他の諸機能は、宗教的領域であればその特殊性ゆえにある程度――その限界については後ほど述べます――回避することのできる困難に直面することにもなりました。実際、神は、政治的秩序の中に移し替えることが非常に困難な諸能力――トランプゲームのジョーカーと比較することのできるような諸能力――を備えています。その能力の一つは、神は――少なくとも救済宗教においては――人間の内面に――「心」の中に――直接影響を及ぼすことができるというものであり、しかもそれは目に見えない形で行われます。ところで、この意味で理解される「心」は、まさしく現実と世界との不分明地帯に位置づけられます。もう一つのジョーカーは、私見では利用することがより難しく、しかも（少なくともキリスト教の場合）宗教界の高位者によって少なからず疑わしいものとしばしば見なされるものです。それは、奇跡の可能性、すなわち、身体なき存在が時期をわきまえずに諸身体の世界に突然現れ、諸身体のようにそこに介入するというものです。折衷的とも言えるこの解決策には、身体なき存在の行為に明白なリアリティを付与するという利点がある一方、――「世俗的」と形容されることになるであろう――この世と、――「神的」と形容されることになるであろう――あの世との対立という形で現実と世界との緊張を再び生じさせるという欠点もあります。

とはいえ指摘しておかなければならないのは、通常宗教的領域と結びつけられることの多い儀礼というケースにおいてでさえ、――とりわけ、儀礼がそれぞれ相互に関連をもつことなく、短期間に終わるものとして捉えられるのではなく、異なる複数の空間の中である一定の期間行われる儀礼の行程においで節合されていくものとして捉えられるのであれば――意味論的次元が〔儀礼の〕遂行に影響を与える諸々の変化によって絶えず脅かされているという点です。この変化はとりわけ行為文脈の変化に伴って生じるものであり、不測の事態がほとんどなくなるというのでもない限り、それを制御することなど決してできません。それゆえ、観察者の目からは、語用論的次元——これは、行為者間の相互作用、および、行為者と対象との関係の中に現れます——が意味論的次元に対して優位に立つ傾向があるように映るのです。〔実際、〕象徴の使用自体がその「曖昧性」、「不確定性」、「過剰」、「逆説性」を示しています。[6] [7]しかし、入手可能な象徴のレパートリーが儀礼の行程において比較的自由な仕方で用いられるからこそ、儀礼が進行する中で、属性もライフストーリーも予期も異なる行為者たち、予期せぬ出来事、失敗、矛盾する事実がそこに組み込まれうるのであり、それらに関する解釈もある程度の可塑性が認められるのです（どの程度認められるかは、統制を独断的に行う任務が委ねられている制度の代表者の権威によって変わってきます）。現実と世界との不分明を維持することを可能にするのは、まさにこの可塑性です。なぜなら、起きることのすべて、あるいはそのほとんどが「意味を帯び」うるのは、これらの雑多な存在や出来事と、儀礼に介入する諸々の実体をつなぐ対応関係、および、その諸実体同士をつなぐ対応関係が明らかにされる場合だからです。

宗教的儀礼は自らをある意味論に繋ぎ止めようとする際に諸々の問題に直面しますが、そのような問題がとりわけ深刻化するのは、これらの形態が政治秩序に移し替えられる場合です。政治が——これまでほとんどつねにそうであったように——身体なき存在として扱われる制度に立脚する場合、そこで問題となるのは、政治が丸ごと現実の中にありながら、同時に現実よりも根本的で永続的な何か、すなわち、単に構築されたものではない何かを引き合いに出さなければならないという点です。それはあたかも、視点の宿命という刑に処されているがゆえにいかなる人間存在も現実には有していないある力を――すなわち権威を――、できる限りしっかりと自らに固定するかのように行われます。そうすることで、政治は、一致団結して行動する幾人かの人びとに、その他全員を断片化させる途方もない権力を付与しようとするのです。しかし、このような操作は、おそらく、儀式や祝祭といったいくつかの特定の瞬間、あるいはより一般的には、デュルケムが「沸騰」という語で定義したいくつかの瞬間を除けば、十分に説得力のある形で実現されることは事実上ほとんど不可能です。その理由は単純で、政治は、現実主義的であろうとする限り、それから部分的に逃れる文脈の存在を認めざるを得ないからです。たとえ、政治がこうした文脈を支配することを己の使命としているとしても、です。

儀礼という限界事例を取り上げ、それが政治秩序の権威を基礎づけるために政治秩序に移し替えられることで生じる諸々の問題に言及してきましたが、これによって我々は、ここより前の箇所で提示した一方の現実と世界との区別の意味についてだけでなく、他方の構築されたものとしての現実の相対的脆弱性についてもより理解することができるようになります。実際、すでに示唆しておいたように、現実は、一方の世界から引き出される諸要素と、他方の試練のフォーマット、性質決定、カテゴリー化の原理、全体化の様式――それらが組み込まれる形式がいかなるものであれ、すなわち科学的形式であれ、法的形式であれ、あるいは慣習的形式などであれ――との関係によって構築されるのであり、後者は（真に存在するものがいかなるものなのかについて述べる）記述の道具という性格と、命令と禁止を発生させる義務的な力という性格の二つを有しています。制度的権力という制約の下で定められるこれらのフォーマットは、まるで世界の断片を組み込み、安定化させることができるようなものとしてだけでなく、世界全体を統御することのできるようなものとしても（また、それを任務とするようなものとしても）扱われるのです。

ついでに指摘しておくと、このことが意味するのは、――あとでよりはっきりと分かることですが――我々が世界と現実の間に設けた区別は、自分自身を完全に現実の視点から位置づけている行為者には捉えることはできないし、制度の務めを果たす中で自らの意見を表明する代弁者であればなおさら捉えることはできないということです。というのも、現実は――たとえ全体化の技術的手段、たとえば統計学がもたらすようなそれに訴えることがなくても――その客観的なねらいを全体性に定めているからです。全体を代表する形で現れることによってのみ、現実はその堅牢性を確保し、現実を相対化しようとする諸力、すなわち現実を問題化しようとする諸力から身を守ろうとすることができます。現実はその内部から捉えられる限り外部をもちません。これはつまり、世界と現実の区別はある特定の視点に根を置いているということであり、この視点こそが批判がとる視点なのです。

この見地に立てば、諸制度の権力の下で構築されるものとしての現実は、儀礼の連続線上に位置づけられます。あるいは、より正確に言えば、それは、現実が可能であり続けている非常に狭い範囲を越えて儀礼化を推し進めることで、すべての場所に（あるいはほぼすべての場所に）現実を移植しようとする、失敗することの定められた一つの試みなのです。すなわち、この試みにおいて現実は不可避的に、――状況もまた世界の中に存在する限りにおいて――状況に固有の偶発性と不確実性に直面すると同時に、行為者が状況に対処するために必ず示すことになるであろう行為要求――すなわち、儀礼という稀な状況を離れ、生活の大部分がそこで行われる「日常的」と呼ばれる状況へと向かう際に我々一人一人が必ず示すことになるであろう行為要求――にも直面します。というのも、制度によるフォーマットの設定は、それが現実主義的である限りにおいて、諸々の行動を規則に従わせることによってそれらを順応させることだけを目指しているわけではないからです。それはまた必然的に、同一の操作を通じて、規則がそれに対応する実行条件を満たすよう、行動が行われる文脈を安定させることも目指しているのです。しかし、それは、摂理という名がこの場合最もふさわしいものを当てにしすぎています。そのような調整が実際に行われるのはごく稀であり、仮に行われるとしても、それは人間の行為を事実上実行不可能にする制約と暴力という代償を払わなければならなくなるでしょう。

制度が実際に（ゴフマンの表現を借りれば[8]）全制的となるような現実がもしあるとすれば、すなわち、――これから見ていくように――批判の可能性を排除した現実がもしあるとすれば、それはつまるところ、解釈の余地を全く与えない現実ということになるでしょう。そうなれば、制度の代表的な領域である意味論が語用論に対して圧倒的に優位に立つことになるでしょう。しかし、――先に示唆しておいたように――語用論が意味論に対してつねに優位に立つ世界というのが、意味作用を無限に細分化することになるがゆえに考えにくいとすれば、制度的立場から安定化された一つの意味論に完全に従う現実というのもまた、行為が不可能な現実となるか、あるいは行為がなされるとしても、行為と言語とのつながり、さらには他のあらゆる種類の記号体系とのつながりを断った状態で行われなければならない現実となる〔がゆえに考えにくいものとなる〕でしょう。しかしながら、制度による言語使用がまさにこのような極限へと向かう場合があります。それは、――もはや言語そのもの以外に何も指示しなくなることを示すために――正当にも型にはまったと言われる定型表現の中に、語彙と統語法を固定しようとする場合です。なぜなら、定型表現は、語が用いられる文脈がいかなるものであれ、指示を一挙に安定させることができるかのように機能するからです。

「欺瞞的言辞」（langues de bois）という事例が示すように――国家のそれにせよ、政党のそれにせよ、教会のそれにせよ、あるいはまた国際機関の職員が進んで自分の考えを表明する場合のそれにせよ、（法律用語を範例とする）ごくありふれたお役所言葉は言うまでもなく――、このような言語使用は、命令と禁止の目録、すなわち意味論的暴力を土台としているため、もはや多くのことを語ることはできませんし、いずれにせよ、発話が行為と結びつかなければならない具体的な状況に適したことについては何も語ることはできません。それゆえ、「欺瞞的言辞」はもはや何も語らないのであり、少なくとも、発話状況と真に関連するものについては何も語りません。まるで、完全に自己言及的になったことで、自分自身について語る以外に何もできなくなってしまったかのように。

それゆえ、〔一方の〕公式の表明が、〔他方の〕行為者が実際にコミットし、行為しなければならない状況と、すなわち、他の人間存在や多数の非人間存在――動物、モノ、人工物、「自然力」など――と対決しなければならない状況と適合しなくなるだけでも、解釈の余地が生まれ、制度による性質決定を問い直すか、少なくとも相対化する道が切り開かれるのです。

もっとも、このような緊張を代弁者が知らないわけではありません。実際、代弁者には、制度の遂行を取り込むことによって――すなわち、まるで日常生活者としてそこに深く入り込んでいるかのように状況に自らを合わせることによって——、それがもたらす現実感喪失効果から身を守ろうとしたり、それがもたらす暴力を和らげようとしたりする方法が存在します。このとき代弁者は、あたかも制度のことばが代弁者自身のことばであるかのように（それが政治家の「本音」であるかのように）、制度のことばがより「自然」で——世間で言うところの——「生き生きとした」ものとなるよう、語彙、統語法、さらには語る主体の身体的ヘクシスまで微修正しようと努めることになるでしょう。しかし、この戦略は、身体なき存在のことばを語る者の身体的現前をより重視することによって、求めていたものと正反対の結果をもたらす危険がつねにあります。すなわち、語られているものの妥当性に関する不安を減らすどころか、その反対に、語られていることを語っているのは身体なき存在なのか、それとも、決意、利害関心、リビドーなどを持つ、ごく普通の身体化された存在なのかという問題に関する不安を増大させてしまうかもしれないのです。

制度的暴力

先程指摘した意味論と語用論との緊張という問題は、解釈学的矛盾を取り巻く暴力という問題に帰着します。実際、我々は、諸々のメタ語用論的位相の可能性、とりわけ制度に帰属する認証というメタ語用論的位相の可能性を、実践的位相の下で続けられていた共同活動が論争という水準にまで上昇しなければならなくなるときに行為者が直面するリスクから導き出しました。それゆえ、存在するものがいかなるものなのかについて述べるために必要とされる権威を制度に帰属させる行為は、何よりもまずその平和構築の役割から検討されたのです。しかし、これまでの分析が示唆しているように、制度の言語に与えられている権力がその姿を見せるときには、必ずそれに宿る暴力性が露呈します。そして、この暴力性はたいていの場合、諸々の措置を講じたことに対する責任を、制度が引き合いに出す非実在的存在へと至る権威づけの連鎖の中に組み入れることによって否定されます。すなわち、この否定は認証の事後性と一体化した否定なのです。実際、暴力を伴うことなく、少なくとも物理的暴力を伴うことなく作用するためには、制度の言語は、いわばその存在そのものによって、行為者たちが逸脱した行動を取ったり、何が起きているのかについて食い違う解釈を出したりするような可能性を未然に防ぐことができなければならないでしょう。それはあたかも制度が世界に対して唯一可能な視点を提供し、それによって真なるものの規範を提供することができるかのように行われなければならないのです。しかしながら、すでに見たように、この目標はおそらく制度形成の中心を占めるものではありますが、とりわけ行為文脈の多様性ゆえに実現することは不可能です。

　さらに言えば、もしこのようなプロジェクトが可能であるとすれば、制度は純粋に意味論的な装置となり、ことばが明確に発せられるだけで、諸々の実践はまるで言うこととすることを分ける距離が何一つ存在しないかのように自動的に均質化され、一致するようになるでしょう。しかし、このとき制度は、行為者たちの活動を調整するような仕方で行為者たちを統治することを任務とする組織と連携する必要が全くなくなるでしょうし、ポリス機能を果たす行政機関と連携する必要も全くなくなるでしょう。しかし、このようなことが起きることは決してありません（あるいはほとんどありません）。先ほど概説した理由から、言語の使用法を定め、その指示機能を安定させるという目的のもと、言語構造に対して作用する意味論的暴力だけでは、諸行動を一致させることはできないのです。そのため、解釈を安定させ、それによって論争が開始されるリスクを遠ざけるためには、意味論的暴力を物理的暴力あるいは少なくともその脅威とつねに（もしくはほとんどつねに）結びつけなければなりません。かくして、制度によって対置されるのが、ことばによる暴力にせよ物理的な暴力にせよ、論争が拡大するときに――よく言われるように――解き放たれる暴力と、制度の存在を正当化する意味論的・行政的装置と固く結ばれている暴力です。「制度の中には暴力が潜在しているということについての意識が失われれば、――ヴァルター・ベンヤミンが書いているように――その制度はかえって没落してしまう[9]」。この暴力は、――ヴァルター・ベンヤミンによれば、これはたとえば法に本来備わるものとされます――ある種の秘宝という形態を取り、その存在の大半が法「措定的暴力」として否定される場合もあれば[10]、あるいは正統性に照らして自らを正当化しながら法「維持的暴力」として現れる場合もあります。

　しかし、この種の批判は、抑圧的機能が明らかで、受け入れられてさえいるような法に限定されるわけではありません。この種の批判は儀礼にも及びます。儀礼は、いつも同じような仕方で行われるがゆえに形式主義として非難されるだけではありません。すなわち、内容を全く欠き、絶えず流動する「現実の生活」とは無縁で、それゆえしばしば「非真正的」と判断されるだけではありません（たとえば、結婚の形式的性格と、はかなく消えるリスクに絶えず直面している真実の愛の自発性が対置される場合がそうです）。まるで別様ではありえなかったかのように今あるものを讃える行為を通じて参加者たちを調整しようとするがゆえに、儀礼は、支配という位相の下で――当然ながら、これはただ一つの観点から、すなわち批判的観点から――解釈されるのです。この解釈の様態は様々なものがありますが、人類学も指摘しているように世俗的な批判でも頻繁に見られます[11]。

後ほど批判の方法を検討する際により詳しく見ていくように、暴力が制度の中に暗黙のうちに存在するのは、制度が解釈学的矛盾の暴露と戦わなければならないからです。この暴露は制度にとって耐え難いことです。というのも、この暴露は、身体なき存在が占める、利害関心と結びついた視点を越えた高みから見下ろす位置と、身体なき存在の座につき、それを代弁する身体的存在の打算的性格との矛盾を明るみに出すものだからです。あるいはこう言ってよければ、とりわけ法治国家をその正統性の原理とする民主主義－資本主義社会においては、法秩序と社会秩序との間の矛盾を明るみに出すものだからです。

それゆえ、制度は、解釈学的矛盾を乗り越えることはできなくても、それを抑圧するか回避することを目的とする諸装置と連動します。まるで、終わりを迎える可能性を宙吊りにしつつ、自らの実在を主張し、（制度の場合同じことですが）絶えず存在し続けるためには、絶対的なものとつながらなければならないかのように、です。絶対主義への誘惑は、高みから見下ろす位置を占めることへの要求と本質的に結びついており、この位置を占めるようになれば、行為者たちがそれぞれ異なる視点を表明する際に身を置く位置よりもいわば上位の論理階梯に立つことになるでしょう。そうなれば、行為者間の論争が制度的審級にまで及ぶことがなくても、この位置から行われる制度的審級の介入によって論争が解決されることになるでしょう。すなわち、こうした介入は当事者の一方の力を増大させ、他方より優位に立たせるだけでなく、論争を余すところなく終結させることになるでしょう。まさしくこの残り者なき平和という地平、あるいは敗者なき勝利という地平を内包しているのが、たとえば共通善という観念です。共通善とは、一般性へと上昇することによって自らの批判や正当化を支えようとする際に行為者が後ろ盾にする、様々な形をとる相対的に両立不可能な善よりも上位の善として理解されるものです。

　しかし、このような方向性が十分に満足のいくものとなるためには、敗者が不平不満を述べるのを止め、自分たちに不利に働いていた試練の妥当性に異議を唱えることを諦めることが前提となるでしょう。しかしながら、制度は、その意味論的次元において、この目標を達成する手段をもちません。この目標を達成するためには、身体に何らかの影響を及ぼすことによって不満分子から言論を奪うか、あるいは、実質的に同じことになりますが、点在する不満を一致団結して一つの集合的行為の中に収斂させようとする不満分子の努力を妨害するしかありません。実際、試練によって不利な立場に置かれた人びとは、自分たちに不利益を与えた試練がそれぞれどのような形でその場で実施されたのかについて疑問を抱く傾向があります。そして、同じような試練によって不利益を被った他の行為者たちの証言を集めることができたときには、これらの試練が従う手続きを最も一般的なレベルで統制するフォーマットを問題化するようになります。疑惑はまず、職務を越える行為を行ったとして糾弾されるか、あるいは指示の解釈を誤ったとして糾弾される特定の諸個人に向けられます。それはあたかも、身体なき存在に疑問を投げかけることも、その主権に異議を唱えることもせず、抗議の矛先を生身の人間に向けることによって、制度そのものを批判から守ろうとするかのように行われます。かくして、批判に関する歴史学者の研究に多く登場するのが、自分の名において何が行われているのかについて知らなかったと見なされる善良な王子に助言を与えてきた悪しき者たちを第一の標的にした抵抗運動の事例です。たとえば、アンシャン・レジーム期のフランスの暴徒は――チャールズ・ティリーが述べているように[12]――、抗議者たちの行列の先頭に置かれた荷車に自分たちの領主を鎖でつないでいましたが、それはあたかもこの領主が反乱の大義名分を体現していることを明確に示しているかのように行われたのです。

しかし、反乱が拡大し、不満分子が自分たちを駆り立てる動機を比較し、共有するようになると、身体なき存在の純粋な意志と、それを代弁する人びとの身体の中に具現する意志との決定的な分離という虚構を維持することがますます難しくなってきます。これに加えて、抗議行動そのものも、我々が実践的位相と呼んだものにもともと根差していたにもかかわらず、それが展開されるにつれて、反省性へと向かうようになります。ところで、不満分子が運動を展開し、行動を調整し、意見を交換するにつれて、公式の審級が提供する状況の意味論的性質決定と、――なぜそのような事態となったのか、たとえばなぜ「殴り合いになったのか」に関する因果論的説明に立ち戻りながら――今何が起きているのかを明確にことばにしようとする諸々の解釈との間のずれはますます広がります。この力学は、一方で特定の利益（たとえば階級利益）によって規定されているまさしくその身体の中に制度を具体化する諸存在を浮き彫りにし、他方で制度による性質決定よりも行為の語用論を優位に置く傾向をもちます。こうした傾向を通じて、この力学は、身体なき存在からあらゆる内容を取り去り、かくしてそれを虚構へと転化させる効果をもたらします。王様は裸だというわけです。

同じ操作によって、制度の権力によってもたらされる意味論的安全は、その反対の形態、すなわち象徴的暴力へと転化します。批判を主に正当化するのはこの暴力の存在であり、批判の最初の運動は、制度に付随する平定装置の襞や隙間に隠れている暴力を暴き、告発することにあります。このとき批判は、制度による認証作業を暴力という位相で記述し直し、たとえば「法的関係」の下に隠されている「力関係」を暴こうとします。そして批判はこの再記述を拠り所にして、批判自体が用いる暴力の諸形態――たとえそれがことばの暴力にすぎなくても――を正当化しようとします。というのも、批判は、それがとりわけ正義の領域に進入する場合、漠然と――いわゆる「抽象的に」――提起される抗議、たとえば「社会」という抽象的な実体に対して行われ、人びとに対する糾弾にまで及ぶことのない抗議という次元で留まることは難しいからです。ところで、糾弾は暴力を引き起こすだけではありません。糾弾はそれ自体ですでに一つの暴力なのです[13]。おそらくそうであるがゆえに、不正の告発は、それが適切な形で行われる場合、一般性への上昇を指向する修辞的手段を伴うのです。こうした手段を用いることで、糾弾者は、自分の目から見ても、自分の特定の利益ではなく、――あたかも自分自身が仮想的な制度の代弁者であるかのように――共通善の擁護に自分の行為を基礎づけることができるようになります。そしてこの〔共通善の擁護に自分の行為を基礎づけよという〕要求は、糾弾の暴力性を和らげるためのものですが、糾弾者が告発する不正の犠牲者か糾弾者本人である場合、よりいっそう強く課されます[14]。

それゆえ、現実のリアリティは何よりもまずこの観点から問われる可能性があります。このとき論争は、永久に退けられるどころか、反対にその終結を人びとに認めさせると思われていた諸々の認証装置に対して再び優位に立ちます。しかし、この場合の論争は、実践的位相において生じ、集列的連鎖の跡を辿りながら推移する論争と比べると、その形態が変化していきます。なぜなら、現実がそれに対して突きつける抵抗によって両極化するからです。この場合の現実とは一つの構築された現実であり、それがどれほど堅牢性をもつかは、とりわけ制度が現実を維持するために用いる力の程度によって変わってきます。現実が持続し、制度的諸装置が現実を持続させるからこそ、言い換えれば、代弁者が現実の必然性を保証し、それがありのままの世界であり、それ以外にはありえないと主張するからこそ、批判は自らの対象を設定し、目標を定めることができるのであり、さらには、こうした主要点の周りに、非常に多くの点で異なる複数の行為者を、多くの場合一時的にではありますが、集結させることもできるのです。こうした主要点もそれ自体暫定的で脆弱なものではありますが、もしそれがなければ、行為者間の紐帯は、数多くの局所的《ローカル》な論争が展開されるたびに絶えず結び直されなければならなくなるでしょう。

批判の可能性

誰もが認めることでしょうが、何が存在し、何が価値があるのかを決定し、規定するという制度の作業は、それが行われる社会がいかなる種類のものであれ、公式の真実を構築するとともに、通常「常識」（とりわけ、精神医学で理解されているような意味で正常または異常と判断される行動についての常識）と呼ばれるものも構築する効果を及ぼします。まさにこの効果を通じて、制度の権力は、我々が現実の構築と呼んだものに対して強力な効果を及ぼすとともに、それと相関して、側面の可能性を排除することに、すなわち世界を遠ざけることに大きく寄与します。それゆえ、制度は、たとえそれがどんなに必要なものであっても、——一九七〇年代の批判社会学が幾度となく批判していたように——支配の効果を及ぼすのです。それでは、この支配は克服できないものなのでしょうか。

もし制度が社会空間全体を占め、批判が入り込む余地を全く残さないということになれば、制度が行使する支配は実質的に際限のないものとなるでしょう。しかし、我々がここで示したいのは、そのようなことは全くないということです。我々の主な主張は、制度がはらむ緊張は批判の可能性を内包しており、したがって制度の形式的発生は批判の形式的発生と不可分であるということです。

　批判がそこになだれ込むような裂け目を切り開くのが解釈学的矛盾です。この矛盾がなければ、人びとは制度が行う様々な形態の認証の支配下に絶えず置かれることになるでしょうし、その結果、自明なものとして扱われる世界の中にどっぷりと浸かるようになるでしょう。そうなれば、これらの認証の形態に対して相対的に外在的な位置を占めることができなくなるでしょうし、それを問いに付すこともできなくなるでしょう。しかし、別の可能性、すなわち、人びとがあらゆる物事に対してつねに極端に懐疑的となるという可能性を考えることもできます。これらの絶対的で決して（あるいは現実的には決して）証明されることのない立場とは異なり、批判の存在はまさしく賛同したり疑ったりする可能性を拠り所としているのであり、さらには、しばしば同一の対象についてこれら二つの立場の間で揺れ動いたり、それらを同時に採用したりする可能性を拠り所としているのです――多くの運動は、解釈学的矛盾に対して完全に終止符を打つことの不可能性から生じる不確実性をその原理としています。

　それゆえ、係争やその脅威に直面した際に、存在するものがいかなるものなのかについて述べることができる諸々の審級に訴える行為が社会生活で非常に広く観察されるからといって、社会性のいわば本質が全体主義的であったり、あるいは「ファシスト的」であったりするということには必ずしもなりません（この場合の「ファシスト的」とは、ロラン・バルトが一九七七年にコレージュ・ド・フランスの就任講義で述べた意味のそれを指します。バルトにとって言語とは、何かを言わせまいとするものではなく、何かを「強制的に言わせる」ものとされます）。というのも、何が存在するのかについて述べる制度に立ちはだかるのが批判であり、それは程度の差や形の違いはあれど、あらゆる社会に存在しているからです。重要な対象や出来事、すなわち、重視するのがふさわしく、それをめぐってシンボル形式と事態とのつながりが認証操作によって強化され、称揚された対象や出来事に焦点を当てながら、批判は、このつながりを明確に問題にし、それゆえ、存在するものと存在するものについて語られているものとの間に裂け目を入れます。こうした身振りはたいていの場合、行為の流れを止めようとする試みを伴います。したがって、批判は、――具体的対象の場合のように世俗的文脈にせよ、抽象的対象の場合のように命題的文脈にせよ――文脈の中で例示される重視すべき（と言われる）対象を、それらを同定するタイプと突き合わせることから始まるのであり、それはこれらのタイプそれ自体の価値を問題にするよりも前に行われます。

付言すれば、もし制度がしばしば主張されるほどに自分の行動に確信をもっているのであれば、制度は言うべきことを一度言うだけで――つまりきっぱりと言うことで――、多くの作業を省くことができているでしょう。しかし、とりわけ諸々の形態の儀式や儀礼の研究が示しているように、また、法および他のあらゆる様式の規範化に関する研究が示しているように、制度は自分が言いたいことを絶えず言い直すという任務を余儀なくされています。まるでどんなに反論の余地がなく、避けることのできないように見える主張であっても、否定される恐れがつねにあるかのように。あるいは、まるで批判の可能性を完全に遠ざけることは決してできないかのように。さらに言えば、まさにこうした理由から、我々はその意味論的次元から考察される制度を認証の審級と呼ぶのです。

それゆえ、制度は、シンボル形式と事態との関係のある状態――つまり、現実のある一定の状態――を批判の攻撃から守ろうとするためには、何が存在し、何が価値があるのかについて述べるだけでなく、絶えずそれを認証し直さなければなりません。比喩的に言えば、制度による認証は、現実を聖遺物箱に収めることで、時がもたらす荒廃からそれを守ろうとするのです。反対に、批判は、世界で不意に生じた変化をそれぞれ統御することによって、それらを現実に疑問を投げかける手段として用いようとする場合に、この荒廃に立脚します。このとき、〔今ある〕現実は、現実がとりうる一つの状態に過ぎず、それゆえ変容させることができると考えられることになります。さらに言えば、この時間の停止こそが、ここで問題となっている諸操作について語るために認証という用語を使用することを正当化するのです。というのも、我々はすでに起きたことしか認証することができないからです。創設の瞬間の循環を避けるかのように、制度は自分たちが確立するものがすでに生じていたものであるかのように振る舞います。制度はつねに（フロイトの用語 *Nachträglichkeit* を用いれば）事後性の中にあるのです[15]。何か新しいことが起きていると思い切って主張することができるほど、制度の権威が十分に保証されることは滅多にありません。反対に、そのような主張がなされうるのは革命的状況においてです。なぜなら、革命的状況が起きると、空白の期間、すなわち、新たなものがまだ構築されていない中で古い制度が崩壊するという過渡期が生じるからです。

二つの異なる形態の反省性

したがって、認証と批判は、相互に定義し合い、一方があって初めて他方が存在するような二つの機能として見なされなければなりません。しかし、これら二つのメタ語用論的位相の間には、とりわけ反省性の様式という点で大きな違いがあります。

批判の場合、反省性は自明な性格をもちます。なぜならそれは個人的な形を取るからです。このことは批判的な行為者にも、また、この行為者が自分に付き従うよう要求する人びとにも当てはまります。批判的行為者は、我々が「明晰さ」と呼ぶこの特定の反省性の形態によって定義されます。この明晰さこそが、制度によって認証された真実と、（たいていの場合同じものですが）常識としての真実を問題化する力を批判的行為者に与えるのです。この問題化は、ことばと行為、あるいはそのどちらか一方における侵犯という性格をもちます。批判者は、自分が起こす侵犯的な公的活動に個人としてコミットし、かつコミットしなければなりません。たとえば、批判者は噂を流すだけで満足することはできません。つまり、各人がある発話を他者に伝えるだけで、発話行為にはコミットしないということはできません。反対に、批判者は自分が主張するものに対して個人として責任を負います。たとえ、この行為によって既成の秩序の擁護者たちから怒りと反感を買うリスクがあるとしてもです。かくして、批判者は来たるべき仮想共同体の代弁者として自らを提示します[16]。確かに、批判者は他の人びとに、すなわち同時代の実在する諸個人に、自分に付き従うよう要求します。しかし、それはまたあるリスクを含んでもいます。というのも、批判者が自分に付き従おうとする人に誰も出会わなければ、すなわち、自分が擁護する大義を中心に集団が一つも形成されなければ、批判者のことばや身振りは常軌を逸したものとして、あるいは狂気として（パラノイアとして）否定的に規定されることになるかもしれないからです。以前に示す機会があったように、行為者によって公然と定式化される批判と権利要求は、我々が正常性判断と呼んだものに直面する可能性があります。この判断の結果は、部分的には抗議の成否の結果に左右されます。それゆえ、社会学者の目から見れば、「パラノイア患者」というレッテルが貼られる行為者は、何よりもまず、自分たちの大義を支持するよう他の人びとに要求するものの、誰も自分についてきてくれない批判者、言い換えれば、失敗し、汚名を着せられた批判者として現れるのです[17]。

批判的言論が直面しなければならないリスクは、風刺作家という形象においてとりわけはっきりと見られます。この形象は、カトリック同盟[18]と十七世紀のフロンドの乱[19]の時期、そして（エリザベート・クラヴリーによって研究された[20]）十八世紀における事件という形式の誕生に伴う多くの中傷文を系譜とするフランスの伝統の一部を成していますが、それがとりわけ発展したのは十九世紀後半の三分の一から二〇世紀前半にかけてです。マルク・アンジュノが的確に分析してみせたように[21]、風刺作家は自分自身を、孤独でありながら誰にでも語りかけ、「届く当てのない手紙を出す」人間として提示します。留意しておきたいのは、風刺作家が社会秩序全体を攻撃する点で批判理論家と共通していることです。しかし、後者とは異なり、風刺作家は客観性を要求しうる社会学的記述と妥協を打ち立てようとはしません。反対に、風刺作家は主体性の権利のみを拠り所にして、侮辱し、嘲笑し、ことばの暴力を振るうのであり、このことが風刺作家を呪いをかける者にするのです。しかし、この極限的な形象は――その最も顕著な例は左翼と右翼の間で（しばしばファシズムへと近づくような方向で）共有されていますが――社会科学とは無縁の行為者――とりわけ作家――が社会批判を公然と行おうとする際に課せられる要求の一つを明らかにします。それは、自分の言論を個人の実存的経験に根差したものにせよという要求です。実際、コミットメントの起点を成すこの個人的な経験においてこそ、行為者はある特定の明晰さの獲得を主張しうるのです。なぜなら、――このあとすぐに明らかになることですが――行為者は、現実のリアリティに疑問を投げかけることのできる場としての世界へと接近する手段を、まさにこの経験から引き出すからです。

認証というメタ語用論的位相では事情は全く異なります。認証の場合においても、我々は反省的な性質を帯びた操作に直面します。少なくとも、反省性の問題をメタ言語の問題と結びつけて考える本書の枠組みでこの語を理解すれば、です。この意味で理解されると、「反省的」とは、シンボル形式と事態との関係、とりわけ言語と世界との関係が、（実践的位相の場合のように）もはやどうでもよいものとして、あるいはこう言ってよければ素朴な問題として扱われることはなくなり、反対に、批判的位相における行為の原動力であり、認証が和らげたり未然に防いだりしようとする不安を引き起こすということを意味します。それゆえ、認証という操作も、シンボル形式と事態との関係を対象とするがゆえに反省的な性質を帯びるのであり、それは両者を結びつけたり、批判がもたらす問題化の脅威を未然に防ぐことを目的として行われます。しかし、この場合、批判の場合に観察されることとは異なり、反省的性質をもつのは装置それ自体であって、制度という身体なき存在の代弁者あるいは代行者の立場にある行為者自身ではありません。装置は個人として行為にコミットするとは見なされていません。たとえば、我々は、少なくとも通常の状況で行為が行われるときには、ある制度の代弁者や儀礼の代行者が自分の言っていることとやしていることを個人として本当に「信じている」かどうかを疑うことはしません。ポイントはそこではないのです。重要なのは、本人に期待されていることを決められた形式で行い、それが首尾よくなされることだけなのです。さらに言えば、そうであるがゆえに、批判的言論と制度の仕事との間でどっちつかずの立場にいる人物は、しばしば人びとを当惑させるのです。たとえば、――「組織の人」と呼ばれた――革命政党の代弁者がそうであり、しばしばそうでした。彼らの批判的な発言は、自分がその命令を実行する準制度的な集団との妥協の産物であるがゆえに真正性を欠いており、それゆえ「欺瞞的言辞」という告発に値すると見なされたのです。

我々が今代弁者（あるいは代行者）について述べたことは、儀礼（たとえば宗教的儀礼）や儀式（たとえば国家の儀式）の目撃者の立場にいる者についても当てはまります。受動的な列席であれ、能動的な参加であれ、彼らが個人の反省性を展開することは期待されていません。反対に、彼らに求められているのは、そのようなものを放棄し、装置全体の反省性と、存在するものを明らかにするその能力を認めることなのです。さらに言えば、感情としてしばしば解釈されるのがこの放棄です[22]。この場合の感情とは、たとえ別々の諸個人の身体の中で形をなすものであるとしても、まさに「集合的」と呼ぶことができるものであり、その源泉はめくるめくような意味の充足の経験にあります。すなわち、何が存在し、何が価値があるのか――語の感情的な意味で我々が愛着を抱いているものとは何か――という実在に関する不安が和らげられる点にその源泉があるのです。この感情は、――つねに裏切られるものであるものの――批判の存在しない和解がなされた世界に対する期待の証であり、誰も声を挙げないことで現在行われているデモを頓挫させようとする行為はその可能性を示しているように思われます。それゆえ、感情とは認証の位相における反省性が個人のレベルでとる形と言っても過言ではないのです。そしてこのことがとりわけはっきりと見られるのが、人びとが称揚するために集まる場合です。ただし、ここで称揚されるのは、――デュルケムを魅了した集合的沸騰の瞬間に見られるような――人びとの融合や一体性というよりも（その幻想的な性格について人びとが全く気づいていないということは決してありません）、むしろ、何が存在するのかについて合意がなされうる可能性です。そしておそらく、身体なき存在が諸身体の世界で具現化し、それによって存在するものを信じ込ませることができるのは、ほぼこの瞬間だけです。しかし、これと関連して付け加えておかなければならないのは、儀礼や儀式を失敗させるためには、その場に居合わせる人びとの相当数が（おそらくたった一人でも）必要な状態にいないだけで十分であるということです。よそよそしい態度を取りながら、あるいは冷やかすような態度を取りながら、その場に物理的に居合わせるだけで、たとえ何も発言しなくても、批判と同等の機能が暗黙のうちに果たされることになります。それゆえ、フランソワ・エランの表現を借りれば[23]、儀礼が「動機づけを失う」のは、――ほとんどつねにそうであるように――参加者たちがその創設とともに生まれた諸原則を忘れてしまったからではなく（さらに言えば、この原則はたいていの場合見せかけのものであるか、あるいは事後的に再構成されたものです）、麻痺効果がなくなってしまったからなのです。

　付言すると、今述べた様々な形態の反省性は、我々が様々な形態の無意識と呼びうるようなものと密接に関係しています。認証の審級は批判がもたらすリスクに対しては警戒を怠りませんが、自分たちの基盤となっているものの儚い性格については目をつぶるのであり、批判が自らの明晰さを対置するのはこの基盤に対してです。しかし、批判は――これが批判に固有の無意識の形態であるわけですが――自らが認証という作業に負っているものに気づいていないのであり、この認証という作業が批判に与える軸がなければ、批判は当てもなく彷徨うだけのものになってしまうでしょう。

三種類の試練の区別

我々がこれまでその概略を示してきた理論構成において、社会的世界は三種類の試練にさらされています。かくして我々は一方で、広義の制度によって実施される試練の一種、すなわち意味論的機能を備えた認証の審級によって実施される試練を区別することにします。この種の試練を真理の試練と呼ぶことにしましょう。他方で我々は、批判が利用することができる他の二種類の試練の可能性を提示したいと思います。一つ目の試練を我々は現実の試練と呼ぶことにします。この試練は、手短に言えば改良主義的と呼ぶことができる批判に奉仕する形で遂行されます。二つ目の試練は実存的試練と呼ばれます。この試練が批判によって捉えられるとき、それはむしろラディカルと呼ぶことができる批判に奉仕させられることになります。以下、これら三種類の試練に関する暫定的な説明を真理の試練から始めていきたいと思います。

真理の試練は認証の審級によって行われます。この試練は、ある一定の状態ですでに確立されているシンボル形式と事態との関係を様式化された形で示し、その整合性と彩度を高めることによって、この関係が繰り返し認証されることを目指します。そのリアリティと価値を認証することが重要となる事態は生起例としての状況の中で確立されますが、この状況はそれに対応するタイプとしての状況の特性を可能な限り有し、タイプとしての状況と完全に一致するものと見なされます。これは、試練が遂行される文脈が厳重に統制されることを意味します。反復はここで重要な役割を果たしますが、――すでに指摘する機会があったように――それは（たとえばペンが空になるたびにインクを補充せよといった）技術的要請とは何の関係もありませんし、習慣に由来する規則性とも何の関係もありません。反復の唯一の役割とは規範が存在するという事実を示すことであり、これは外部から役割が与えられなくてもいわば規範それ自体のために規範を展開することによって達成されます（これによって反省性の効果が生じることになります）。したがって、我々は多くの儀式（たとえば、それについて豊富な文献資料が存在するアンシャン・レジーム期の儀式[24]）を、異質な諸要素が調和し、――構造主義が象徴体系を扱う仕方についてマルセル・エナフが書いているように――「自らを互いの関係性の中で考える[25]」ようになる過程を通じて社会秩序が示される、真理の試練として考えることができます。かくして、――これまで見てきたように――同語反復《トートロジー》を主要な操作子とする認証作業は、手短に言えば、（秩序や構造に応じて）複製され、展開され、変化してきた諸々の形態のコード化を繰り返し実施するという段階を経ます。儀式の過程でも認証操作がこのような形で登場しますが、それは、シンボル命題の領域とその反映である事態の領域との関係を示すこと――それゆえ、この関係を認証し、安定化させること――を目的としてなされるのです。これはとりわけ、発話、――演劇的な意味での――パフォーマンス、イコン、身振りといった複数の表象様式を結びつけ、それらの間に対応関係を確立することによって達成されます[26]。発話は――たとえば、「神は偉大なり」（これに対して「ええ、偉大ではありますけど、どれくらい偉大なのですか？」と尋ねても意味がないでしょう）、「王とは君主である」、「共和国は共和国だ」などのような――ほとんど同語反復《トートロジー》と言っていいようなものしか語りません。まさにこうした理由から、真理の試練は、発話行為の主体なき発話である定型表現という種類を好むのです。というのも、それを口にする者は、それに先行し、何の情報的性格ももたず、論証[27]と対極にあるような言葉を現実化することしかしないからです。しかし、これらの同語反復《トートロジー》は異なる媒体で繰り返されることで力をつけます。

対応関係と準同語反復《トートロジー》関係との相互作用は全体性に囲いをし、意味作用の及ぶ範囲をすべてその各要素の内部となるようにします。そのため、たとえ偶然新たな存在が現れるとしても、その存在はそれ自体無視されるか、一連の再解釈という犠牲を払って既成の総体に統合されるか、あるいは拒否されるかのどちらかとなります。このことがとりわけ顕著に見られるのが、一見すると逆説的に見えますが、侵犯的な儀礼です。たとえば、諸々の禁止事項が一時的に解除されたり、ときにはそれを反転することが命じられたりすることもある定期的な祝祭行事がそうです。批判的操作とは大きく異なり、侵犯的儀礼の客観的な目的は、批判を骨抜きにすること以外にないのであり、より一般的には、世界の重視すべき側面を称揚するために用いられるものと同型の定型表現で否定性を示すことによって、その否定性を統合する（すなわち否定する）こと以外にないのです。

このように世界を整合的な形にまとめ、表象することが試練という名に値するのは、その準備につきまとう不安が示しているように、つねに失敗する可能性があるからです。批判的な意志が不在の場合であっても失敗する可能性は実際あります。なぜなら、それが行われている最中に世界が時宜をわきまえず、無秩序な形で顕現することで、人びとが求めている秩序を危機に陥れる場合があるからです。これはとりわけ――モノ、機械、動物といった――非人間存在に当てはまります。非人間存在は、その象徴的次元において実現され、具体化される秩序の美しさや偉大さなどほとんど意に介することなく、自分に寄せられる期待から単純に逃れ、適切に行動しない場合があります。たとえば、(空腹、発情、恐怖などといった) 固有の意志や欲動に突き動かされ、自分を抑えることができない動物や、あるいは、表象の過程で演じられるものの重要性とは関係のない作動上の制約を受けているモノ、とりわけ人工物や他の機械がそうです。

表象されるあらゆる事態を同一の意味論的織物で覆うことによって、この〔真理の試練の〕展開は整合性と閉鎖性の効果を――そして必然性の効果を――生み出します。この効果は、真理への期待を満足させ、さらには飽和させることさえします。この整合性を通してある基底的志向性が顕在化するのであり、それが内包する力は、その内実を知らない者であっても、あるいはその「意味」を理解していない者であっても課されます。このような操作は、現実の維持と呼びうるようなものにおいて間違いなく重要な役割を果たします。それが成功した場合、現実を受け入れさせる効果だけをもつのではありません。現実を愛させる効果ももつのです。とはいえ、現実が直接試練にかけられることはありません。現実のリアリティはここでは重要なものではありません。というのも、現実から切り離された諸要素は、真理の試練を支えるものとしては機能しても(たとえば、スターリン主義の盛大な式典の場合で言えば、労働者の英雄、大陸間弾道ミサイル、若き先駆者、白髪頭に毛皮のトック帽を被せた年老いた指導者など)、そこではしるしとしてしか存在していないからです。これらのしるしはそれぞれ他のしるしの真理を支えはします。しかし、労働者の英雄は実は怠惰な成り上がり者にすぎないのではないか、ミサイルはいつも的に当たらないのではないか、若き先駆者は楽しむことしか考えていない金持ちのガキなのではないか、年老いたリーダーは愚かで邪悪な独裁者なのではないかといった問題は、さして重要ではないのです。

現実の試練が実施されるのは、――すでに述べたように――つねに暴力に行き着く可能性のある論争という状況において批判に対処するためです。この試練はテストという性格をもちます。これは、諸存在、とりわけ人間存在から出される諸々の要求のリアリティを検証する（mettre à l'épreuve）ことを可能にするものであり、この検証は、それらの要求が、性質決定とフォーマットによって安定化された、対応する諸要請を満たすことができるかどうかという点から行われます。アリストテレスの区別を用いて言えば、これらの存在の可能態〔力能〕は、特定の条件の下、諸々のモノの装置との接触を通じて実現される現実態〔行為〕によって明らかにされなければならないということになるでしょう。これとは別に、試練それ自体が検証される場合もあります。このとき、ある特定の状況において、今ここで行われている試練の方法が、その進行を律するべきあらかじめ定められた形式と手続きにしっかりと合致しているかどうかが検討されることになります。不確実性を吸収する真理の試練とは異なり、現実の試練はそれに重要な位置を与えます。この不確実性は、主として諸存在の能力――すなわち、諸存在の内部に位置しており、直接理解することができないものと見なされる何か――を対象とするものですが、行為が一定の条件の下で実行されるのであれば、その行為の中で解消されなければならないのです。

現実の試練は、その構成上、とりわけ次の二種類の操作を切り離して考える点で、真理の試練と区別されます。すなわち、一つは、価値を構成するものを示す操作（これは真理の試練が最もうまく成し遂げるものですが、真理の試練はそこで止まってしまいます）、もう一つは、この価値が現実というまさにその織物の中で具体化されているのかどうかを見極め、一般的妥当性を主張する諸々の証拠によってそれを証明しようとする操作です。この意味で、真理の試練が望ましいものをあたかも存在するものであるかのように示すのに対して、現実の試練は、存在すべきことと存在することとの偏差、価値判断と事実判断との偏差を措定し、それを探求するのです。それゆえ、言語活動の次元で言えば、（まるである定型表現がたった一つの生起例しかもたないかのように、冗語法を使って「お決まりの表現」を述べる場合のように）定型表現の反復によって何が存在するのかを断言し、認証する真理の試練とは異なり、現実の試練では論証的装置が好まれるのです。

　真理の試練がつねに既存の秩序を強化するのに対して、現実の試練は既成の秩序を認証する方向に進む場合もあれば、批判の方向に進む場合もあります。現実の試練の方向性が保守的となるのは、すでにその大部分が試練のフォーマットに合わせてあらかじめ調整されている（つまり構築されている）現実を有効なものと認めることによって、既存の階層構造《ヒエラルキー》を強化する場合です。しかし、現実の試練は、それが真剣に受け止められるときには、様々な形態の規範的表現の間の矛盾を暴露したり、現実から忘れ去られていると言ってもいいような諸々の次元に光を当てたりすることで、撹乱効果を発揮することがあります。実際、最も「正統な」ものも含めた試練の配置編成は、――ウィトゲンシュタインが言語について述べているように――近代的な地区、スラム街、半ば廃墟と化した建物、忘れ去られた路地、行き止まりを併せもつ一つの「古い都市」と比較できるようなものであり[28]、それゆえ、批判は、現実そのものの中に、認証された現実の表象を問い直すことにつながる諸要素を見つけ出すこともできるのです。

　それゆえ、批判は現実の試練を様々な方法で利用することができます。第一に、批判は、ある人物が実際にできることに見合った地位を得ていない事実を非難したり、あるいは、その地位に値する人物として認められていない事実を非難したりすることができます。現実の試練はそのような主張に対して裏づけとなる証拠を提供するのです。批判はまた、ある試練が特定の状況において実施されるその仕方が規定にかなっていない点を問題にすることもできます（たとえば、選挙が所定の手続きに従って行われたのかどうかを疑うといったように）。批判はまた、現実の様々な領域における異なる試練を支配する諸論理の間に整合性がないことを指摘し、こうした緊張を和らげるために妥協を打ち立てることを要求することなどもできます。しかし、これらの操作のいずれにおいても、現実それ自体が問いに付されることはありませんし、いくつかの点においてはこれらの批判的操作が現実のリアリティをさらに強化することに貢献することさえあると言うこともできます。ある人物やある集団が批判的性向に突き動かされて現実の試練にコミットする場合、確かにその目的は自分（たち）の主張の妥当性と自分（たち）が被っている不正の事実的性格を他者に（そして大半の場合、原則としてすべての人間に）認めさせることではありません。しかし、そうすることで、訴える方は現実のリアリティと呼びうるようなものを認めることになります。つまり、誰かが正当な権利、規則、制度化された手続きの尊重などに訴えるときはいつでもそうであるように、制度化された試練のフォーマットによって少なくとも原則として保証されると同時に再生産される配置編成の妥当性を認めることになるのです。

真理の試練や現実の試練と並んで、我々がこれから実存的試練と呼んでいくものにも場所を用意しておかなければなりません。最初の二つの試練とは異なり、実存的試練は制度化過程を経たものと見なされるべきではなく、それゆえ、たとえ数多くの人びとに影響を与えるとしても、それぞれ別個に捉えら

れるような、個人的性格を——あるいは、よく言われるように「生きられた」性格を——保持していま
す。それは共有されることで初めて「集合的な」性格が付与されうるのです。こうした性格が付与され
ると、今度はそれが権利要求を支え、既存の現実の試練を批判し、場合によっては新たな現実の試練の
確立を要求するために呼び込まれる可能性が出てきます。これは、それまで正しく認識されてこなかっ
た、つまり、見えてはいても指摘されることはなく、現実の領域に組み込まれることもなかった侮辱的
要素が広く認められるようにするために行われるのです。実存的試練の場合、試練という語が帯びうる
もう一つの意味が、現実の試練においては支配的であるテストという意味に対して優位を占めます。そ
れは、苦しみ、少なくとも精神的な苦しみを引き起こすもの、触発してくるものを指します。実際、実
存的試練は、不正や屈辱といった諸々の経験を土台としています——時にはそれに伴う恥といった経験
も含みますが、それだけでなく、別の場合では、侵犯が何らかの形態の真正性へのアクセスをもたらす
ときには、それが引き起こす享楽といった経験も含みます。しかし、こうした経験を定式化したり主題
化したりすることは困難です。なぜなら、それを枠づけるためのあらかじめ確立されたフォーマットが
存在しないからであり、また、既存の秩序から見れば、それは常軌を逸した性格をもっているからです。
そのため、こうした経験はしばしば「主観的」と呼ばれるのであり、そうであるがゆえに、こうした経
験を感受する者がそれを他者と共有しようとするとき、そのリアリティを否定されたり、不適格と見な
されたり、あるいは嘲笑されたりする可能性があるのです（たとえば、いかに自分が不正や屈辱で苦し
んだのかを述べる者は、「敏感」すぎるとか、「誤解」しているとか、さらには「パラノイア的」などと
言われるかもしれないのです）。

しかし、現実――つまり、ある一定の社会秩序内で「構築」されたものとしての現実――の周辺に位置しているがゆえに、こうした実存的試練は世界への道を切り開きます。それによって、実存的試練は、既存の現実の試練を改良することを目的とした改良主義的批判と区別するためにラディカルと呼ぶことのできるような批判の形態を生み出す源泉の一つを構成します。だからこそ、ラディカルな批判は、少なくともその初期の段階では、――詩、造形芸術、小説といった――諸々の形態の創作物で用いられる表現にしばしば依拠するのです。これらの創作物の中で個人の経験や感情を公にすることは（いずれにせよロマン主義以降では）多かれ少なかれ社会的に許容されており、また、その美的指向ゆえに、論証的言説に課される整合性の制約や法的・道徳的正当化の制約を回避することもできます。そしておそらくこうした理由から、哲学は、現実という足枷から批判を救い出そうとするとき、作家が自らの個別性をそこに刻み込むような仕方で言語それ自体に施した細工の分析の中に、何よりもまずその手掛かりを頻繁に求めるのです（たとえば、サルトルによるジャン・ジュネの読解の場合のように）。しかし、哲学が作家とともに行っていることは、まさしく批判の社会学が――その実存的経験を可視化し、理解可能なものにする作業に取り組むことを通じて――日常生活者とともに行おうとしていることなのです。

我々が実存的試練という言葉で言わんとしていることをよりよく理解するためには、たとえば、何世紀にもわたって事実上秘密を余儀なくされ、侮辱と恥辱を受けてきた同性愛者たちが体験した即自的試練を考えてみればよいでしょう。同性愛者たちの経験はまず文学、演劇、絵画といった作品の中に翻訳され、その後集合的な形態を取るようになると、すでに集合体となっていたものに対して公的承認を要求しうる運動が展開される道を切り開きました。このような漸進的な承認（これは完全に達成されたわけでは全くありませんが）と並行して起きたのが、現実の輪郭の変化と、対自的試練の――すなわち現実の試練の――確立です。これによって侮辱が対象化され、たとえば同性愛嫌悪が法的に罰せられるようになったのです。

実存的試練を捉えることによって、それまで一人孤独に生きられてきた軽蔑や拒否といった痛みを伴う経験が共有され、公衆に広まるようにすることが目指されるとき、批判の任務は、一般に受け入れられているシンボル形式と事態との関係を解体することとなります。批判はこの任務を、とりわけ、既成の定義の完全性を脅かし、認証された関係の普遍性に疑念を生じさせるような新たな事例を世界から引き出すことによって遂行しようとすることができます。実際、こうした事例は、世界から取り出され、現実へと投げ出される諸存在のサンプルであり、その中で対象の定義に関わる特性が実体化されます。ある意味で、事例を提示するまさにその可能性が、定義が直面する循環論を外部へと開くことによってそのリスクを解消するのです。しかし、問題は、可能な事例の領域そのものが不完全であり、外部に開かれているということです。というのも、事例として取り上げることのできる様々なサンプルは、対象を定義する用語で再コード化されなければならないからです。ところで、サンプルには、――その定義のあり方はコード化の過程で考慮に入れられる特性によって変わってくるとはいえ――様々な対象の定義を支えるような仕方でコード化されうるものだけでなく、諸々の対象の間で不安定な位置を占め、矛盾する定義を引き起こすものもあります。

このことが明確に見られるのが、我々が事件と呼んだ過程です。たとえば、ある人物の死を意図的にもたらした行為が、犯罪行為としてではなく、安楽死幇助行為として（全員ではなく）幾人かの人びとに提示されるという出来事を取り上げてみましょう。アンベール事件では、一人の女性が、医師からの助けを得て、対麻痺の息子に致死量の毒を注射しました。その女性によれば、息子は自分で自らの命を絶つことができず、彼女にどうしてもそれをして欲しいと要求してきたという。この女性と彼女を援助した医師は罪に問われました。安楽死合法化に向けて運動をしている団体はこのとき、この事例に依りながら――具体的に言えば、この母親の発言、テレビ画面に映し出される彼女の涙に濡れた顔、母親が書いた本などに依りながら――、こう述べるかもしれません。「あなたは彼女を犯罪者と呼ぶのですか？」。彼女が死をもたらす行為を意図的に行ったことは事実ではあるが、だからといって彼女を――価値否定的述語である――犯罪者と規定することが正当化されるわけではない、なぜなら、この行為がなされた事態の他の特性を考慮に入れれば、反対に英雄としての性格が彼女に付与されるからだ、というわけです。しかし、事件の目標は、この女性と息子という特殊なケースを超えて、――意図的に死をもたらすという行為によって定義される――犯罪者という性質決定の外延を修正する点にあります。これは、異なる事例の間に見られるずれを浮き彫りにすることによって行われます。すなわち、一方の、躊躇なく犯罪と規定される行為――たとえば、強盗目的で意図的に人を殺める行為――の事例、つまり（エレノア・ロッシュが言うところの）カテゴリーの中心を占める事例と、他方の、別の用語で規定されることが要求される限界事例（境界例）とのずれです[29]。

　それゆえ、ここで問題になっているのは、その文脈の特殊性においてそれぞれ捉えられるこうした行為を指示する際にどのようなタイプが参照されるべきなのか、したがって、こうした行為がいかなる形式で重視されるべきなのかという点です。これらは一度しか検討されることのないどうでもいい行為というわけでは決してありません。しかし、前者の行為は、一度でもその文脈的なあり方において検討されると、あるタイプと、すなわち、数ある特性の中でもきわめて否定的な評価を受ける規範的特性をもち、それゆえ否定的に重視されることにつながるタイプと結びつけられなければならなくなります。反対に、後者の行為は別のタイプ、すなわち、前者と共通する特性をもちながらも（どちらの場合においてもその行為は意図的に死をもたらしました）、規範的観点から見て肯定的あるいは中立的な特性を有し、それゆえ、別の形式の重視をその行為に対して採用しなければならなくなるようなタイプと結びつけられなければなりません。

　批判的操作は多くの場合、私が先に言及したように事件という形式を取りますが、それは生きられた経験、すなわち、認証された関係も制度化された現実の試練も無効化しうる諸要素を世界から、あるいはこう言ってよければ生の流れから引き出すのに役立つ経験に依拠しなければならないという意味で、実存的試練を土台にしています。「この女性が犯罪者だというのなら、愛情深い母親はみな犯罪者だ」。事件はこのとき、制度によって実施される性質決定の諸操作を支える道具、とりわけ我々の社会では法的性質をもつ道具を変える上で、非常に重要な役割を果たします。事件が起き、一般に認められている定義に当てはまらない新たな事例が提示されることで、法律を問いに付すことができるようになるとともに、多くの場合変化のレトリックが用いられることで、もはや現在の事態にそぐわない「死文」として法律を告発することができるようになるのです——あるいは、結局同じことですが、過去から受け継がれてきた日常生活者たちの事態に対する感受性（彼らの「道徳感覚」）が修正されることになります。

かくして、法律は次のような場合に非難されることになります。すなわち、自分の子どもを飢えから救うために（金持ちのペテン師から）パンを奪った男を「泥棒」と呼ぶ場合、上司から性的暴行を受けたあと中絶した若い女性を「犯罪者」と呼ぶ場合、片麻痺の息子の非人間的な苦しみに引き裂かれながら、（本人の要望と医師の同意を得て）致死薬注射を打った母親を「殺人者」と規定する場合などです。

批判的操作としての矛盾の利用

批判が取りうる非常に多様な経路を一つ一つ挙げるということはせず、現実を貫く諸々の矛盾――その構築された次元における現実だけでなく、そのフォーマットも貫く諸々の矛盾――を批判がどのように利用するのかについて少し立ち止まって考えてみましょう。真理の試練は、雑多な要素を整合的なものにするような形で編成されます。現実の試練については、内的整合性の要求に従ってはいますが、この要求は複数の調整原理によって分極化されています。しかし、どちらの場合においても、こうした整合性の維持が多少なりとも成功しうるのは、諸々の試練が論争の場に閉じ込められており、互いにそこまで干渉し合うことがない場合に限られます。実際、時間的および／または空間的に近接した文脈の中で編成された試練は、それぞれ異なる原理、さらには両立不可能な原理に依拠する場合があります[30]。それとは反対に、調停するのが困難な複数の立場を支えるために同一の正当化の枠組みが持ち出される場合もあります。このとき、批判は、様々な領域の試練や立場を関連づけながらこうした不均衡を利用することで、問題となる行為者たちが陥っている矛盾を浮き彫りにしようとすることになるでしょう。かくして、たとえば中絶の問題をめぐる論争の場合、「プロ・チョイス」派の批判は、自らを「プロ・ライフ」派と主張しながら、他の文脈では死刑に賛同する人びとのその整合性のなさを正当にも非難することができるのです。この矛盾する二つの態度は、生／死という対立と無罪／有罪という対立とのアナロジーに基づくある同一のカテゴリー操作子の変換によって生み出されています。しかし、生贄を捧げる宗教から受け継いだ――死を罪の贖いとする――この図式は、今日では妥当性も正統性も欠いているため、それを明示的に正当化することは難しく、非明示的なままにしておかなければならないのです[31]。

批判が利用することのできる他の矛盾は、ある同一の指示対象が、それを取り巻く状況によって異なる意味を、しかも両立不可能な意味を帯びるときに顕在化します。このとき、指示対象がそれぞれ異なる評価様式と結びついたタイプとどのような関係を取り結ぶかは、固定指示子や確定記述によって安定化された対象の指示が組み込まれる命題的文脈によって変わってきます。それゆえ、たとえば同じ子羊でも、草原で見ると「愛らしくかわいい」という特性をもつのに対し、皿に載せられたものを味わうときには「柔らかくて美味しい」という特性をもつのです。同じ子羊でも、それを取り巻く状況が変われば、（アングロサクソンの事例で用いられる表現を借りれば）ペットにも肉にもなりうるのです[32]。

異なる状況に置かれると明確に矛盾した性質決定を受ける諸存在は、非常に多くの場合批判の媒体となるため、そのような諸存在が関与しうる複数の文脈間の境界は、きわめて強固な分離帯によって定められなければなりません。まさにこのような場合に――もっとも、このような場合は非常に頻繁に生じるものではありますが――、最も複合的で拘束力をもつ性質決定と行為の文法が確立されます。その客観的な目的は、行為者や話者に取るべき道、あるいは取るべきでない道を示唆し、危険な関連づけが行われないようにすることによって批判を遠ざけること、あるいは、最も洗練された形になると、矛盾を解消することはできなくても、少なくとも弱めることを可能にする実践的な取り決めや修辞的な形式を提案することにあります。このような文法の事例を、本書の著者の過去の著作からいくつか挙げることができます。たとえば、暴力行使と正義要求との緊張を弱めることになるであろう糾弾の文法、(行為者が平等であることを仮定する)共通の人間性への要求と行為者の序列化を両立可能なものにしようとする正当化の文法、目に映る光景があたかも自分と関係するものであるかのように考えるよう要求されながらも、その光景が映し出す不幸な人びとの状況を改善する術を何一つ持たないという緊張の中に置かれる(それゆえ、「不健全な」快楽を満たすことだけを目的に見ているという糾弾にさらされる[33])、遠くの苦しみの観察者(たとえばテレビの視聴者)などがそうです。

精神障害の徴候をかなりの程度示すのは、このような複雑な文法を正しく操れないことであるという点も付け加えておきましょう。前述した正常性感覚は、文化主義的人類学が用いる意味での規範モデル(あるいは役割)の認識のみに基づいているわけではありません。それはとりわけ、人びとが矛盾のリスクに直面する困難な状況から抜け出すその仕方に注意を払います。それゆえ、正常性感覚は、犯罪の類にせよ、単なる奇行にせよ、一方の規範の侵犯と、――まるで正常な人びとが難なく整合性の原則と関係を維持し、その妥当性を認めているように見えることに対して許容することができない精神障害者のように――複雑な矛盾の文法がしばしば過剰に利用されるその奇妙さを通じて顕現する他方の狂気[34]との区別をつけることができるのです。

批判は、挑発という形で現れることで、ある一定の状態の社会的現実の中に含まれる矛盾を浮き上がらせようとする場合もあります。観察者から反応を引き出すべく──観察者を「激怒させる」べく──、すなわち、矛盾を囲い込む複雑な文法の枠内にもはや収まりきらないような仕方で観察者に行動させるべく、ある身振りが──もし意図的に行われたわけでも戦略的に行われたわけでもなければ、気が触れている人びとの身振りと関連づけられることになるかもしれない身振りが──公衆の面前で行われます。このとき、日常生活の中では弱められている矛盾の存在が暴露されることになります。したがって、たとえば、民主主義と人権を掲げる政治秩序を、その中に潜む抑圧的な暴力へと強制的に向かわせることによって、その秩序が支持していると主張する価値基準との矛盾に陥らせるという目的から、挑発──今回は暴力行為を通じて現れる挑発──が行われることがあるのです(35)。

暴露の四つの方向性と批判の疎外

真理の試練の場合も、現実の試練や実存的試練と同じように暴露について語ることができますが、その意味はそれぞれ異なります。真理の試練は記号の世界をその完全性と整合性を示すことによって暴きます。真理の試練は記号の世界を顕在化させるとともに、この世界の一部を成し、この世界が喚起する尊敬の念と固く結びついているものに輝きを与えるのです。現実の試練は、行為＝現実態を通じて、諸存在の内部に秘められている力能＝可能態を暴きます。そうすることで、諸存在に対する扱いはその本当の姿と照応するようになり、それによって、真理の試練が展開する表象と可能な限り類似した現実──すなわちその正確さと正義が一体となっている現実──の整合性と凝集性が維持されることになります。実存的試練について言えば、少なくともそれが定式化され、公にされるに至るときには、現実の土台を揺さぶり、現実を問いに付すことのできるような事例を生の流れの中から引き出すことによって、現実の不完全性、さらにはその偶発性を暴きます。それは、世界が構成する無尽蔵でそれゆえ全体化不可能な供給源と現実を突き合わせることによって行われます。

暴露が取りうる三つの方向性に加えて、批判にとって誘惑とも脅威ともなる四つ目の方向性を指摘しておかなければなりません。この最後の方向性は実存的試練を起点とする暴露の諸形態に寄生し、場合によってはそれと渾然一体となることもありますが、両者の違いを示すことによってこの方向性を分析的に同定してみたいと思います。現実の試練と同様に、実存的試練も何かを試すものとして現れます。たとえ、実存的試練の場合、試されるものが公式の規定も、さらには明確な性格づけも受けておらず、それゆえ現実を支える規範的フォーマットに組み込むことができないとしてもです。とはいえ、この何かは、その剥奪に伴う苦しみから行為者自身によって——あるいは、最初は行為者の幾人かによって——明示される場合があります。この場合、それを何かへの欲望として規定することによって、その欲望を実質的に満たそうとする運動が始動します。剥奪を規定し、欲望を定式化するというまさにこの操作こそが、それらを共有する可能性を与え、それによって切実な要求を表明する道を切り開くのであり、もしそれが他の人びとに認められ、引き受けられれば、集合的なものとして現れる権利要求という形態を取ることになるでしょう。言い換えれば、この場合、批判は、不透明な総体として考えられる現実の既成秩序への反対によってのみ規定されるのではなく、とりわけ、いわば生の流れの中で顕現する苦しみや欲望といった世界の経験の中でかなりの程度同定されうる諸可能性への準拠によっても規定されるのです。

反対に、この規定という操作を遂行できなかった場合、苦しみや欠乏といった実際の経験は、懐疑の欲動に駆られて行われる一般化された暴露という形で具体化する可能性があります。この場合、批判は、真理として広く認められているもの以外に自らを保証するものをもたず、何かへの欲望として種別化された欲望の中に自らを固定することもできません[36]。このとき批判は対象の欠如と過剰の両方によってそのエネルギーを失う傾向があります。この批判の形態にとって、ある真理を疑うためにはそれが正しいものと認められているだけで十分であり、真理を支える諸々の道具の堅牢性が明確に検証されるわけでは必ずしもありません。少なくとも、批判はそれに対置される正当化から少しも影響を受けることもなければ、正当化に応える義務を感じることもないのです。懐疑の欲動によって具現化される批判の形態――これはニヒリズムという語で通常理解されるものにかなりの程度対応します――は、それに抵抗しているように見える諸力以外の何物によっても規定されないという意味で、疎外されていると言うことができます。確かにそれはある欲望によって突き動かされます。しかし、この欲望自体は対象を奪われており、それを抑圧するものを反転させただけにすぎません。そこから生まれるのは次のような傾向です。すなわち、一方でその欲望の糧となる虚構を生み出しながら、他方で批判的な身振りによって得られるものではなく批判的な身振りそれ自体の中に満足を求め、侵犯行為を美化しようとする傾向です（このとき、侵犯行為はまるで芸術作品のようにいわばそれ自体として求められ、高く評価されることになります）。

このような批判の疎外の少なくとも大部分は、批判が諸々の障害と遭遇した結果であるということをおそらく示すことができるでしょう。懐疑が一般化するのは、制度による認証と批判による問題化との関係が、後者を犠牲にするような形で大きくバランスを崩す場合です。このとき、現実はある一定の整合性を獲得し、既成の枠組みに入り切らないものに対して閉鎖的になると同時に、堅牢性や耐久性も備えることになります。そうなると、つねに自分の期待が裏切られる試練に直面する人びとは、ついには現実に志向性を付与し、現実全体を陰謀という点から考えるようになります。絶対的なものとして扱われる真理が制度的権力を備えた公認の当局によって表明され、その不可侵の性格が律法学者によってだけでなく、それに従わない行動をすべて罰する用意のある警察の措置によっても保護されるようになると、そうした真理に異議を唱え、その真理に関連する規範が侵される可能性があることを示そうとする行為は、――冒瀆の論理に従って――目も眩むほど刺激的なものとなります。この観点から見れば、最も硬直的な支配状況とは少しも批判を寄せつけない状況というわけではありません。たとえ、疎外された批判が結局のところ他の支配状況を利するような形で今ある支配状況を転覆する以外の効果をもちえないとしてもです。しかし、これは疎外された批判がその解放に至ることのない場合の話です。行為者の経験、すなわち行為者が感受した苦しみや欲望とのつながりを取り戻せば、さらには、これらの試練を解釈し、政治的な方向性を与えることによってそれを乗り越えようとするために――すなわち、痛みや夢を権利要求や期待へと変えるために――行為者が実際に使用した道徳感覚とのつながりを取り戻せば、疎外された批判はその解放に至るでしょう。

第五章　支配の政治体制

政治体制に組み込まれる解釈学的矛盾

前回の報告で、我々は解釈学的矛盾の一般的形式を提示しました。この観点から見れば、解釈学的矛盾は、制度の必要性と批判が不可避的に生じる可能性との間でつねに引き裂かれているあらゆる政治秩序の宿命的帰結であるかのように解釈されることになるでしょう。しかし、こうした見地から検討されれば、批判は多かれ少なかれ無意味なものとなるでしょう。なぜなら、他ならぬその転覆という作業の中で批判と制度をつなぐ紐帯（この紐帯は「要塞」と「ひかえ壁」とを結びつける一種の対立的連帯の形態を実現します）[1]から批判を解放することができなくなってしまうかもしれないからです。このとき、批判が行われても、それは結局のところ、批判が標的としていたものとその本質において何一つ変わらない政治秩序を別の形で再生産する手助けにしかならないでしょう。このような見方をとれば――ウェーバーの立場をこの見方に引き寄せることができます――、支配を高みから見下ろす理論を支持することとほぼ同じことになるでしょう。実際、この理論は——すでに指摘したように——、いかなる政治秩序であれそこに潜む支配の影響を暴くことによって（このことは支配が至る所に存在するという考えに行き着きます）、支配の問題を完全に遠ざける立場と実質的にほとんど同じ結果をもたらすのです。

しかしながら、ここで強調しておかなければならないのは、解釈学的矛盾が一方でつねに特定の形態で現れるものでありながら、他方で諸々の統治様式と連結するという点です。統治様式は、それがもたらす支配の影響という点から見れば、それぞれ異なるだけでなく、その弾圧の程度も一様ではありません。我々は政治体制という語で、多様な歴史的背景をもつ社会を構成し、解釈学的矛盾を中心にして確立される取り決めを示すことができます。この取り決めの目的は、解釈学的矛盾を様々な形で具体化するとともにそれを隠蔽する点にあります[2]。支配の様式が確立されるのは、かなりの程度はまさにこの隠蔽工作を確実に行うためであり、制度そのものが現在作動している諸々の非対称や諸々の形態の搾取の永続化とより密接に結びつくようになればなるほど、また／あるいは批判の声がより広範に聞かれるようになればなるほど、支配の様式はより一層必要とされます。実際、先の報告で示唆しておいたように、いかなる政治体制も批判のリスクから完全には逃れることはできず、批判はいわば様々な形で解釈学的矛盾に組み込まれているのです。ここでは支配とは——もしこの概念を真剣に受け止めようとするのであれば——、一度にすべての人間に押しつけられることになる純然たる事実としてではなく、プロセスとして理解されなければなりません。まさにこのようなプロセスを通じて、何が存在するのかを規定し、現実を維持する任務を負う審級は、批判を抑止し、制限し、沈黙させ、追い払おうとするのです。言い換えれば、可能な限り世界を覆い隠し、世界が顕在化することのないよう、現実が堅牢性をもつようにするのです。

それゆえ、支配の効果の一つは、批判が及ぶ範囲を程度の差はあれ大幅に制限する能力、あるいは実質的には同じことですが、現実に対するつかみどころをすべて取り去る能力によって特徴づけることができるでしょう。支配の状況下では、認証と批判との循環を打ち立てる再帰性のループは断ち切られます。認証機能は、多かれ少なかれ批判を完全に沈黙させてしまうほどにまで批判機能よりも優位に立つ傾向があり、このような事態は真理の試練が現実の試練に対して絶対的に優位に立つことを通じて、さらに言えば実存的試練に対して絶対的に優位に立ち、後者がもはや公的コミュニケーションにおいて考慮に入れられなくなることを通じて現れます。しかし、試練の場合に現れるのは、解釈学的矛盾そのものを主な対象とする抑圧の機制が作動した影響だけです。行為者が行為を行うために必要となる（つまり、単に命令に従ったり、内面化されたプログラムを遂行したりするのではなく、不確実性に立ち向かうために必要となる）自律の余地が尊重されているような歴史的文脈では、解釈学的矛盾は、社会生活を枠づける諸々の装置の相互作用の中に組み込まれています。このとき、人びとは、まるでそれに気づいていないかのように振る舞うことも、反対にそれを取り上げ、前面に押し出すこともできます。逆に、支配の文脈では、解釈学的矛盾は締め出されます。それゆえ、この種の状況に直面した場合、規範的な言葉を用いてそれを病理的と形容することはまったく正統なことなのです[3]。これはまた、病理的状況を示す主な徴候が（デュルケムの立場を保守的に解釈すればそう思われるかもしれませんが）整合性のなさでも不合意でもないということを意味します。というのも、社会生活がごく部分的にしか整合的でないにもかかわらず、諸存在が共存しうるということは、社会生活の正常な流れの一部だからです。たとえ、諸存在の違いや相違点の方が諸存在を集合させる何かよりもつねに強力で、かつ諸存在の共存が時々にしかなされないとしてもです。反対に、ある状況が病理的であると判断される契機となるのは整合性の偏執的探求であり[4]、それはあたかも人間存在がたった一つの世界で、しかもつねに同じ世界でみな一緒に暮らすことが可能であるかのように行われます[5]。

この短い概説書という制限を越えて詳述する必要が出てくるため、あまり踏み込んだ説明はしませんが、それでも、解釈学的矛盾が異なる歴史的状況や政治体制の中でどのように現実化されるのかを分析する際に考慮に入れておいた方がよさそうないくつかの次元を示す努力はしておいた方がよいでしょう。関連する一つ目の次元は、支配的な政治‐意味論体制に応じて、すなわち、存在するものがいかなるものなのかについて述べるという任務が主に割り当てられる制度の性質に応じて、解釈学的矛盾の帯びる形態が変わってくるというものです。いかなる形であれ顕現すると見なされる「一般意志」を標榜する制度と、科学の権威によって縁取られた専門知にとりわけ依拠する制度との区別が、ここよりあとの箇所で特に強調されることになるでしょう。

解釈学的矛盾がいかにしてある特定の政治秩序を形成するのかを明らかにしうる二つ目の次元とは、この矛盾を（可能な限り）覆い隠すことに寄与する装置がとる形態に他なりません。実際、政治体制は、少なくとも部分的には、それが解釈学的矛盾をどのように扱うのかによって、つまり、ほとんどの場合、解釈学的矛盾を回避し、隠蔽することを目的とする装置がどのように確立されるのかによって定義されます。こうした装置には、制度を絶対化することに寄与するあらゆるものが含まれます。こうした装置は象徴的な次元――あるいは、より正確に言えば神話的な次元――をもつことがあります。たとえば、制度、とりわけその中でも最も強力かつ広範囲に影響を及ぼし、特定の領域で作動する諸制度が自らの正統性を確かなものとするために依拠するような制度、すなわち主権国家という制度の基礎として機能する虚構を、政治哲学の中に根づかせようとする装置の場合がそうです。しかし、――神授権に訴えるものであろうが、主権者たる人民、国家、科学などに訴えるものであろうが――偉大な政治‐神学的神話とは別に、より控え目な装置が多数存在します。とはいえ、それらが制度的権力の日常的作動において果たす役割は無視できません。これらの装置の目的は、代弁者や行政官に聖油を塗ることで、彼らが演じる制度的アバターを、彼らが日常生活者として行動する他の状況におけるその身体的顕現から可能な限り遠ざけようとすることにあります。こうした非常に数が多く、しばしば高度に洗練された装置の一つとして、たとえば、多元的ポジショナリティを統率する装置を指摘することができます。この装置の目的は、ある同一の人物が様々な空間――たとえば、我々の社会で言えば政治的空間と経済的空間――で占める様々な位置を、一つの一覧表の中で関連づけることを困難にすることにあります[6]。

三つ目の興味深い次元は、他ならぬ制度的権力と批判の節合です。批判的な形態が全く存在しない社会などおそらく存在しないでしょうが、様々な政治体制は、制度の権力に直面した批判にいかなる役割を付与するのかによって区別されます。後述するように、批判を封殺することで制度的権力が維持されるような政治体制と、――必ずしもあらゆる支配の形態が退けられていることを意味するわけではありませんが――少なくとも言論という形での批判に居場所が与えられている政治体制とを区別することができます。

本日の報告では、現代の西洋社会を画した二つの支配の様式の（こう言ってよければ）理念型を素描していきます。しかし、より広い歴史的パースペクティブを取ることで、我々はまず、漸進的にせよ突発的にせよ不可避的な変化が連続して起こり、それらが組み合わさることで既成の秩序に無視し得ない問題が生じたときに、その問題と様々な政治的形而上学がどのように折り合いをつけるのかをおおまかに検討することによって、考えられる様々な種類の政治体制を位置づけていきたいと思います。

不確実性と変化の問題

不確実性という制約の下で諸々の形態の制度と批判が取り結ぶ関係は、それ自体変化の問題を背景にしています。確かに、歴史のない不変の世界という理屈ではとても考えられないユートピアの中であれば、様々な人びとの視点はほぼ機械的に収斂していく傾向にあるだろうと考えることができます。反対に、現実の世界では、変化の経験は、たとえば老いという変化の経験一つとってみても、最も一般的で避けて通ることのできない経験です。しかし、この根本的な経験をそのままにしておくことはできません。それに絶えず対抗しなければなりません。いかなる人間集団であっても、それに身を委ねてしまえば、必ずや生活が文字通り立ち行かなくなるでしょうし、また、ほとんど偶然に継起し、折り重なる多数の事態の中で消え去ることを余儀なくされることになるでしょう。しかし、変化の経験はまた、現実が世界とのあらゆるつながりを失ってしまうことのないように、絶えず取り戻され、新たな視点から修正され続けなければなりません。変化を受け入れると同時に吸収することができるような秩序に変化を統合することによって、変化を克服し、現実を持続させることができるようになるためには、いったいどうすればよいのかという問題――制度に帰属する問題――、そのような秩序を告発し、構築された現実を揺さぶるためには、変化にどのように依拠すればよいのかという問題――批判に帰属する問題――、これらの問題はそれぞれまったく異なる対応を生み出します。ありうる種々の解決策の中でも、我々は、西洋社会で傑出した役割を果たした（そしておそらくいまだに果たしている）二つの解決策を検討していきたいと思います。その際、我々は、フィリップ・デスコラが我々の社会で「自然」と呼ばれるものと結びついている諸々の形而上学を主題とする構造人類学を展開した著作から、いくつかのカテゴリーを借用していきます。(7)

一つ目の解決策は観念論的と呼べるもの（あるいはプラトン主義的と言ってもよいもの）であり、これは、物事の表面から絶えず露呈する傾向のある諸々の真理を含んだタイプやイデア的なもの（本質）を確立するというものです。このとき、認識の獲得は、――移ろいやすく、人を欺きうる諸々の特異なものと結びついた――〔物事の〕うわべの観察と記述によってではなく、感覚的実在に形と意味を与える唯一の力をもつタイプやイデア的なものの理解によって定義されます。この種の理論構成において、認識の所有者――学者や哲学者――は、権威の、それゆえ権力の正統な行使の拠り所とならなければなりません。まさにこの認識の所有者において制度は具現化されます。彼らの主な任務は、都市が視点の対立にさらされるとき、すなわち世論にさらされるとき、市民の感情や行為を、タイプとイデア的なものが構成する日常的知覚から逃れる焦点へと――好むと好まざるとにかかわらず――方向づけることによって、都市を脅かす断片化を阻止することにあります。この意味で、彼らは——民主主義者であろうと権威主義者であろうと——平定者なのです。なぜなら、彼らの洞察力に富んだ介入がなければ、集合体はおそらく論争の中で崩壊してしまうからです。（直接表明されるものにせよ、代表者を介して表明されるものにせよ）民意と、（その知を理由に選ばれる）指導者や専門家の権威との間で打ち立てられるつねに不安定な妥協がいかなるものであれ——妥協が打ち立てられるその仕方は歴史的局面状況によって変わってきます——、この解決策を政治的解決策と呼ぶことができます。指導者や専門家が変化に全く気づいていないということはありません。しかし、彼らの知恵は、可能な限り変化に抵抗し、それを遅らせる能力として、あるいはまた、変化を捉え、既存の社会秩序に穏便に統合するような仕方でそれを解釈する能力（要するに、変化から革命の潜在的可能性を取り去る能力）として現れるのです。

これとは反対に、（フィリップ・デスコラが「アナロジズム」と呼ぶ）二つ目の解決策は、諸々の特異なものを起点とし、それらが関わる多様な空間的および／あるいは時間的文脈の中でそれらを検討しながらも、（色、におい、形などといった）感覚的特性に基づいてそれらの間に類似と差異を確立することで、照応関係という精巧に編み上げられ、決して閉じられることのない（つねに新たなものが発見される可能性のある）ネットワークの中にそれらを入れ込むというものです。この照応関係は、諸存在によって生きられる（その構造上比較不可能な）諸経験を背景にして投影されるものであるため、まさにアナロジズム的と形容することができるような関連づけを諸経験の間に作り出すことを可能にします。この場合のアナロジズム的とは、（クラスを定義するタイプを参照しながら）何らかの形式の観念論を土台とする分類やカテゴリー化の場合に観察されることとは異なり、この様式に基づいて打ち立てられる関連づけが、その間に一つの関係がつくられる諸存在の特異性を保持することを意味します。この場合、変化は、絶えず形成と変形を繰り返すネットワークの振動の中に統合されることによって吸収されます。しかし、この解決策が変化を承認することにより好意的であると考えるのは間違いでしょう。というのも、この種の理論構成において、変化はつねにその状況依存的な次元において局所的《ローカル》に把握され、一般的な形態を取るに至ることがないため、変化は同一の操作を通じて承認されることもあれば無視されることも、あるいは少なくとも過小評価されることもあるからです。

詩的と呼びうるこの二つ目の解決策において、制度の役割とは何よりもまず、照応関係の確立を可能にする象徴の相互作用を、身振りやことばによって——すなわち儀式や儀礼や詩によって——恒常的に認証することであり、このような認証がとりわけ集中的に行われるのは、ある例外的な力と異様さをもつ出来事が、諸々の特異なものが占める場の全体を問いに付すような場合、あるいは、諸存在が形態変化（métamorphoses）を被らざるを得ないような場合です(8)。これはつまり、この二つ目の解決策が一つ目の解決策に対して優位を占める社会や歴史的局面では、制度は、それが外部に立ち現れるとき、より可視的で、より活動的で、より存在感を示すようになることを意味します。観念論的な制度が、市民教育を重視していることからも分かるように、予測や予防というしばしば漠然とした仕事にとりわけ専念するのに対し、アナロジズム的な制度は、予測不可能な出来事の到来によって生じた照応関係という織物の裂け目を修復するような形で介入できるよう、いわばつねに臨戦態勢を取らなければならないのです。

以上の議論が示唆するのは、異なる形で現働化する解釈学的矛盾を土台にして様々な種類の批判が生じるということです。観念論的な制度と対峙した場合、批判は、具現的に捉えられた解釈学的矛盾に依拠しながら、代弁者の代表性や誠実性、あるいは指導者や専門家の能力のいずれかに対して異議を唱え、あるときは規定不可能な事態を提示することによって、またあるときは様々な種類のカテゴリー間の矛盾を暴露することによって、タイプやイデア的なものを不安定化しようとするでしょう。アナロジズム的な制度と対峙した場合、批判の任務は、ある特定の出来事が容認し難い性格を有しており、その出来事を照応関係の枠内に入れ直そうとする儀礼的あるいは物語的操作が失敗しているという点（さらには、この照応関係の外部で起きれば出来事は意味を失うという点）を強調することとなるでしょう。この場合でも解釈学的矛盾は重要性を帯びますが、それはこう言ってよければ――オースティンが述べる意味で――行為遂行的な種類のものであり、批判は制度的儀礼が適切に行われなかったために（儀式の場合で言えば、それが全く行われなかったために）失敗する運命にあったことを示そうとするでしょうし、そうすることによって物事の秩序そのものに混乱をもたらそうとするでしょう。このとき、他ならぬ権威を有する人びとの誠実性や能力という問題よりも、これに劣らず厄介な問題、すなわち、必要とされる行いや身振りが細部にわたって正しくなされたどうかという問題に対して、より多くの関心が向けられることになるでしょう。ところで、この種の混乱を鎮めることは非常に困難です。なぜなら、――文書で記録されたものにせよ、賢人や長老たちの記憶の中に残っているものにせよ――厳密な手続きが存在する場合でさえ、従うべきルールのリストが、世界との関わりゆえに無限の性格をもつ局面状況のあらゆる輪郭と一致することなど決してあり得ないからです。

批判に与えられる地位の漸進的な増大によって近代を特徴づけたいという誘惑に駆られるかもしれませんが、それをするには、このプロセスが実際にはとりわけアナロジズム的な批判を犠牲にして観念論的な批判が発達したことと対応しているということを理解する必要があります。このような批判の激しさと可視性の発達は、――ブルーノ・ラトゥールの研究が示してきたように――批判の適用範囲の大幅な制限を伴うものでした。このような〔批判の〕席巻と制限という二つの不可分の事象を支えていたのは、一方で、十六世紀のヨーロッパではまだ活発に行われていた、アナロジズム的な様式に基づく現実の構築の衰退でした。この衰退を示すものが、――儀礼にせよ、儀式にせよ、言語を介するものにせよ――象徴的なパフォーマンスを行う制度の存在感の低減と、これと相関するものですが、我々が観念論的と形容したそれほどスペクタクル的ではない制度的生活形態の強化でした。しかし、批判の台頭とその抑制は、他方で、フィリップ・デスコラが「ナチュラリズム」と呼ぶもの、あるいは、ブルーノ・ラトゥールが彼の著作――『虚構の「近代」』――の中で「大分割」と呼んでいるものの発達と密接に関わってもいました。[9] 後者は――簡潔に言えば――、一方の「自然」に属すると見なされる事実が検討されるのか、それとも他方の集合体の社会生活に属すると見なされる事実が検討されるのかに応じて、何が存在するのかについて決定を下し、それを絶えず認証するという任務を、まったく異なる二種類の制度に割り当てるというものでした。

かくして、この大分割は批判という任務を二種類の制度に割り当てることとなりました。すなわち、一方の科学的制度と他方の政治的制度です。ブルーノ・ラトゥールが明確に示したように、科学に付与される権力は、自然界に帰せられ、それゆえ政治から切り離される事実を独占することによって絶えず増大してきました。このように定義される科学は、批判をその主要な認識道具とすることを、自らの面子に関わることと見なしました。しかし、同じ操作によって、この批判は、大多数の人びとの手から逃れ、科学者たちの手に、そして科学者たちだけに委ねられることになりました。その結果、――考えてみればかなり奇妙なことですが――科学者たちは、ある時期に自分が唱えた真理を（他の人びとを通じて）異論の余地のないものとして宣言する権力を不当に取得しておきながら、次の瞬間にはそれに異を唱える自由を自分のために残しておくことになったのです。社会批判が自律する可能性が（科学的問題と区別するために）まさしく政治的と定義される領域で解放されたのは、まさに科学が（過剰に）優遇され、関連すると考えられる対象の大半についてシンボル形式と事態との関係を安定化させる権力が与えられた結果であると考えることができます。しかし、同一の操作は、科学が権威の唯一の審級となった諸問題の広さゆえに、この批判を著しく制限することにも大きく貢献しました。

このような状況において、社会科学、とりわけ経済学の登場は、（大きな）科学と（小さな）政治という大分割から打ち立てられた妥協を、後者の範囲をさらに縮小することによって大きく変化させる効果をもたらしました。「すべてが政治的である」という――我々の青年期を特徴づけた（しかしすでに反動的な性格を有していた）――批判的要求に対して、すべてが科学的であるという主張、すなわち、すべて専門家の権威に委ねられるべきだという主張が、――時が経つにつれますます声高に――唱えられるようになったのです。一方の代弁者の役割を担わされた人民の代表と、他方の科学の権威を後ろ盾にする専門家との間の妥協を基礎とする政治の定義から、専門知の権力にほとんどすべて従う政治の定義へのこのような転換の中に、我々は政治体制の真の変動と、新たな支配の様式を見ることができます。

このアプローチから出発することによって、私はこれから、解釈学的矛盾を抑圧する二つの異なる方法と結びついた二つの現代的な支配の形態を手短に特徴づけてみたいと思います。一つ目の支配の形態は、真理の試練と現実の試練との関係を断ち切るというものです。つまり、まるで現実がなくても何一つ不都合なことが起きないかのように、現実（認証された試練のフォーマットに準拠して構築された現実を含むそれ、あるいはとりわけそのような現実）を無視してしまうというものです。この第一のケースにおいて、強迫的な不安が生じるのはとりわけ、目をつぶらなければならない変化に対してです。二つ目の支配の形態は、現実の輪郭を絶えず修正するというものであり、これはあたかも絶えざる変化の場としての世界を現実の中に組み入れようとするかのように行われます。しかし、このとき、締め出しの対象となり、いわば消し去られるのは世界それ自体です。私は第一のケースで単純な支配が及ぼす影響について語り、第二のケースで複合的あるいはマネジメント的支配が及ぼす影響について語ることになるでしょう。

単純な支配が及ぼす影響と現実の否定

単純な支配が及ぼす影響は二種類の状況で確認することができます。一つは、人びとが基本的な自由を部分的あるいは完全に奪われており、直接的な暴力（身体への暴力に限定されるわけではありません）の行使によって深刻な非対称性が維持されるか作り出されている諸々の文脈と結びついた極限的な状況です。しかし、奴隷制をその範例とするこの種のケースでは、弾圧について語った方がいいように思います。しかし、これほど極端ではなくても、弾圧を引き合いに出すことができるケースは多くあります。それは、正当性（*orthodoxie*）の維持が、批判を封じ込めることを目的とした暴力、とりわけ警察的暴力によって達成されるケースです。弾圧という状況に陥ると、人びとは、公式の分類によって考慮に入れられているもの以外の観点から自分たちを考えることによって、何か共通したものをお互いに認め合うということが非常に難しくなります。奴隷制に関する文献が示しているように（強制収容所という極限事例は言うまでもなく）、集合体を確立することは不可能になるか、あるいは非常に困難なものとなります。断片化は全面的なものとなり、それによって批判が起きる可能性は単純に排除されます。同様に、何が起きているのかについて問いを提起するという単純な可能性すらも排除されることになるかもしれません（「ここでは質問は受け付けない」）。批判と問題提起が退去させられると、正当化が存在する理由もなくなります。このような状況ではまた、イデオロギー、少なくとも被支配者に向けられるそれも事実上必要なくなります。ただし、暴力を振るう人員については例外です。暴力を振るうことは、イデオロギー、あるいは、こういってよければ「道徳」という支えがないと、冷静かつ長期的に行うことが比較的困難な仕事なのです。この種の文脈では、被支配者を対象とする激しいイデオロギー活動も不要となり得ます（ただしそれはつねに多大な犠牲を伴います。というのも、同意に訴えることなく、暴力や脅迫、さらには装置の設置によって行為の調整が直接達成されるからです）。同様に、また同じような理由から、認証の審級は最小限に切り詰められます。何が存在するのかについて問いを提起することが不可能である以上、存在するものが本当に《存在する》ということを認証しようとする審級の存在は必要ないのです。

　他方で、これほど極端な状況ではなくても、単純な支配が及ぼす影響について語ることはできます。それは、批判がある程度可能であり（ただし、行為者は、批判の代償が途方もないものになることなく、自分がどの程度まで、またどこまで行動できるのかについては決して分かりません）、正当化が行為者あるいは支配の影響を利用する審級によって与えられるような状況です。このような文脈において、主要な差異は公式と非公式との間を通ります。実際、公式の正当化が現実と照合されることはありません。確かに、フォーマットに関する現実の試練のようなものは存在します。しかし、今ここで局所的《ローカル》に実施されている試練の展開と結果が、対応すると見なされるフォーマットと一致しているかどうかを確かめることができる者など一人もいません。同様に、（能力主義的なものにせよ社会的なものにせよ）いくつかの正義要求が公式に認められることはありますが――たとえば、偉大さの地位を可逆的なものにせよという要求（「機会の平等」）や、「ハンディキャップの蓄積」を防止するという目的から能力の評価形式を分けよという要求――、それは宣言されるだけで、この要求を実行に移すことを可能にする諸装置が付随して確立されることはないのです。

　この種の文脈では、批判は可能であっても実質的な効果はもちません。正当化については、単なる言い訳へと降格し、口先だけの言葉という形を取ります――これは、正当化を受ける人びと、そして、いつも騙されているどころか、たいていの場合自分たちが置かれている状況を現実主義的に、すなわち幻想を抱くことなく解釈する人びとが言うことです。こうした文脈において、非公式の知は日常的な経験から構築されるのであり、それは公にすることが禁じられている知なのです。実存的試練が人びとに共有され、権利要求という形に至ることも滅多に起きません。自律の余地をつくり出したり維持したりする努力は、個人あるいは小集団内のブリコラージュという形態を取ります。このとき、行為者は、自分にのしかかる諸々の制約を減らすために、統制装置の欠陥を利用しながら、特殊な解釈能力を用いて自由の空間を突き止めようとします。これはつまり、「日常生活者」と呼ばれる人びとがこうした支配の影響を受けていても、正義感覚も、自由への欲求も、何が実際に起きているのかに関する自分の解釈の正しさも、あるいはこう言ってよければ明晰さも失っていないということを意味します。しかし、彼らは行動することが不可能な状態に置かれているのです。

存在するものや価値のあるものをある一定の状態で支え、それによって（ジェンダー間、社会階級間、アイデンティティ集団間などで生じる）深刻な非対称性を作り出し、長期にわたって維持するという任務を負う諸々の審級――それゆえ、こうした審級は搾取が行われる可能性を維持します――は、このような明晰さに直面すると、自分に向けられる疑念を払拭するという目的から、批判へと向かう傾向を弱めようとします。それは、一方で（儀礼、儀式、パレード、勲章の授与といった）真理の試練を華々しく展開することを通じて既成の秩序を定期的に再-認証することによって、他方で、それでも十分でないときには、暴力という手段を有する行政機関（通常は国家直属の行政機関）に訴えることによって行われます。このようにして諸審級は、自分たちが行使する支配を抑圧によって維持しようとするのです。単純な支配というモデルにおいて、認証の審級は、既成の現実の維持を強迫的に指向します。既成の現実は混乱から守られなければなりません。なぜなら、現実に混乱が生じると、世界と関わる諸経験が考慮に入れられるようになるかもしれないからです。認証の審級によるこうした既成の現実の維持は、当然批判の封殺を伴います。それゆえ、ここでは変化の拒否によって特徴づけることができるような目標が追求されるのであり、〔その目標を達成するために〕永続的な内なる敵との戦争状態と何かしら関係をもった手段が使用されるのです。

単純な支配が及ぼす影響は、本報告の冒頭で提示した仕様書の様々な項目と非常によく一致します。この種の支配様式において、制度は変化を抑制することに力を尽くします。より正確には、制度は、世界から流れ出る諸要素が現実の中で氾濫することのないよう現実を維持することに努力を傾注します。そのために必要となるのが批判の抑止であり、それは意味論的暴力の影響下で行われるだけでなく、いざとなれば物理的暴力によっても行われます。「法維持的暴力」は、ここでは法「措定的暴力」と混じり合います（これは、ヴァルター・ベンヤミンによれば、「警察の非道さ」を特徴づけるものです[10]）。解釈学的矛盾の隠蔽は、ここでは制度、とりわけその代弁者や代行者の神聖化という形を取ります。この神聖化には文字通りの意味のものと比喩的な意味のものがあります。つまり、制度の基礎となる主権原理が宗教的起源（たとえば、様々な形態を取る神授権という権力）と結びつけられる場合は文字通りの意味で神聖化が行われ、天上の主権者の位置が（《国家》、主権を有する《人民》、《党》といった[11]）地上でそれに対応するものによって占められる場合は、世俗化された準‐神聖化という比喩的意味で神聖化が行われるのです。これまで見てきたように、真理の試練は、この種の支配の体制において重要な位置を占めます。代弁者や代行者は、あたかも変装するだけで自らの栄光に満ちた身体の顕現を確固たるものにし、この身体の土台となる普通の身体、それゆえ状況づけられている（利害関心やリビドーなどを持つ）身体を忘れさせるのに十分であるかのように飾り立てられます。ついでに言えば、以上の議論に基づけば、最も重要な任務が割り当てられる存在として高齢者が好まれるのは（ペタン、ピノチェト、ローマ法王、スターリンあるいはブレジネフ、ド・ゴールなど）、高齢であることによって、その身体的現前が薄れる傾向があるからであり、またとりわけ、指導者に宿り、共通善を具体化しようとするその意欲を飲み込んでしまうかもしれないリビドー的欲動に関する不安が和らげられる傾向があるからなのです。これは、共通善が個人あるいは集団の意志の中に集約的に現れると見なされるその仕方（インスピレーション、伝統の遵守、選挙など）がいかなるものであれそうなのです。この意志は、（手続き、性質決定、試練のフォーマットなどを定義する）規則、すなわち、それを遵守すれば秩序を維持することが——つまり、現実が今ある形以外にはならないように維持することが——できるようになるはずの規則を制定したり保護したりすることによって正当化されます。

複合的あるいはマネジメント的支配が及ぼす影響

しかしながら、我々は現代の民主主義‐資本主義社会により適合した他の形態の支配を確認することができます。こうした社会の特徴の一つは、先程指摘したような単純な、あるいはあからさまな支配のモデルと関係を断っている点にあります。こうした社会はまさに、支配という観念そのものを追放し、抑圧に訴えることを可能な限り控えるという事実によって定義されるのです——少なくとも、人目につかないところで、また（ゴフマンの概念を使えば）裏局域で行われることとは対照的な、公衆の目にさらされるものに関して言えば。

実際、こうした社会において、公共空間でなされる行為や身振り、およびそれらと結びついている言説は、正当化の要請を受けており、（正統と見なされる）受け手がいかなる特性を有していようと彼／彼女から異議を唱えられる可能性があります。最後に、人びとの相対立する要求は、少なくともそれらが戦わされる論争が公共空間に移される場合は、現実の試練の実施に従属させられます。この種の社会において、このような要請は、国家直轄の機関だけでなく、ウィリアムソンとともに資本主義の諸制度[12]と呼ぶことができるものにも課されます。この種の社会的装置には支配の可能性を排除するという計画的な目標があり、それはとりわけ、一方の制度と、他方の――少なくともそれが正統な慣行と適合的であると判断される形で現れる際には耳を傾けなければならない（さもないとそれに必ず応えなければならなくなる）――批判との関係を調整することによって行われると述べることができます。それゆえ、制度と批判との間に新たな種類の関係を築くこと、いわば、型通りに進行する社会生活に批判を組み込むことこそが、こうした装置を特徴づけるのです。

しかしながら、私が今指摘したような歴史的文脈の中に、民主主義－資本主義社会の要請に適合する別の種類の支配が及ぼす影響を同定することができます。こうした影響を可能にする装置の特徴の一つは、変化を排除しないどころか、後述するように、――少なくとも額面通りに受け取るなら、多かれ少なかれ平和的な手段を可能な限り用いながら――変化を介して行使される支配の形態を確固たるものにする点にあります。

このような――複合的（あるいはマネジメント的）[13]と呼ぶことができる――支配の様式において、諸々の偏差を道具的に利用することで利潤を生み出そうとする搾取の可能性は維持されています。こうした偏差には様々なバリエーションを考えることができます。所有の偏差は最たるものですが、それだけなく、たとえばエヴ・シャペロと私が『資本主義の新たな精神』で示そうとしたように、可動性の偏差もあります。それゆえ、支配の過程は一つまたは複数の深刻な非対称の長期的な維持とつねに結びついているのであり、これが意味するのは、同じ人びとがすべての（あるいはほとんどすべての）試練から利益を得るのに対し、他の人びとに対しては——彼らもまたつねに同じ人びとですが——試練がつねに（あるいはほとんどつねに）不利益をもたらすということです。しかし、こうした非対称の維持は、意図しない形で、あるいは意図がつねに否定される形で行われます。批判によるこうした非対称の解明は驚きをもたらすと考えられています。それによって、人びとは「内省」したり、「苦渋に満ちた再検討」を行ったり、「厳しい現実」を持ち出したり、あるいはアルバート・ハーシュマンが分析したレトリックに従えば[14]、良かれと思って行った政策の「意図せざる結果」を持ち出したりするようになります。それゆえ、少なくとも（不当な仕方で、あるいは「行き過ぎた」形で実施されたと見なされる）特定の試練のケースでは、批判の妥当性は認められています。しかし、批判が組み込まれるまさにその過程が、最終的にはその拡大を制限するという結果をもたらすことになります。非対称の維持や増大が批判を通じて問題になると、これは通常起きることですが、現状の秩序の正当化は弁解に取って代わられます。つまり、あるときは不測の事態を、あるときは自律的で中立的な空間（たいていは科学技術の空間）に割り当てられる歴史的発展を、そしてまたあるときは、たとえば飲酒や薬物摂取の疑いがある、あるいは本当は働きたいと思っていないという理由から、大半の試練で自分の優位性を示すことが全くできない人びととの行為を引き合いに出す弁解に取って代わられるのです。最後に指摘した形での弁解は、「犠牲者を非難する」[15]ことに、すなわち、新自由主義の論理に従って、集団レベルで作用する制約の重みを「個人の責任」に転嫁することに帰着します。[16]その主な形態は、形式的な自律と、これに劣らず形式的な種々の「機会」への平等なアクセスを人びとに与えることで、制度化された試練を前にしたすべての失敗を、自らの責任において「与えられたチャンス」をつかもうとしなかった、あるいは、それをすることに不向きであることを自ら示した人びとの無能と同一視することができるようにするというものです。このような適格性の欠如は、十九世紀もそうであったように、再び生物学的要因のせいにますますされるようになっています。つまり、「彼ら」が何もなし得ないのは真に十分な遺伝的資質を享受していないからであり、それは誰のせいでもなく、その同一の名である偶然のせいとますます考えられるようになっているのです。

したがって、複合的支配が及ぼす影響の特徴の一つは、抑圧的な体制よりも批判につかみどころを提供しないという点にあります。さらに言えば、一九六〇年代と一九七〇年代の批判理論と批判社会学で強調されたのは、まさにこの特徴でした。当時批判社会学が提起していた主要な問いの一つは、非対称をその犠牲者が程度の差はあれ無抵抗に受け入れているように見える点についてでした。批判的思考がイデオロギー論に焦点を当て、社会学の中心に信念と幻想という主題系を置いたのは、まさにこの問いに答えるためです。ところで、批判のプラグマティック社会学が果たした貢献の一つは、反対に、行為者が（いずれにせよ批判社会学が示唆するほどには間違いなく）だまされてはおらず、現実の生活、および、行為者が日常生活の中で被っている可能性のある不正に関わるすべてのことに対して大きな幻想を抱いているわけでもないことを示した点にあります。しかし、批判のプラグマティック社会学は、このような明晰さが現実に対するつかみどころをほんのわずかでも持っているという感覚を行為者にもたらすわけではないことも示しました。それゆえ、この種の支配が及ぼす影響がいかにして維持されているのかを理解するためには、おそらく、（たとえばメディアなどによって醸成された）イデオロギーや幻想という主題系を少なくともいったん脇に置き、現実に何が起きているのかに目を向ける必要があります。

変化による支配――意志および表象としての必然性

この形態の支配は、個人や集団によって利用可能な装置を土台とします。しかし、こうした装置に対して影響力を持ちうる人びとは時と場合によって異なります。そのため、誰が〔装置に対して〕影響を及ぼす能力を保持しているのかを批判によって同定することは容易ではありません。こうした能力は諸個人の中に具現されるものであるにもかかわらず、多かれ少なかれ非人称的な性格をつねに維持しています。それゆえ、そこでは誰が支配者なのかが問題となります。こうした装置は、いわゆる「全体主義」社会で見られるように、いかなる代償を払っても正当性（orthodoxie）を維持するべく変化が生じるのを防ぐという形で作動するわけではありません。それどころか、こうした装置は、変化に価値を置き、変化とともに歩み、変化を方向づけながら介入するのです。この意味で、こうした装置は資本主義と、すなわち、反復と差異の戯れを通じて暗黙にうちに存続し、エネルギー源としての変化を自分自身のために推奨する歴史的形態として理解される資本主義と結託しているのです。

したがって、これらの装置は、既成の性質決定や試練のフォーマットの維持を主要な目標とせず、あるときは試練のフォーマットを、あるときは試練の結果として構築され、その妥当性が認められた現実を、またあるときは世界を修正するために介入するのです。批判が武装解除されるのは、まさにこうした複数の介入を通じてです。実際、現実の試練がその公式のフォーマットと一致していないと主張することだけでなく、構築されたものとしての現実か逃れる諸々の経験を世界の中から引き出し、既成の定義や性質決定の妥当性に疑問を投げかけるということも、批判にとって難しくなるのです。ところで、こうした様々な介入が支配への意志によってもたらされたものであるという糾弾を逃れ、非の打ち所がほとんどない仕方で実現されるのは、それが逃れられないものであると同時に望ましいものとして提示される絶えざる変化を伴う過程に組み込まれる場合に限られます。

今から三〇年前、私がピエール・ブルデューと共著で書いた論文「支配的イデオロギーの生産」に拠りながら議論を進めていきましょう（一九七六年に発表されたこの長文のテクストは、現在書籍という形で再版されています）[17]。この論文は、当時権力を握っていた政治的・経済的エリートたちによって生み出された文献を分析しています。当時は資本主義と国家を結びつける二つの様式の転換期にありました。すなわち、一九五〇年代から一九七〇年代まで支配的だった多かれ少なかれ統制経済的な様式から、その後に確立され、市場経済にはるかに大きな役割を与える様式への転換期です。

こうした責任者たちの主要な特徴（ただし、これは現在権力を握っている人びとにも当てはまります）は、「変化」を推奨することでした。これらのエリートたちは、自分たちが徹底的に革新的で近代主義的でありたいと望んでいました。彼らの立論の核心にあるのは次のようなものでした（我々はそれを「蓋然性の宿命論」という表現にまとめました）。すなわち、変化は避けられないのだからそれを望まなければならない。それゆえ、必然的なものを欲しなければならないのです。もちろん、変化は犠牲者（「そのリズムについていく」ことができず、数年後に「排除された者」と呼ばれることになるであろう人びと）を生み出すことになるでしょうが、もし「責任者として」我々が変化についていくことを拒否すれば、言い換えれば我々がそれを欲しなければ、すべてがもっと悪くなるでしょう。

このような意志と必然性との組み合わせはよく考えると奇妙です。というのも、後者はしばしば決定論的な歴史哲学を引き合いに出す全体主義的体制と結びつけられてきたにもかかわらず、この種の組み合わせは先進資本主義の統治様式の常套表現となっているからです。ここで問題となっている変化は、今起きている変化というよりもむしろ予告された変化です。それはまだ知られていないか、不完全にしか知られていません。それゆえ、すべての人間に不可避的に課せられる――しかし、それは今ではなくあとで起きることなのですが――ことになるであろうこの変化を今理解するためには、社会科学（経済学、社会学、統計学、政治学など）の専門家や、計算・予測センターに助けを求めなければなりません。それから二〇年後、今度はエヴ・シャペロと共同で、一九八〇年代から一九九〇年代にかけて確立され広まったネオ・マネジメント言説の分析に着手したとき、我々はほぼ同型のレトリックを再び発見しました。その多くの事例を、とりわけイギリスとフランスで展開された新自由主義的政策に付随する言説の中に見出すことができるでしょう。[18]

こうした必然性の強調は、共通善を形式的に指向し、かつ民主主義的な意味合いが付与されている枠組みの中で政治活動を正統なものにする上できわめて重要です。実際、このような枠組みにおいてある活動が非正統なものとなるのは、人びとがそれを恣意的だと言うことができる場合、すなわち、それがある個人や集団の意志に従っており、その個人や集団が〔政治的〕決定を一手に担うことになるかもしれないことが示される場合です。非人称的で逃れ得ぬ力が引き合いに出されると、支配的な立場にある行為者の意志は、物事の本質に刻まれている法則、すなわち、専門家によってモデル化されるような現実と世界に不可分に刻まれている法則の意志よりも下に置かれることになります。そうなると、世界はいわば現実と不分明なものとなり、それによって現実の中に組み込まれることで、吸収されるという事態が生じます。しかし、同じ操作によって、現実もまたその輪郭がぼやけてきます。現実は集合体の意志を宿すものではもはやなくなります。集合体は制度や支配的立場にある行為者たちにおいて具現され、その意志を実現するのはこうした行為者たちであると考えられてきたわけですが、こうした意志が現実にもはや宿らなくなるのです。なぜなら、こうした行為者たちがつくり出し、その脅威から守る現実は、それ自体で望ましいものとされるからです。現実は、欲望の表出と切り離すことのできないその儀式的・虚構的次元を失うことで、批判者たちから――存在すると考えられるあらゆるものを組み込む全体という意味で――実在しておらず、構築されたものにすぎないと告発される脅威からも逃れます。現実はもはや、好むと好まざるとにかかわらず、あるがままにしか存在しないのです。すなわち、否応なく存在するもの、今ある姿以外にはなり得ないものなのです。あるがままに存在し、それ以外にはなり得ないこと、これはまさに世界の特徴です。しかし、世界と現実を画然と分ける本質的な違いがあります。それは、我々が世界の全体を知ることはないし、知っていると主張することもできないということです。

ところで、この支配の形態の根底にある政治的形而上学において、世界とはまさしく、我々が《科学》、すなわち、いわゆる「自然」科学と人文・社会科学が分かち難く結びついたものの力によって今知ることのできるものです。これら二つの科学は、たとえば生物学→認知科学→ミクロ経済学という連なりに見られるように、一つに混ざり合うほどその結びつきがますます強くなっています。

このような枠組みに従えば、恣意的であるという糾弾を受けることなく、すなわち、その変更は支配集団の特権を維持することを主な目的としているのではないかという告発を受けることなく、試練のフォーマットと性質決定に対する諸々の介入に一つの基礎を与えることが可能になります。そうなると、法律を修正するということも可能になります。法律は、我々の社会においてつねに正統な支点を構成しており、最も重要な試練（とりわけ選抜試験）を規制する諸々の手続きを支えています。こうした法律、たとえば労働法、税法、財産法、金融法を修正することで、現実を与えられた未来の表象に合わせようとすることも可能になるのです。しかし、同種の介入は、社会福祉装置、教育システム、芸術活動、知的活動などといった数多くの領域にも少しずつ広まる可能性があります。

諸々の変化が試練のフォーマットに影響を与える前の段階に見られるのが、我々が移動（*déplacements*）と呼んだものです[19]。この移動は、批判が強まった結果、重要な選抜試験の枠組みが公式のフォーマットとより一致するように、すなわち、語の能力主義的な意味で「公正な」ものとなるように見直される時期が続いたあとにしばしば起きます。これは、我々が『資本主義の新たな精神』で検討した一九六五年から一九七五年にかけて起きたことです。

試練の枠組みの見直しがある一定の規模に達すると、それまで享受していた特権がそれによって減ってしまう人びとは、制度化された試練に見切りをつけ、利益を生む他の道を探求する傾向があります。こうした探求は、それが成功した場合、世界の状態を変化させる傾向がありますが、それはいわばすぐそばで、ひっそりと、明確には認識されない仕方で行われます。そして、これに伴い、行為の意図せざる結果としか見なされない——戦争被害で言われるところの——巻き添え効果が生じます。（たとえば、明白な例を一つ挙げれば、資本の移動は、市場機会の最大化という要請から、それ以外に何の意図もなく行われるものですが、それにもかかわらず、世界の構造に重大な変化をもたらす効果をもちます。そして、こうした効果は、親族関係、ジェンダー間の関係、社交性の形態、教育モデルなどといった金融の論理からかけ離れた領域にまで、より一般的には、客観的制約の形成と、その結果としての主観性の方向づけに介入する諸々の媒介の総体にまで及びます。）

こうした移動は、既存の試練の価値を下げ、時代遅れにするという結果をもたらします。既存の試練は、その立場や過去の経験から情報面で優位に立つ人びとからはますます見捨てられる一方、手持ちの情報が過去の試練のシステムの状態に依拠している人びとには長い間求められ続けます。多くの場合それは新参者（学校を通じて社会移動を求める庶民階級の成員、外国人、労働市場に参入したばかりの女性など）であり、彼らは試練に臨み、そこで自分の価値を示すべく行ってきた投資が報われないことに気づくと、アルバート・ハーシュマンが言うところの失望効果が彼らの間で確実に生じます[20]。

試練のフォーマットと性質決定の様式に変化が生じたあとの段階に介入してくるのが、現実の構築に影響を与える他のプロセスです。実際、試練にかけられるものは、新たに確立された試練のフォーマットに自らを合わせる傾向があり、それに基づいて適切なものとそうでないもの、価値があると認められるものと重要性も価値もないと判断されるものとの選別が行われることになります。

試練のフォーマットの変更を拠り所としながら現実を再編する多種多様な介入をここで詳細に検討しようとすれば、延々とそれについて話さなければならなくなるでしょう。こうしたループ状のプロセスは、それについて行われた最近の研究が示すように、現在ますます注目を集めています。これらの研究、たとえばミシェル・カロンの研究[21]は、社会的なものの行為遂行性という名でますます呼ばれるようになっているプロセスに焦点を当てています[22]。この視点は、エコノミー（社会の経済生活）とエコノミクス（経済学）との区別をなくし、前者が後者に依存していることを明らかにするという目的から、とりわけ経済（学）を対象にして展開されました。しかし、この視点は社会学に浸透し始めてはいるものの、私見によれば、この分野でそれほど大きな影響を生み出しているわけではありません。しかし、もしそうなれば、認識の主体（社会科学）とこの認識の対象（社会）との実証主義的な区別がしばしばつきまとうこの学問を根底から定義し直すことにつながるでしょう。

社会学にとりわけ関わるのは、――とりわけアラン・デロジエールによって研究された――ベンチマーキングがもたらす遂行的な効果です。その過去二〇年間の発達は、公共事業者や民間業者による統計学の使用法に大きな変化をもたらしました。ベンチマーキングとは、――手短に言えば――通常効率性という点から定義される規範に従って組織（企業、教育機関、公共機関など）に序列をつけることを可能にするランキングの作成・公表を意味します。こうしたランキングは、様々な分野の行為者を集めた委員会でしばしば決められる統計指標をもとにして構築されます。その行為者とは、たとえば、高級官僚、現場で活動する人びと、マネジメント会社から出向してきたコンサルタントなどです[23]。こうしたランキングでどのような順位を得るかによって、非常に多様な形を取りうる特権（公共機関からの交付金、税制上の優遇、市場へのアクセスの容易さなど）へのアクセスが変わってきます。こうしたランキングの存在そのものが、予言の自己成就と似た論理に従って、再帰的なループ効果を及ぼすのです。組織の行為者たちの中で最も思慮深く、身の回りの環境を利用することによって（たとえば、企業の場合で言えば、自社の生産設備の一部を外部委託することによって）組織の輪郭を迅速に変更するために必要となる最良の手段を備える人びとは、ランキングにおける自分の順位を上げるために、該当する指標を最大化しようと努めます。そこから現実の輪郭が徐々に変容していくのです[24]。

ひとたび性質決定の様式と試練のフォーマットが認められ、確立され、それらが諸々の定義、規則、手続きによって補強されると――西欧民主主義国家では法律と呼ばれるものの形でしばしばストックされます――、これらの装置に依拠して、現実をその最も普通で日常的な側面から変えることが、局所的《ローカル》な権力の座についている行為者にとって可能になります[25]。

この種の多くの事例を、一九八〇年代にフランスの労働界に影響を与えた諸々の変容の中に見つけることができます。その一例として、労働者という用語に代わってオペレーターという用語がこの時期に用いられるようになったことを挙げることができます。こうした置き換えは、労働ポストの変更、とりわけ、労働ポストを埋めるために雇用されるべき、あるいは反対に、（コミュニケーション能力の強調とともに）脇に置かれるべき人びとの特性を形式化する定義の変更を、それゆえ、労働者が受ける試練のフォーマットの変更を伴うものでした。このとき、解決すべき個別の（時には「痛みを伴う」）ケースを抱えていると見なされる人びとの運命を大きく変えるために、その度ごとに特異なものとして現れる日々の局所的《ローカル》な状況の多くで新たな試練が持ち出される場合もありました。しかし、容易に想像されるように、こうした個別のケースの蓄積には、労働界の現実、ひいては社会的現実全体を大きく変える効果がありました。

この統治様式にはある際立った特徴が存在することを強調しておかなければなりません。それは、介入とその正当化の道具的で厳密にマネジメント的な性格です。ここで講じられる措置は、その必要性の原理をある枠組み——それはたいていの場合会計的あるいは司法的枠組みです——の尊重の中に見出すのであり、イデオロギー的な言説を大規模に展開することも、とりわけ象徴的なレベルでの秩序の整合性を強調する（先に定義された意味での）真理の試練を実施することも必要としません。真理の試練は、正当性（orthodoxie）の維持を指向する単純な支配という形態では非常に重要な役割を果たしますが、多かれ少なかれ時代遅れになりつつあります。変化による支配の場合、すべてが何の飾り立てもなく、偉大さの割り当てもなしに行われます。措置の専門的な性格ゆえに、それを広範な公衆に伝達することは困難となるか、さらには不要にさえなります。全体の整合性を保証するものは、特定の措置をそれに合わせて調整しなければならない一般的な会計[26]および／あるいは司法の枠組み以外には全く存在しないか、あるいはほとんど存在しません。これがローラン・テヴノーの言うところの「規格による統治」です[27]。

しかし、変化による統治が、どちらかと言うと部門ごとの、専門的で、目立たず、さらには不透明ですらある一連の措置を通じて長期間行われるとしても、その長い期間はマネジメント的な支配体制において決定的な役割を果たす危機の瞬間によって区切りを入れられます。実際、危機とは、あたかも自律的な実在を備えているかのように現れる現実に――それゆえ、そのどれもが一般的帰結をもたらすようにはほとんど見えない一連の小さな介入（しかもそれらは一見するとバラバラのように見える）を通じて、人間の意志、とりわけ指導者階級（すなわち支配階級）の意志によって苦心の末に作り上げられるということが決してなかったかのように現れる現実に――、世界が組み入れられる典型的な瞬間です。それゆえ、危機とは、それが主として経済的なものとして生じるにせよ（たとえばハイパーインフレの時期における危機）、金融的なものとして生じるにせよ（金融バブルの崩壊）、あるいは社会的なものとして生じるにせよ（たとえばストライキ、暴動、著しく増大する「不安」などによって特徴づけられる時期）、いわば本来の意味で自律的な現実――すなわち、いわゆる「社会科学」に属する同一名の学問〔経済学、金融学、社会学〕を参照しながら、経済〔学〕的、金融〔学〕的、社会〔学〕的と形容することが可能な現実――の存在が、誰の目にも明らかなものとして現れる瞬間なのです。ちょうど、自然が実証主義的な理解に従っていわゆる「精密科学」に現れるのと同じように。こうした危機は、明らかに逆説的な効果をもたらします。一方で、こうした危機は、社会秩序を支えるシンボル形式と事態との関係を問いに付し、諸対象の性質決定とそれらを結びつける関係、すなわち諸対象の価値に関するラディカルな不確実性をもたらします。かくして、たとえばハイパーインフレという危機において、「予測」の可能性そのものが「消滅」する傾向があります。なぜなら、「等価性システムの不整合性」ゆえに「個人と財の関係」に深刻な混乱が生じるからです[28]。しかし、他方で、こうした解体の瞬間は――単純な支配の体制であれば、再度の正当性の主張、修復的儀礼、スケープゴートの選定、排除、殺害によって対処されることになるでしょうが――、変化による支配の体制にとっては、自らの支配を改めて主張する機会ともなるのです。

このような危機の瞬間は、一続きのものとして編成されうる少なくとも四つの異なる役割を果たします。第一に、危機の瞬間は、脱構築的な批判から逃れることを可能にすることによって、支配階級、とりわけ専門家の権威を土台とする政治体制における支配階級を免罪します。実際、危機において露わになるものとは、ありのままの、それゆえ構築された現実とは正反対の現実、〔言い換えれば〕自らの「知識」、「経験」、「責任感」によって他者を導くためにその場にいる人びとの意志とは無関係に存在する、固有の諸力を宿した剝き出しの現実ではないでしょうか。それゆえ、第二に、危機の瞬間が訪れると、責任者たちが自らの介入に確固とした支えを提供するために持ち出してくる必要性の存在が、いわば反論の余地がないほど明白なものとなり、公共の場で衆目を集めるようになります。それと同時に、こうした危機の瞬間は、第三に、責任者たちが行動を起こすために要求する白紙委任状を彼らに再度与える機会ともなります。実際、現実が物象化された形態を取り、人びとの理解から逃れ、危害をもたらすように見える場合、そうした現実から人びとを可能な限り守るのに、責任者以上の適任者が果たしているでしょうか。最後に、第四に、こうした危機の瞬間は次のような場合に責任者の正しさを証明します。それは、責任者たちが介入することによって――「事態を鎮静化することによって」――、自分たちには無秩序に対処する能力があるということを改めて主張する場合です。ただし、その際、責任者たちは、自分たちが現実主義的な態度を示すことしか、すなわち、自分たちが直面している諸力の客観的な意志に自分たちの意志を合わせることしかしません。これらの諸力の支配力を（すなわち自分自身の相対的な無力も）謙虚に認めることによってこそ、責任者たちはこうした諸力を共通善のために役立たせることができると主張するのであり（これは、彼らの表現に従えば、船長がヨットの針路を風が吹いてくる方向に維持しながらも、その逆風に「乗り」、「風上の方向へと」進むという逆説的な方法と少し似た形で行われます）、そうすることで責任者たちは危機とともに歩みながらそれを制御し、利用し尽くすのです。確かに、たいていの場合、へたな治療はかえって事態を悪化させます。しかし、それでもそれは「治療」のような何かであることには変わりませんし、しかも、「経済法則」や「社会」の抗しがたい性格、および専門家の能力を「日常生活者」たる行為者に示すことで生じる「教育的」効果をとりわけ考えれば、「治療」のような何かを行うだけでも重要なのです[29]。

したがって、以上の議論が意味するのは、変化に価値を付与し、それを搾取する行為を基礎とするマネジメント的支配の体制において、パニック、解体、道徳的混乱、総崩れの瞬間、それゆえまた個人主義が猛威を振るう瞬間――共和国エリートの知恵によって民主的に制御された社会的世界という素朴な観念に基づいてデュルケムがアノミーの瞬間と呼んだそれ――が重要な役割を果たすということです。これらの瞬間は、一見すると平穏に見えるが、現実への一時的な介入や試練のフォーマットへの技術的介入の増殖にとって有利に働く時期と連動します。こうした介入が――決して完全に制御されることはありませんが――積み重なることで現実が形成されると、その現実は、次の危機の過程で再び逃れることのできない必然的なものとして姿を見せることになるでしょう[30]。

マネジメント的支配様式における解釈学的矛盾への対処

本報告の冒頭で提示された仕様書に含まれる諸々の問題をマネジメント的支配体制に対して提起しながら、これまでの考察を振り返っていきましょう。この種の支配体制において、支配を確固たるものにする装置は、変化を抑制することも、その存在自体を否定しうるような形で変化を組み込むことも目的としていません。それどころか、こうした装置は絶えざる変化という論拠に依拠します。ただし、そうした変化を解釈する特権を保持し、それによって既存の非対称性と搾取形態の維持に有利な方向へとその解釈を導く可能性を自らに与えながらではありますが。このプロセスが可能となるのは、制度が、現実と世界との不分明地帯に自らを位置づけようとするある形態の権威——専門家の権威——に立脚しているからです。このとき、制度の代弁者が表明する意志は他ならぬ世界そのものの意志として与えられますが、実際には専門家によって表象され、必然的にモデル化されたものに過ぎません。しかし、こうしたモデルは同時に行為の手段ともなるため、行為が難なく〔現実に〕届きうる場合、すなわち現実に触れる場合、世界の網状構造に大きな変化をもたらす可能性があります。この変化は、何が起きているのかに関する表象とともにフィードバックループの中に入っていきます。しかも、こうした表象がたいていの場合予測的な性格をもつだけに、いっそうそうなるのです。

ところで、こうした表象を作り上げたり、それを利用したりする人びとは、それを現実にする権力も持っています。なぜなら、彼らは現実の輪郭を変えるための手段を——警察的手段は言うに及ばず、とりわけ法的手段や規制的手段を――利用できるからです。しかし、現実を枠づけ、それを形作るフォーマットの絶え間ない変化を、非人称的な諸力の意志以外のせいにする必要はもはやありません。支配者たちに今日（多少とも逆説的であると言わざるを得ない仕方で）与えられている名を借りれば、責任者たちは、ある全体を統轄する立場にはいても、それが特定の誰かによって計画されるものではないため、全体を統轄しているにもかかわらず、もはや何に対しても責任を負っていないのです。この全体は、支配者が世界の襲来から守ってきた現実ともはや何も関係もありませんし、被支配者が自分たちがそこで虐げられている現実を問題化しようとするために利用する世界とももはや何の関係もありません。こうした全体を指示するために、我々は世界&現実（*mon&réal*）という新語を作り出すことができるでしょう。

支配的審級による世界&現実の統御は、批判の余地、少なくとも政治的批判の余地をほとんど残しません。というのも、批判は、世界が構成し、批判が現実を問題化しようとする際に依拠することのできていた外在性を、支配的諸力によって奪われてしまっているからです。実際、批判が支配の装置に吸収され、制度の保証人としての役割を果たす科学技術的審級の中でそれに与えられた形態で解釈し直されるということは容易に観察されます[31]。このとき、批判は、専門知と対抗専門知との争いに加わることになります。この争いにおいて、対抗専門知は必然的に被支配者の側に、そして大半の場合敗者の側に立たされます。というのも、対抗専門知は、専門知のレベルにまで到達しようという試みを――言い換えれば、人びとに受け入れてもらったり、単純に聞いてもらったりしようとする試みを――、専門知によって確立された試練のフォーマットに従うことでしか、すなわち、専門知の形式的構造を、より一般的にはその現実のコード化様式を採用することでしか達成できないからです[32]。同じことは、現行の裁判権によって行使される諸々の制約（とりわけ、社会闘争の場合で言えば労働法）についても言えます。批判的審級の存在が法的に承認され、（法的枠組みの外部で活動しているという理由で排除され、野蛮扱いされる批判的審級とは対照的に）その行動様式が責任ある正統なものと見なされると、自分の意志を表明することが許されている批判的審級は、既存の法の細かい網の目の中に閉じ込められることになります。こうした法の網の目を認めてしまうと、新たな不正を表現することも、革新的な形態の抗議を実施することももはやできなくなってしまうのです。

批判を取り込むことで批判を制御するこのような方法は、変化による支配そのものがそれに抵抗しようとする人びとから奪い取った批判を後ろ盾にしているという事実によって強化されます。しかし、その批判とは内輪の批判であり、適切な意見を述べるために必要となる権威を持つことがその能力によって——より正確に言えばその肩書きによって——正当化される人びとの間でのみ生じる科学的論争に似せて構築されたものです。ところで、こうした「専門家同士の争い」を特徴づけるのは、まさしく、そこで言い争いをする人びとが本質的な部分では意見が一致しており、周縁的な点でのみ対立しているということです。おそらく、我々が感嘆の念を込めてこうした議論を「先端的」と形容する際に言おうとしているのは、まさにこのことなのです。

この種の支配の様式は、おそらく他のどの様式よりも解釈学的矛盾の隠蔽作業に適しています。実際、制度はそこでは慎ましく振る舞い、自分の主張を棚上げにします。すでに示唆しておいたように、真理の試練は、それが維持されている場合、時代遅れとなった偉大さに多少の郷愁と自己完結性を与えるものと見なされます。制度は、何が存在するのかについて述べる権力を主として科学技術に委ね、後者が土台の地位を占めます。制度は単なるその通訳にすぎません。制度が引き合いに出す主権の原理は世界&現実それ自体に他ならず、かくして立法権と行政権との区別が無効になる傾向が生じます。政府が公布する法律、より頻繁には政令は、政府が従うと主張する社会法則や経済法則を単に法律の言葉で言い表しただけのものとして、それゆえ、その非人称的な意志を示したものとして提示されます。主にその有能さによって自らを正当化する代弁者に関しては、自らに与えられている権力を顕示するやり方として彼らが好むのは、自分の意志に訴えることではありません。たとえ、それが、彼らが単なるその受託者にすぎない一般意志を顕現させ、作用させるという民主主義的な意味において行われるとしてもです。むしろ、まるで他にいかなる可能な選択肢もないかのようにそう振る舞うよう強いてくる、考慮に入れなければならない制約を一つ一つ挙げることの方が好まれるようになってきています。彼らの場合、我々が先に言及した真実を語ることは、まさにこうしたやり方で実現されます。しかし、それでも、彼らは全く行動していないのではないかと疑われる危険があります。

この種の支配体制に直面すると、批判は、単に武装解除されるということはなくても、大きな変化を被ります。〔そうなると〕批判が解釈学的矛盾を利用する方法は、新たな方向へと進むことになるでしょう。かくして、たとえば、存在するものがいかなるものなのかについて述べる制度が、政治体（あるいは「人民」）の代表形式を土台とする構造に組み込まれているような政治‐意味論体制であれば、矛盾はしばしば代表者に対する疑念という形で現れることになるでしょう（これを解釈学的矛盾のルソー的形態と呼ぶことができます）。他方、西欧の民主主義‐資本主義諸国でますます顕著になっているように、専門知――経済学にせよ他の社会科学にせよ、いわゆる「精密」科学を引き合いに出すそれ――を土台とする政治‐意味論体制であれば、矛盾は実在論対構築主義の対立という形態で現れることになるでしょう。このとき、次の問いをめぐって混乱が生じることになります。すなわち、専門家は、いかなる媒介も排除し、「事実」に容赦ない必然性を付与するような透明性を確保しながら、物事をしっかりと「ありのまま」に示しているのか、それとも、専門家自身が「作り出した」「恣意的」な構築物というフィルターに通すことで、それらが全く異なる形で提示されてしまっているのではないか、という問いです。かくして、我々は、もともとは主として認識論的なものであったこの対立が、今日なぜ政治的対立（たとえば、上述したような――同性愛や胎児の地位といった――生政治的な問題をめぐる最近の議論だけでなく、生態系や経済といったテーマに関わる多くの対立）の主要な資源の一つとなったのかを理解することができます。

　こうした不安をさらに強めているのが次のような直観です。すなわち、ベンチマーキングに訴える支配の様式の中で専門家が現実を記述しようとする際に依拠する諸々の企てに、新たな政治的役割が与えられているのではないかという直観です。このことがはっきりと見られるのが、アラン・デロジエールによって研究された国家統計のケースです。一九八〇年頃まで支配的であったその古典的形態において、統計学者は研究所に閉じこもり、少なくとも理想的には、認識主体と認識客体とのラディカルな区別に基づく実証主義的な科学概念に従って、自分が記述する責任を持つ現実と最大限距離を取るものと見なされていました。実際、統計学者は、観察者から独立してそれ自体で存在すると仮定されるこの現実を数学の言語に翻訳することによって、可能な限りそれを「客観的に」表象することを己の面子に関わることと考えていたのです。ただし、自分たちの研究が広まると当の現実が変化する可能性があるという明白な事実については、考慮に入れられていませんでした。統計学によるベンチマーキングの使用は、まさにこうした立場を反転させたものに基づいています。体系化された統計指標をもとにして構築され、あらゆる質的差異を比較可能な量的差異へと翻訳することを目指すランキングは、次のような目標が公然と主張される記述の形態を構成します。すなわち、指標の最大化という論理に従って、自らの行動を変え、ランキングにおける自分の順位を上げるよう、行為者を駆り立てるという目標です。このとき、記述は、希少な資源を所有し、その分配を調整する諸々の審級によって記述されるものの評価と切り離すことができなくなります。その限りにおいて、記述は、認識主体と認識客体との間で生じるフィードバック・ループの存在をはっきりと認め、現実の輪郭を変えることを目的とする諸々の措置の有効性を高めるためにこのループを戦略的に活用するようになります。

マネジメントに由来するこうした技法は、国家機関や超国家機関に取り入れられるよりも前に、まず民間の大企業の経営で用いられました。そのねらいは、取り立てて抵抗を受けることなく、行為者の効率性を高め、生産性を向上させ、利益を最大化することにありました。しかし、このような移行は、高みから見下ろす視点から存在するものがいかなるものなのかについて述べる能力が制度にあるのかどうかという不安を増大させる結果となりました。実際、ロレイン・ダストンが示したように、この能力の承認は、ヨーロッパでは少なくとも十八世紀以降、客観性という用語がもつ三つの明示的意味（法的、政治的、そして科学的意味）の交換と結びついていました。[33] それゆえ、客観性という概念の中に次の三つの観念が集約されたのです。すなわち、司法官の不偏性という観念、政府機関が占める高みから見下ろす位置と結びついている公平性という観念、そして最後が、実験室という枠組みの中で、長期にわたって安定し、同一の実験的文脈の中で他の人びとにも再現可能な判断を下すことを観察者に可能にするような、認識主体と認識客体との分離という観念です。しかし、国家への帰属を正統性の源泉とする制度によって、記述される対象——すなわち、この場合、行為者の行動、つまりかつての「市民」の行動——に変化をもたらすことを目的とする記述技法が用いられると、——たとえ国家制度がそれを持ち出すからという理由にすぎなくても——国家制度に認められていた不偏性と公平性が疑問視される傾向が生じます。そうなると、こうした記述技法は、一部の人びとの特殊利益を最大化できるように彼らの視点を優先させることだけを追求する、操作の道具の一つへと切り詰められることになるでしょう。[34]

しかし、これまでその輪郭を描いてきた支配の様式を宿す西欧民主主義‐資本主義諸国には、解決困難な緊張が一つ残っています。それは、こうした体制が、過去から受け継がれ、国民国家を支える政治形態と完全には決別できていない——それが自由主義的な政治形態にせよ、あるいは、フランスの場合で言えば、ルソー主義のジャコバン的解釈によって特徴づけられる政治形態にせよ——という事実に起因します。実際、我々がその特徴を示してきた支配の様式はマネジメントという実験室で作り上げられたものであり、この事実がこの支配の様式と資本主義の発展との緊密な関係を説明します。この支配の様式はまず企業統治の枠組みで活用され、その過程で徐々に洗練されていきました。たとえ、激しい批判の対象となり、そこでいわば試練にかけられるという条件つきであったとしてもです。その後、この支配の様式は国家に導入され、それ以降国家は、企業と同様に、他の同種の組織との競争という制約の下で、一連の資源を管理し、そこから利益を引き出すことを目的とする組織と見なされるようになりました。こうした移行を促したのは、一九六〇年代から一九七〇年代にかけて行われた反体制運動に応え、資本の生産性ととりわけ株主の利益を回復するために発達した資本主義の新たな精神でしたが、この移行が起きる以前の時期では、反対に、中央集権的で、保護的で、軍事的な国家が、一九三〇年から一九四五年までの崩壊以後、少なくともいくつかの点において、多かれ少なかれ「社会的な」目標（我々が「資本主義の第二の精神」と呼んだもの[35]）を掲げる巨大統合企業のモデルとなっていました。

しかし、こうした――企業のモデルとしての国家から国家のモデルとしての企業へという――傾向の逆転は、異なる制約に対応しなければならないこれら二つの可能な支配の手段の節合という問題を提起します。企業は、資本主義における自らの存在意義を競争という制約下で利潤を上げる点に置きますが、その論理に当然のごとく従い、ある会計枠組みの中で利潤の決定を左右する主要なパラメーターを好きなようにコントロールする自由を、とりわけ、商品だけでなく労働者の流出入の流れを好きなようにコントロールする自由を要求します。したがって、賃金労働者は「企業市民」ではありませんし、そうであるはずもありません。企業は、その利益に従って賃金労働者を自由に雇ったり、解雇したりすることができなければならないのです。同様に、企業は、利益の実現以外の何ものによっても正当化されない組織形態を構成しており、一方で――生産拠点のアウトソーシングに見られるように――国民国家の決定様式に由来する領土的制約から解放される場合もありますが、他方で持続しなければならないという要請からも解放される場合があります。企業は永遠に続くことを想定して作られているわけではありません。利益が減ったりひどく落ち込んだりするときは、企業は活動をやめ、より生産的な他の組織に道を譲らなければならないのです。

反対に、国家は、利益を無視することはないにしても、何よりもまず領土性と持続性という制約を受けていています。国家はある領土に分布する人口の安全を保証するものと見なされていますが、このことが示しているのは、社会闘争の圧力の下で、国家がこの市民から成る人口に対する支援の形態を増大させるだけでなく、それと不可分のものですが、この人口を対象とする国家による統制と制裁の水準を上げざるを得なかったということです[36]。しかし、賃金労働者が市民でないのと同様に、市民は国民国家の賃金労働者という地位にやすやすと還元されることはありません。実際、企業が従業員の流出入をコントロールするのと同じように、国民国家が支配階級の利益に従って市民の流出入をコントロールすることが可能となるのは、特定の歴史的状況においてのみです。すなわち、――アメリカ大陸、とりわけアメリカ合衆国への移住や（およそ三〇〇〇万人）、植民地への移住を奨励するという形で、一八八〇年から一九一四年にかけてヨーロッパで起きたように――余剰人口の移住を奨励することによって余剰人口を排除したり、あるいは反対に、――とりわけ一九五〇年から一九七〇年にかけて西ヨーロッパで起きたように――貧困国や植民地から（その後旧植民地から）労働条件や給与の面でそれほど厳しくない人口を輸入したりすることが可能となるのは、特定の歴史的状況においてのみなのです。しかし、植民地化できる領土が減少し[37]、富裕国と貧困国との差の拡大により国外移住を希望する人びとの数が大幅に上昇するという情勢が世界的なものとなると、流出入のコントロールがもたらす問題は厄介なものとなります。そしてこのことがとりわけ当てはまるのが、国民国家そのものが事実上、それを指導する人びとによって管理されるべき企業と見なされる場合です。「経済的要求」に従って流入をコントロールせよという要求は強迫的な形を取り、外国人に対する（さらには、「他の人びとと同じ市民」でありながら

「移民出身」と言われる人びとに対する）物理的暴力で補強されます。出ていく者、すなわち、資本主義企業によって生産性が不十分と判断されることで切り捨てられ、「排除された者」と名前を変えられた人びとに関して言えば、解決するのがさらに困難な問題を企業‐国家に突きつけます。その理由は単純で、彼らがその場に留まり続けるから、それゆえ、公共空間で目に見える存在であり続けるからであり、さらには、抗議の声を上げたり、投票箱に自分の不満を表明したりする可能性さえあるからです。自分が解雇した従業員がかつて職を見つけた地域で働き続ける可能性があり、さらにはその権利さえ持っているような場合、企業がどうなるかを考えてみて下さい。

こうした歴史的状況は、一方の専門知（とりわけ、企業としての国家という概念と結合した経済的専門知）と他方の選挙（これが維持されているのは、国家に残る国民との強いつながり、すなわち、ある領土に登録されている諸々の市民から成る人口によって構成される全体との強いつながりを守ろうとするためです）という二つの可能な基礎によって支えられる制度を貫いており、これら二つの基礎は互いを相対化しようとする関係にあります。このとき、解釈学的矛盾はこうした相対化という形態を取る傾向があります。主権を有する人民に与えられている選挙権から発生すると見なされるがゆえに、身体なき存在としての制度はつねにその栄光がたたえられますが、こうした制度の意志を実際に実行に移すのは身体的存在であり、この存在は制度と同様の栄光で自らを飾り立てることはまずできません。というのも、この身体的存在は、自らの権威の原理を、「専門家同士の争い」が構成する批判の内部化された様態に従うとされるある実践――専門知の実践――の中に見出すからです。さらに言えば、まさにこのような状況に対処するために、社会科学の専門家、とりわけ――好意的で、つねに創意工夫に富む――

社会学者や政治学者は、ある同一の組織体の中に民衆の権力と専門家の権力をしまい込んでおくことのできるような新たな準制度的装置、たとえば「ハイブリッド・フォーラム(38)」や「裁判員〔制度〕(39)」といったものの考案に着手しているのです。

したがって、制度が果たす意味論的機能、とりわけ制度が法律用語を定める際に果たすそれは、統治実践の語用論的調整によって絶えず覆い隠されています。しかし、施行されない法律の増殖に伴い（それは大半の場合、法律が現実に施行できないからというだけでなく、単に施行されることを目的としていないからです）、特定の細分化された目的からつねにアドホックに定義される政令、通達、技術指導も増殖します。これらはポリス的措置を支えることを可能にしますが、その恣意的性格ゆえに告発の道を切り開きます。なぜなら、これらが矛盾を孕んだ法律のネットワークに依拠しており、実施される状況次第でいくらでも変わりうるということ、あるいは、厳密に数値で定義される有効性以外に自らを正当化する理由をもたないということを、容易に示すことができるからです。それゆえ、制度的暴力、とりわけ国家の暴力は、つねに暴露される瀬戸際にあるのです。

支配階級の可能性？

マネジメント的支配様式の特徴の一つは、脱地域《ローカル》化されたネットワークと複合的装置に依拠している点にあります。これらのネットワークや装置は、単純な支配で用いられる手段よりも地域《ローカル》に依存する度合いがはるかに低く、それゆえ、遠く離れたところでも同じように、あるいはそれ以上にうまく作動します。このような状態にある支配の装置は、権力が文字通りシステムとなったような錯覚を容易にもたらすことができます。それが意味するのは、権力がもはや誰のものでもなく、人間存在と機械の寄せ集め全体に分布しており、どの行為者の統制からも部分的に逃れるということです。このことは、正しいかどうかは別として、制度という名の下で絶えず自らを表象し続ける結合体の中で公的な地位を占める行為者も含みます。

しかし、このように権力が完全に、あるいはほとんど完全に非人称的で機械的なものとなったという考え方は、支配という観念からその内容の大部分を取り去る傾向があります。支配という観念は、(『資本論』の序文に登場する有名な警告が示しているように[40])少なくともマルクス以来個人よりも構造に力点を置いてきましたが、それでもなお、支配集団や支配階級の同定とつねに結びついてきました。支配という観念が意味をもつためには、空間の中に点在し、異なる活動を行い、制度的権威に対してきわめて多様な位置を占め、財産や資本の面から見ると力に差があるものの、自らの行為を通じて支配の継続に向けて協同するような行為者たちを一つにまとめる要因が存在することを示すことができなければなりません。

それゆえ、支配階級という観念に意味を与えるためには、その様態や程度に違いはあれど、既成秩序の維持を確固たるものにする(そして、その程度に違いはあれ、そこから恩恵を受ける)行為者間の特殊なつながりの存在を引き合いに出さなければなりません。だからといって、それは行為者間で明確な協議が存在することを前提とするわけでは必ずしもありませんし、ましてや陰謀論という様式で秘密裏に行われる共謀を前提とするわけでもありません。確かに、このような要求を満たすことは、古典的な形態の弾圧を受ける社会よりも、現在の民主主義－資本主義社会の方が困難です。というのも、〔後者の社会のように〕専門知が重視され、より一般的には、マネジメント的支配様式の作動が諸々の装置に対して技術面で影響を及ぼすようになると、明示的に連携することの少ないそれぞれ全く異なる行為者集団の間で権力が分布する傾向が出てくるからです。さらに言えば、まさにこうした理由から、批判は、採用された措置が体系的性格を有していることを示そうとするときには、「陰謀論」に屈しているとしばしば非難されるのです。「超富裕層」、「スター」、「権力者」、「オリガルヒ」、「グローバル」に活躍する政治家および／あるいは実業家と並んで、より普通の（そして時にはより質素な）人物、たとえば、計算センターに資源を提供し、彼らが発表する「報告書」の中で現実とその傾向変化に関する記述を提示する科学者やエコノミストや社会科学の研究者、こうした報告書の中で自分の注意を引いた様々な事実をメディアに掲載するジャーナリスト、あるいはまた、それに応じて試練をどう修正したらよいかを考える法律家およびマネジメントの専門家、法案を可決する議員（これが彼らの務めです）を、同じ袋――支配階級という袋――の中に入れようとするのは〔支配階級として十把一絡げに扱うのは〕、悪意か狂気の沙汰ではないでしょうか。より平凡で素朴な、現場の単なる行為者たち――中堅企業の社長、行政機関の責任者、教員など――については言うまでもありません。つねに局所的《ローカル》で特異な状況の中で現実を新たな試練にしっかりと適合させるのは彼らなのです（そしてこれは誰かがやらなければならないのです！）。

支配階級の輪郭を浮かび上がらせるための主な基準として用いられたのは、何よりもまず生産手段と金利の所有でした。しかし、一九六〇年代から一九七〇年代の批判社会学において、単数あるいは複数の支配階級を特徴づけるより洗練された方法の探究が、その第一歩を踏み出しました。批判社会学が確立されたこの時期は、ある時代の終わり――取締役と管理職層の資本主義の時代、フランスで言えば公営大企業の時代の終わり――に位置しており、所有関係が依然として非常に重要であったものの以前ほど規定的ではなくなっていました。かくして、――我々が第二報告で言及した――ピエール・ブルデューの著作において、一方で支配的位置の多様性（「支配の分業」）が強調されると同時に、他方で階級内集団間の収斂が強調されるのです。後者は、この著者が「オーケストラの指揮者なき組織化《オーケストレーション》」と呼ぶものを原理としながら、諸々のハビトゥスの間に見られる親和性と学校によって伝達される共通文化によって生じるとされます。しかし、これら二つの説明原理――一方の所有と他方のハビトゥス――では、今日、異質性をはらみながらも、支配階級のようなものを構成するのに十分なほど調和が取れている全体の凝集性を保証しうる諸々の紐帯を説明するのに不十分であるように思われます。実際、一方で、先に言及したような行為者たちは、生産手段の所有者では全くないかもしれないし、金利の主な受益者でもないかもしれません（たとえ、彼らのうちの一部の階級内集団が、――ストックオプションのような――金融手段や税制上の手段を通じて、無視し得ないほどの金利を獲得しているとしてもです）。他方で、今日のグローバルエリートを構成する人びと（世界の思想家（*global thinkers*）という言葉でしばしば同定される知識人もそこに含めなければなりません）は、幼少期から青年期にかけて、異なる家族文化や学校文化の中で形成されたため、彼らの客観的収斂を保証する親和性をある共通のハビトゥスのせいにすることは以前ほど自明ではなくなっています。しかし、世界の至る所で活動するこうした新たなエリートたちは、ある共通言語でコミュニケーションを取りますが、この言語は、たとえばイエズス会が運営する教育機関で伝えられるような、――文学的なものにせよ科学的なものにせよ――古典教養に由来する図式を主要な土台とするものではもはやなくなっています。この言語はむしろ、経済学、とりわけマネジメントを対象とする諸学問に根ざした新たな国際文化に基づいているのです。これらの学問は発言や著作を通じて伝えられますが、とりわけ情報科学、司法、会計のフォーマットに組み込まれています。

それでも我々は、次のような行為者たちの間である種の共謀を生み出しうるような連帯の形式を同定することができるでしょうか。すなわち、一方の、その活動がつねに細分化されており、技術的に方向づけられてはいるが、（たとえば金融市場への働きかけを介して）世界に対して包括的な影響を及ぼす行為者たちと、他方の、むしろその介入が現実に対して行われる行為者たち――しばしば自らを「現場の行為者」として提示し、彼らが「プラグマティズム」と呼ぶものによって突き動かされているような行為者たち――、あるいはまた、むしろ試練のフォーマットや性質決定の様式に介入する行為者たち――己の反省性を前面に出しながら、自らを「専門家」、「知識人」、あるいは「法律家」と定義する行為者たち――です。

上記の枠組みに従って、私は、一方で行為と行為の可能性に対して〔人びとが〕占める位置を、他方で試練のフォーマットや性質決定および価値づけの様式を定義する慣行、手続き、規則に対して〔人びとが〕占める位置を強調していきたいと思います。私は、支配階級とは責任者たちを集めたものであるという考えを提案したいと思います。この場合の責任者とは、第一に、自分自身の人生だけでなく、多かれ少なかれ他の多くの人びとの人生も変えることを目的とした行為を幅広く実践でき、かつ、第二に、現実に対する行為と試練のフォーマットに対する行為との関係について特別な経験を積んでいる人びとを指します。

世界に対してだけでなく、現実の構築や試練のフォーマットの決定に対しても大きな影響（action）を及ぼしうるという事実は、規則に対してきわめて特殊な立場を責任者たちに取らせることになります。支配階級の成員が他者に言明することのできない――自分自身に対してもほとんど言明することのできない――共有知という形で暗黙のうちに共有しているのは、一方で、法律や手続き、規範、規格、規約といった規則の存在は欠かすことができないが、他方で、こうした規則に従っていては、真に有益なこと（彼らの言語で翻訳し直せば「本当に役に立つこと」）は何もできなくなってしまうし、不確実な世界で行為するということも単純にできなくなってしまうというものです。実際、こうした責任者たちにとって、自分たちの行為が非常に一般的で、しばしばかなり曖昧で変化しやすい目的を果たすことを目指しているという事実は、自分たちの行動を規則によって厳密に定めてはならない理由となります。それゆえ、規則の遵守は、責任者たちが行為する文脈自体が不確実で、絶えず変化するものである限りにおいて、彼らにとって一つの障害として現れるのです。反対に、責任者たちは、規則を実行する人びと、とりわけ、規則の支配下にある人びとの行為を制限し、支配するためには、規則が必要であるとともに、それだけで十分であると考える傾向があります。彼らの考えに従えば、こうした人びとの活動が〔規則通りに〕きちんと行われれば、現実の内容を維持および／あるいは修正しようとする責任者たちの（壮大な）構想が実現されるのです。[41] かくして、彼らは、規則が「誰に対しても同じである」ことを何かにつけて思い起こさせる一方、こうした規則が実際には全く絶対的なものではなく、――単なる〔規則の〕実行者が考えていると思われるものとは反対に――暴力に訴えることなく必要な行為を調整することを主な美徳とする慣行にすぎないと考えることに正しさを感じているのです。さらに言えば、このように規則と「相対主義的な」関係を取り結ぶことを今日容易にしているのが、おそらく、支配階級の成員が職業訓練と職業活動の中で獲得する経験です。こうした訓練や活動は、その国際的性格のために、しばしば矛盾する多様な規則の体系を利用して目標を追求するよう、支配階級の成員を導くという結果をもたらしました[42]。

我々はおそらく、かつてオクターヴ・マノーニが精神分析の枠組みの中で発展させた定式を再び用いることによって、この責任者の知を要約することができるでしょう。それは「よく分かってはいるけれど、でも…」です[43]。規則が必要であることは「よく分かってはいるけれど」、「でも」、規則に従う者、「愚かにも」そうする者、規則を「文字通りに」守る者、規則を文字通りの意味で理解する者、規則を解釈し、それを状況に適合させ、さらに必要であればそれを無視することを拒む者が、「やれやれ、あいつは何もしないな！」「あいつはもう行動することができないのだ」という扱いになってしまうことも分かっているのです。しかし、この知をニヒリズムの一形態と同一視しないように注意しなければならないでしょうし、規則に対する批判と同一視することについてはなおさらです。規則は絶対に必要なものと考えられています。それと同時に、有能な存在となりうるためには（「現実に対するつかみどころ」を持つためには）、規則を捻じ曲げたり、無視したり、変更したりしなければなりませんし、このこともまた絶対に必要なことだと考えられているのです。

また、責任者たちは、この種の知恵を公にすることはできないし、責任者ではない人びとと共有することもできないということも分かっています。なぜなら、もしそうなれば、誰もが自分は規則から逃れることが許されていると感じるようになるでしょうし、「そうなったらどうなるかって？　無政府状態だ！」ということになるからです。というのも、規則に従うことに慣れていた人びとは、この知恵と単なるニヒリズムを混同することになるか、あるいは、自分の中にある最も常軌を逸した傾向に身を任せ、欲望やさらには衝動さえもぶちまけることになるかもしれないからです。この場合、彼らは、規則を脱構築し、それを恣意的なものとして、すなわち、今とは別の形になりうるものとして提示することを企てることになるでしょう。ただし、規則が必要不可欠で、永遠で、神聖で、侵すことのできないものでありながら、つねに無視され、解釈され、忘れ去られ、修正される運命にあり、かといって決して否認されることがないということに気づかないまま！　規則が実際には人間の手によって作られたものであり、それゆえ現実そのものであるということが認められる場合ほど、規則が聖別化されることはないということに気づいていないのです。しかし、規則に背いていると感じることなく規則を無視したり犯したりするためには、自らが規則の精神を体現していると少なくとも暗黙のうちに考えなければなりません。支配階級に属するということは、何よりもまず、規則の精神に背くことなく規則の文言を犯すことができると思い込むことです。しかし、この種の信念は、規則を体現することができ、正当な理由からそれを行っているのだと考える人びとにしか生まれません。

　このような規則との二重化された関係を、非真正性や自己欺瞞という言葉で記述することは可能です――そして、少なくともこの一世紀半の間、ブルジョワの偽善に対する批判はこうした言葉から決して自由ではありませんでした。とはいえ、統治様式の変化がこの種の道徳的憤慨を多かれ少なかれ時代遅れのものにした点には留意しておかなければなりません。現実への介入が有する断片的・専門的性格は、今日、現実を道徳的判断の軌道から逸らすために、一種の実践的自己欺瞞と呼ぶことができるようなものを助長しています。誰もが自らの行為と不透明な関係を維持していますが、こうした不透明性は、現実の外的反響への介入を取り巻く不透明性の内的反響として現れます。また、不幸にも、このような規則との不明瞭な関係の影響が隠蔽困難な大惨事を引き起こし、それゆえスキャンダルが発覚する場合、悪事の現場を押さえられ、直ちに自らを正当化するよう命じられる人びとは、驚きや痛悔を装うのではなく、本当に驚き、悔しがります。彼らはまさに本心から自分たちに責任があることと無実であることを同時に宣言するのです（「汚染血液」事件で非難された一人の責任者が用いて以降有名になったある定型表現を用いれば、「責任はあるが罪はない[44]」）。実際、この知は、現代資本主義の枠組みにおいて際立った形態を取っています。現代資本主義は、その固有の論理に従って、搾取するべき新たな偏差、とりわけ情報の偏差をつねに追い求めます。そうすることで、現代資本主義は、それが拠って立つ経済的自由主義の名誉に関わる競争の規制を目的とした諸々の手続きまで回避しようとするのです。この点において、「倫理学者たち」が商工業銀行で直面するジレンマを対象とした研究ほど示唆に富むものはありません。彼らは、利益率を損なうことなく透明性の度合いを高めるという不可能な仕事をやり遂げると考えられているのです。このことは、利潤の大部分が情報の非対称性から生じる世界で確認できます[45]。

　このような規則との相互作用は、あくどい事業家たちがはびこる周辺部から最も正統なものとして現れる制度が占める中心部へと広がりましたが、こうした広がりを促したのが、先ほど述べたような資本主義と国家の新たな関係の確立です。企業のように管理され、マネジメントの論理が浸透する国家の形態において、規則を保証すると見なされる諸制度が政治的・経済的非対称性を最大化するべく絶えず規則を無視したり変更したりしているというのに、責任者は規則の不可侵性をどうやって信じればいいというのでしょうか。

より一般的に言えば、こうした責任者たちの状況は、今日、二つの異なる種類の空間で同時に行動する可能性が彼らに与えられているという事実によって特徴づけることができます。その空間とは、一つは民間組織や公共行政機関であり、そこで彼らは公式の指導的地位を占めます。もう一つは、――資本主義の新たな形態の作動が今日大きく依存している――金融、産業、知的ネットワーク、つまり、組織から大きく自律しているネットワークです。このような二重の所属は諸々の緊張を生み出す原因となります。実際、既成の組織を規約に基づいて管理していくためには一定の安定性が必要であり、こうした管理には責任者たちの柔軟性を制限する愛着や足枷がつきまといます。反対に、ネットワークの中での移動を通して自己を高めていけるかどうかは（このとき、自己はまるで一つの企業であるかのように「企業としての自己」であるかのように管理されます）、機動力と軽快さにかかっています。支配的立場にある行為者たちの成功は、この相反する二つの制約を調停できるかどうかに大きくかかっています。これら二種類の制約は規則との関係にも介入します。指導者という公式の立場では、責任者たちは「皆と同じように」自分たちにも課せられる法律や規約に従うとされるのに対して、ネットワーク屋としての活動においては、責任者たちは、介入の場を広げ、潜在的な利益を最大化するために、多種多様で、たいていの場合両立不可能な諸規則を使いこなしながら、それらを戦略的に用いていくことが求められるのです。

このような現実主義という共有知こそが、支配階級の成員間の共謀を支える土台の一つを構成します。このような共謀はとりわけ、彼らのうちの一人が悪事の現場を押さえられ、批判に直面する際に顕在化します。確かに、彼は規則の網をくぐり、「少し行き過ぎた」行動をしたと言わなければなりません。彼は「少しやり過ぎた」のです。しかし、彼を非難する前に、特に責任者たちにのしかかる重圧を理解することができない単なる〔規則の〕実行者にすぎない人びとと結託して公然と彼を非難する前に、我々自身も別の機会に――もちろん、必要に迫られてやむなく！――規則に対して多少軽率な行動をとったことがないか検討する必要があるのではないでしょうか。しかし、自分たちにいわば外部から押しつけられる規則以外に必然性を知らず、現実に対して働きかける能力が単純に認められていない人びとに、このことをどう理解してもらえばよいというのでしょうか。

第六章　プラグマティックな意味での解放

結論を述べるにあたって、我々が批判のプラグマティックな社会学と呼んだものが、支配の社会批判、および、これと不可分のものである解放への道の探求に対して、いかなる貢献を果たしうるのかについて検討していきたいと思います。それは批判の役割を強化することに他なりません。これは二つのことを意味します。一つは批判の担い手である人びとの力 (*puissance*) を増大させること、もう一つはその権力 (*pouvoir*)、すなわち、現実に働きかけ、その輪郭を変える能力を強固にすることです。社会学の観点から言えば、第一の目的は、いかにして集合体が構築され、その中で（状況や歴史的文脈によって）搾取の度合いが異なる非対称的な関係が形成されるのかを分析する作業と結びついています。支配者について以前の報告で素描されたこの種の分析は、被支配者についてもなされるべきでしょう。もちろん、（ジェンダーや民族などが関与しうる）あらゆる支配関係を社会階級の空間に還元できるわけではないということを無視するわけではありませんが、――ここ三〇年の衰退のあと、現在再び展開されつつある――社会階級の社会学の復活に貢献することによってこそ、この研究で提示された枠組みの有用性が明らかになるでしょう。我々がそのあとすぐに論じることになる第二の目的――批判の影響力（pouvoirs）を高めるという目的――については、おそらく、我々が制度の問題と批判の問題を、解釈学的矛盾を介して、同一の分析枠組みの中に融合させようとしたやり方が利用されることになるでしょう。

社会階級と行為

社会階級を支配という観点から研究するのであれば、――これまでの報告でその概略が示された――規則との関係に関する分析と、行為能力に関する考察の両方を土台にすることができるでしょう。この観点から見れば、我々は次の三つのタイプの行為者を区別することができるでしょう。一つ目は、自分自身の人生だけでなく、多かれ少なかれ他の人びとの人生にも影響を及ぼす、幅広い行為能力をもった行為者。二つ目は、自分自身の人生に関わる行為については相対的にコントロールできるが、他の人びととの人生を束縛する手段はほとんど持ち合わせていない行為者。そして最後の三つ目は、自分自身の人生も他の人びとの人生もコントロールできない行為者です。

規則への服従という点から見れば、支配者と被支配者は、対称的でかつ正反対の位置にいます。支配者は規則をつくりますが、こうした規則からかなり自由に逃れることができます。それに対して、被支配者が受け取る規則は外部から押しつけられたものですが、それに従わなければならないのです。この違いを明確にするために、デュルケムが提示した「技術的規則」と「道徳的規則」との対比をおそらく取り上げることができるでしょう[1]。前者は、――デュルケムによれば――「違反行為の機械的結果として発生する」制約を課すものとされます。規則と制裁との関係は「分析的」なのです。後者の場合、「行為とその結果との間には一つの完全な異質性が存在する」ため、「結果は人工的（synthétique）連鎖によって行為に結びつけられ」ます。責任者たちが規則を技術的規則であるかのように、すなわち道具的に使うことができるのに対して、同じ規則は道徳的規則の様式で、すなわちまるでそれ自体価値があるかのように従属者に押しつけられるのです。このとき、制裁は、――いかなる影響を及ぼすものであれ――一つの侵犯として解釈される規則違反に付随して生じるのであって、規則に従わなかったことで（あるいは反対に規則に従ったことで）生じた可能性のある失敗に付随して生じるわけではありません。

　これはつまり責任者には道徳がないということでしょうか。もちろんそうではありませんが、しかし彼らには「より上位の」道徳があるのです。全体性を体現していると主張しながら（それゆえ、――『正当化の理論』で展開された、卑小な者たち〔の気持ち〕を汲み取ると同時に包摂することができるという二重の意味で――「卑小な者たちを理解している」と主張しながら）、これらの「偉大な者たち」は、自分たちの企てが最終的に成功したか失敗したかでしか自分たちを評価することはできないと考えています。それゆえ、彼らは、人の一生をはるかに超えうるような持続期間を持ち出してくるのです（「歴史が判断する」）。周知のように、「最終的」という形容はつねに議論を呼び起こします。バランスシートが確定する瞬間は、利害関係者の利害に応じて早まることもあれば遠い未来へと延期されることもあります。なぜなら、あるプロセスに終止符を打つには、制度が行うような境界確定の作業が前提となるからです（このことがはっきりと分かるのが、たとえば、「時代区分」をめぐって歴史学者たちが対立する場合です）。かくして、持続期間の制御は責任者たちにとって非常に重要な問題となります。

それゆえ、責任者の主要な目標は、現実が最終的に自分の正しさを示すように定められた時間的地平の視点に自らを置くことにあります。たとえ、現在の試練によって評価されれば、彼の行為はむしろ失敗に終わる運命にあるように見えるとしてもです。これは「生き残ること」と呼ばれるもの、あるいはまた、エリートたちの言語で言えば、（たとえば「不遇の時代」のあとに）「立ち直ること」と呼ばれるものです。この意味で、（支配者である）責任者は、エリアス・カネッティの「生き残る者」と比較することができます。[2]「生き残る者」は何よりもまず、他の人びと――自分の支持者だけでなく競争相手や敵も――が失脚した場合でも残り続けようとするのであり、このことが彼に対して自分が最も偉大な者であることを保証します。「生き残ることに成功する者とは英雄である。彼はより強く、より生命感に溢れており、高次の力を得るのにふさわしいのだ[3]」。最後まで生き残る責任者は、自分の周りにうずたかく積み上がる死者を見て初めてそのことを知ります。責任者にとって生き残ることとは自分が勝利を収めたことを示す指標であり、唯一の指標なのです。たとえ明らかな失敗であったとしても（しかし、最終的な評価を先送りにすることで、失敗を勝利へと変える希望を持つことはつねにできます）、責任者は、決断に立ち向かうことができたという事実を誇りに思うだけで、その決断を正当化することはほとんどしないでしょう。決断とは責任者の専有物であり、それが彼の誇りを形成するのです。しかし、決断は責任者が備える行為能力の副次的な効果に過ぎず、それ自体様々な資源を使いこなせるかどうかに依存しています。エリアス・カネッティが著書の最後で示唆している内容とは反対に、生き残ることへの追求は、それが物理的身体から名前へと移ったところで、支配や暴力との結びつきが薄れることはありません。そして、このことはおそらく、資本の価値を高める作業の大部分を非物質的・象徴的財の処理へと移行させる「認知資本主義」[4]の時代にとりわけ当てはまります。実際、組織の中で権力の座を占めることで得られる承認だけでなく、ネットワーク内の迅速な移動を通じて達成される価値形成過程の結果も、責任者の名前に集約されることがますます多くなっています。

それゆえ、(支配者である)責任者は、何よりも決断を下す際にリスクに立ち向かったこと、そして規則をかいくぐっていることから個人的な誇りを引き出すのであり、これが被支配者に対する軽蔑の土台となります。この視点に立てば、被支配者とは「リスクを取らなかった」人びとのことであり、彼らが危険を逃れていたのは従うことしかしていなかったからということにならないでしょうか。言い換えれば、被支配者とは、規則に従って行動することで、責任者がまさしく彼らに期待していたこと以外に何もしなかった人びとということにならないでしょうか。したがって、この点から見れば、責任者たちから成る階級——支配階級——とは、生き残るためならどんなことでもする用意があり、それをやり遂げるチャンスを最も多く持つ人びとから成る階級であると考えることができます。なぜなら、責任者たちは行為の手段を最も幅広く利用できるからです。その中でも生き残るのに最も重要で有用な手段とは、被支配者自身に他なりません。責任者たちは、被支配者たちが利用しうる行為の手段を制限することによって、被支配者たちに対する権力を確保するのです。しかし、このように生き残りが必要だと考える人びとから成る階級もそうです。なぜなら、責任者たちが生き残り、それによって現実が形成されることで、(少なくとも集合的記憶から)消え去る運命にある大半の人びとは、現実の試練にさらされつつも、すなわち責任者たちの権力に従いつつも、(せいぜい食料や住居などが与えられるだけですが)一時的にでも生き残ることができるようになるからです。

反対に、被支配者（その最たるものは奴隷です）は、少なくとも傾向的には名もなき者です。たとえ、生前、狭い範囲で、親しい人びとによって、一連の音素が被支配者を指示するのに用いられるとしても、この音素列だけでは名前を構成するのに十分ではありません。それは（あだ名の場合のように）生活上の地位しか持ち得ないのです。しかし、法によって安定化されるときでさえ、この単純な呼称は、その呼称をもつ者の物理的消滅とともに消え去る運命にあります。被支配者たちの時間的地平は、彼らの肉体的生命の時間を超えることはありませんし――この肉体的生命自体、支配者たちのそれよりも統計上つねに短い[5]――、彼らの生活条件が改善される場合でも、自分の子孫に託すことができる希望を超えることはありません。たとえ生存競争に耐え抜くとしても、生き残る者になる運命にないからこそ、被支配者たちは、生き長らえる手段として、単独では手に入れるどころか主張することすらできない偉大さを手にするために必要な力を、社会的紐帯の構築（*affiliation*）に、すなわち（階級間、ジェンダー間、有色人種間、民族間などの）連帯に求めざるを得ないのです。

このような分析を概略的に示すことができるからといって、そこから、本報告で言われる意味での支配者と区別するために被支配者と呼ぶことができる人びと――なぜなら、彼らは自分自身の生活の現実に対して影響を及ぼす手段をほとんど持っていないからであり（他の人びとの生活の現実に対しては言うまでもありません）、また、試練にさらされながらもそのフォーマットを変えることができないからです――あるいは、非責任者とでも呼ぶことができる人びとが、自分たちに押しつけられる規則に賛同しており、その規則をいわば真に受けていると結論づけてはならないでしょう。しかし、規則のフォーマットを定め、それを利用する可能性が奪われているため、すなわち――一言で言えば――経済力や政治活動から遠ざけられているため、彼らには規則の重みを耐えられるものにする手段が事実上二つしかありません。一つは相対主義的な懐疑的態度です（これは「命令を実行する前に命令の取り消しを待つ」ということわざの形でストックされています）。これはしばしばある種の分裂を伴い、これ見よがしに規則が尊重される（とりわけ職場の）公的代表者の状況と、嬉々として規則が侵犯される（ミシェル・ド・セルトーがかつて強調した「密猟」という実践[6]）内輪の隠れた状況が分かれていきます。もう一つは（これはむしろ中間的な社会的地位を特徴づけるものかもしれません）、懐疑的態度とつねに裏切られる信仰との混合です。かつてクロード・レヴィ＝ストロースが記述したシャーマンのように[7]、中間的カテゴリーに属し、高位の責任者たちと近い関係の中で生活をする人びと（たとえば、助手、秘書、会計士、教員、職業訓練官などであり、これらがしばしば女性の職業であることに留意されたい）は、彼らの目から見ればスキャンダラスに映る関係を支配者が規則の秩序と取り結んでいることを直観的には分かっていても、それでもなお公明正大な責任者――すなわち、どんなことがあろうとも、自分自身が支持したいと思える理想に合致した責任者――がどこかにいるはずだと思い続けるのです。彼らは、規則や性質決定、フォーマットが厳密に――文字通りに――適用され、一枚岩の現実と一体化しているような社会の可能性を信じ続けます。しかし、このように能力主義的で、より一般的には道徳主義的な理想の中に、ある社会を認めることは難しくありません。それは、真に原理主義的である限りにおいてのみ、明確に「真正である」と判断されうるような社会です[8]。

解釈学的矛盾と解放

支配階級が規則との関係から得ている諸々の特権を削減するという批判的プロジェクトと、これまで服従を強いられてきた被支配階級の解放を目指すコミットメントという批判的プロジェクト。これら二つのプロジェクトを達成するためには、解釈学的矛盾との政治的関係を根本的に変えることで、この矛盾を集合体の全成員の間で均等に分配するような形で明示できるようにすることが必要になります。

解釈学的矛盾に反省的に立ち返るからといって、それが——現在左派においてでさえ流行している——(「父の法」、公平な国家、法律、絶対化された《科学》などの)権威の源泉(と想定されるもの)の再評価という名の下でなされる批判の放棄につながるわけではないでしょう。そのようなことをすれば、象徴的暴力を強化するリスクを高めることにしかなりません。また、反対に、制度という観念そのものを放棄することにつながるわけでもないでしょう。もしそうなれば、制度が果たす積極的な役割を諦めなければならなくなるでしょう。特にここで念頭に置かれているのは、人びとがいかなる状況に投げ込まれようとも繰り返し同定されるよう、人びとに最小限の意味論的安全を保証するという任務です。このことは、——その程度は非常に異なるとはいえ——完全な脱人間化を極限とするような支配の文脈的形態が有する残虐性から人びとを守ることに貢献します。このような反省的方向性をとれば、この矛盾がより身近なものとして広がるようになるでしょうし、そうなれば誰もがこの矛盾に立ち向かうことができるようになるでしょう。それは、この矛盾を克服するためというよりも、むしろこの矛盾のそばに生きること、すなわち、それと共に、弱さ《フラジリテ》の中で生きることに慣れるためなのです(9)。

このような方向転換がもたらす効果のすべてを評価することは難しいですが、それはおそらく人びとに対してある可能性を切り開くことになるでしょう。その可能性とは、自分たちがその当事者である集合体に対するつかみどころを持つ可能性です。このとき、見せかけのコンセンサス（これは多くの場合支配を覆う隠れ蓑にすぎません）という名の下で争いが放棄されることはありませんし、争いが起きても――たとえそれがどんなに必要であっても――それが中断されることもありません。というのも、性質決定の様式や試練のフォーマット、現実の定義が暫定的で修正可能であるという点以外に合意がなされることはおそらくないからです。もちろん現在の政治状況に照らして考えれば、このような運動のユートピア的性格を強調することはできますが、それが実現されるかどうかは、認証の審級と批判的審級の関係が根本的に変革されるかどうかにかかっているでしょう。両者のうち優先されなければならないのはおそらく批判的審級の方です。というのも、批判的審級は制度化されておらず、また制度化され得ないがゆえに、認証の審級と比較して力の欠如につねに悩まされているからです。それゆえ、この種の政治的形態が達成されれば、社会的現実は自らのありのままの姿を、すなわち、その本質的な脆弱性や不完全性を認めざるを得なくなるでしょうし、また、不確実性や不調和を取り戻し、――それらをこれまで通り秩序や整合性という名の下でなくそうとする代わりに――「諸価値」を祀るパンテオンにそれらを置かざるを得なくなるでしょう。だからといって、世界と現実との偏差がなくなるわけではありません。しかし、不透明な世界から批判によって引き出された何かが現実という織物の一部となり、それによって現実が変容する可能性は、それほど実現困難なものではなくなるでしょう。

この種の運動は、それが支配の諸力を従える方向へと進めば、第一に、搾取の過程、とりわけ、所有権の過度に不平等な分配にその原理を見出す過程をよりよく同定し、問い直すことにつながるでしょう。これは、法律を土台とするモノと人びととの結合様式を相対化することによって行われます。所有権を奪われている者だけが、法律を厳密で、安定しており、一義的で、[10]永遠に確立されていると信じ込むのに対し、所有権から恩恵を受けている人びとは、法律が不安定で、不完全で、半ばランダムに適用されることさえあることを知っているのです。このことがよく分かるのが、たとえば、その一部の評価が難しく、「不良」と規定されながら、だからといってそこから利益を得ることができないわけでは全くない債権を基礎とする金融取引のケースです（この場合の「不良」とは、債権者に返済能力がほとんどないと判断されることを意味するだけでなく、これらの証券がいかなるポートフォリオの中に位置づけられるのかに関して不確実性が存在することも意味します）。同様の指摘は、資産価値、とりわけ企業価値の決定についても言えるでしょう。この種の決定は、とりわけ資産と負債とを区別するために持ち出される会計慣行に大きく左右されるのです。

しかし、このように所有権に基づく紐帯や財に付与される価値が不安定化されれば、こうした不安定化は人間にまで及び、行為者の資質やその「卓越性」のレベルに関する判断を可能な限り延期したり、それを可能な限り可逆的なものしたりする試みがなされることになるでしょう。そうすれば、とりわけ、社会的階層構造《ヒエラルキー》の維持において大きな役割を果たしている学校的あるいは官僚的評価に反対することができるようになるでしょう。こうした変化が「個人主義」——すなわち、その大部分が行為者同士を絶えず競争させる新自由主義的な評価実践の発展の結果であるという点が必ずしも認識されないまま、社会学者や政治学者によって避け難いものと見なされ、すぐさま非難される傾向——を衰退させる方向に作用する可能性については言うまでもありません。所有権に基づく紐帯が弱まり、階層構造《ヒエラルキー》への所属に付随する資格の違いが是正されれば、平等主義的な傾向が強まり、ひいては連帯も強まると考えることができます。

いずれにしても、この方向へと進むいかなる運動も、その前提条件として、行為能力をよりよい形で分配することが必要になるでしょう。行為能力とは、わかりやすく言えば、それを使用することで現実を世界へと開き、それによって現実を変容させることを可能にするような政治的能力を指します。現在、批判の勢いが削がれているのは、現実が閉ざされているからです。我々が置かれている支配の状況において、批判は、真理の試練によって妨げられることは少ないですし、少なくとも言論の面では形式上自由ではありますが(「世論民主主義」)、大きな困難を伴うことなく現実の試練(あるいは、同じことですが、ラディカルでありかつ徒労に終わるその拒否)から自らを引き離し、実存的試練から——すなわち生の流れそのものから——資源を引き出すということはできなくなっています。それゆえ、次のようなパラドクスが現在の危機的状況、とりわけ左派の危機的状況の原因の一つとなっているのは間違いありません。すなわち、批判が存在感を強く示すとともに、それが存在し、顕在化することも強く望まれていながら、同時に、批判が現実に対するつかみどころをほんのわずかでももつことが難しくなっていることも強く意識されているというパラドクスです(これは芸術の世界ではっきりと見られるものであり、このことを示しているのが、たとえば現代演劇における批判の諸形態です)[11]。あたかも批判が(とりわけ、多くの社会学者を含む専門家として選ばれた者たちによって絶えず修繕されるがゆえに）堅牢性を備えた現実との終わらない競争でエネルギーを使い果たしてしまい、何を目指しているのかをはっきりと自覚するよりも前に、現実によって統御され、統合され、沈黙させられてしまうかのような事態が生じているのです。

しかし、一方の批判が果たす役割と、他方の制度が占める地位との相補性を強調するからといって、永遠回帰の運命が定められたある種の巨人同士の戦いを仮定することになるわけではありません。解釈学的矛盾という観点から見れば、批判の仕事とは、循環性から逃れ、解放（*libération*）や解放（*émancipation*）へと向かう軸に焦点を当てていくことにあります（その方向性は進歩主義的な社会哲学がそう望んでいたように時間的なものとは限りません）。解釈学的矛盾を参照することで、解放《リベラシオン》や解放《エマンシパシオン》といった語の明示的意味をずらし、啓蒙主義以来しばしば結びつけられてきた個人の自律の大小の問題や個人の依存関係からの解放《エマンシパシオン》の問題からそれらを引き離すことが可能になります。解釈学的矛盾という新たな方向が定められると、解放《エマンシパシオン》は、集合体と制度との関係を変える道筋を指し示すようになります。この道筋は、——最も急進的なものでなくても、少なくとも、唯一無二の存在としての自己による自己の所有に最も重点を置くような、リバタリアニズムの諸潮流が時折示唆するように[12]——あらゆる制度の解体をその終着点とすることはできません。なぜなら、我々が示そうとしてきたように、制度は集団生活に不可欠なものだからです。しかし、この道筋は、制度がその存在を正当化し、それが内包する暴力を隠すために持ち出してくる、様々な形態の重層的決定を制度から取り去ることにもつながる可能性があります。このような除去は、おそらく誰もがいつもそう認めているわけではないが予感していることを暴露する作業に基づいていると言えるでしょう。その予感していることとは、制度には基礎がなく、それが行使する権力は――クロード・ルフォールが書き記しているように[13]――「空虚な場」を土台としているということだけではありません。このように制度を保証し、外部から内部へと投影されるものが存在しないことを認めるからといって、制度が大きな危機に陥るわけでもなければ、あるいはこう言ってよければ、制度が今ある状態よりも脆弱になるわけでもないということもそうです。自分たちの運命は批判の運命と結びついているということを認識すれば、制度はある観点から見れば強化されることさえあるでしょう。実際、現実の試練の妥当性を問う（改良主義的）批判を介してのみ、制度はリアルな何かに対して影響力をもつことを期待しうるのであり、また、実存的批判という（ラディカルな）形態を介してのみ、制度は世界との接触を保つことを期待しうるのです。自分だけに、すなわち真理の試練だけに身を委ねてしまえば、制度は危機に陥る運命にあります。

社会生活の中心に解釈学的矛盾の存在が認められれば、制度の事実性、すなわち、制度がつくられたものであるということが認められるだけでなく、さらに一歩進んで、この操作によってその概念に合致した審級がつくり上げられることは決してないということも認められることになるでしょう。いかなる制度も自らの高みに到達することはありませんし、到達し得ないのです。しかし、それは幸福なことなのです。このとき、制度とは、変化のペースを緩やかなものにし、それに一つの形を与えることを試みるという目的から、時間的諸存在の間で交わされる、つねに多かれ少なかれできの悪い取り決め以外の何物でもないということが、何の憂いもなく認められることになるでしょう。しかし、だからといって、期待されるような必要かつ弱い役割を制度が果たせなくなるということには決してならないでしょう。

批判は、たとえ自らの任務をやり遂げなかったとしても、消滅するどころか反対に、自らの脆弱性を認識しながらも、批判的審級と制度的審級との間に新たな形態の関係を打ち立てることによって、自らの存在を必ず主張するようになるでしょう。実践的な集合体と制度との関係、批判的諸力と認証を行う諸勢力との関係がこのように再編されれば、その第一の犠牲者となるのは、少なくとも現在の形態においては「主権者」と想定される国民国家以外にないでしょうし、その国民国家を今ある形で存続させる責務を担う人びとも、それを維持するのにますます苦労することになるでしょう。

この方向へと進むためには、おそらく終わりのない反抗以外に道はありません。このような反抗は姿を現し始めています。それはたいていの場合試練に対する反抗、とりわけ選抜試験に対する反抗であり、これには能力主義という理念から見て最も好意的で、非の打ち所のないものも含まれます。だからこそ、この種の反抗は、右派だけでなく、社会‐民主主義的な左派からも、「ニヒリズム」と非難されるのです。すなわち、学校、企業、労働に対する反抗、さらには民主主義の宣伝装置に対する反抗と非難されることさえあるのです。こうした反抗は現在、たいていの場合、身体を暴力へと関わらせる一時的な感情という形態を取るか——これはおそらく、行為に投入される可能性のある資源が、自らの身体が提供する資源を大きく上回ることがない場合に当てはまります——、あるいは、撤回運動という形態——これはとりわけ、学校で認定された能力を持っていても、試練の公認ルートの外れで物質的に生き延びることができるだけで、不安定な状況が強いられる場合に生じます——を取ります。

国家は、公共政策を通じて、——たとえそれがどんなに不安定で困難な生活であったとしても——ある種の独立した生活を可能にする道具であり続けています。しかし、国家はまた、その存在様式が不安定性（précarité）によって特徴づけられ、今では語の古典的な意味における社会階級よりも類縁集団と呼ばれるものに近い曖昧な諸集合の内部で、ますます意識的に問題視され始めています。国家は何よりも、選抜試験の主要な保証人として異議申し立てを受けているのです（この点で、不安定な高等教育修了者の多くが滞在許可証不保持者のための闘争に賛同したことはきわめて示唆的です）。

国家そのものへの無関心は、まさに国家がある種の独立した生活を送るために利用できる数ある資源の一つに過ぎないものとして扱われるがゆえに生じるわけですが――額面通りに受け取れば、無関心は政治の放棄として解釈することができますが、今回のケースは確実にこれとは異なります――、こうした無関心が広がると、共同体やコミューン、あるいはネットワークといった言語を取り入れながら、国家とは異なる形で共通世界を構築しようとする一群のテーマが活発化します。たとえそれがどんなに漠然としたものであったとしてもです。しかし、まだその大部分が行動に移されておらず、漠然としているこのような願望がいかなる形を取るにせよ、それは、認証の諸力と批判的諸力との関係が短い周期で確立され、それによって行為が呼び起こされるような社会的世界の探求を示しています。ここで仮定されているのは、国家という形態の全面放棄とは言わないまでも、少なくともその根本的な変容です。

このような国家に対する無関心は――それが純粋かつ単純な軽視ではなくても――、その第一の効果として、古い諸国家、とりわけ（ますます珍しくなっており、かつ困難な状況に陥っている）社会‐民主主義的形態を取った諸国家によって課せられていた貧弱な制約から資本主義を解放してしまう可能性があると反論されるかもしれません。これはその通りですが、私はこの点について二点指摘しておきたいことがあります。一つ目は、資本主義が国家とつねに固く結ばれていたという点です。資本主義は、所有権、性質決定、規格を定める制度的資源や、治安を守り、とりわけ契約を保証する行政権に依存する資源がなければ存続できません。たとえば、ここ二〇年間の新自由主義的転回がもたらしたのは国家の衰退ではなく、資本主義の新たな形態に適応するための、企業をモデルとした国家の変容だったことはすでに見た通りです。二つ目の指摘は、国家に対する信頼が失われれば、少なくとも一つの効果として、資本主義が裸にされ、今なお国家から協力を得ることで緩和されている――ただしこれはますます困難になっています――諸々の内的矛盾がより可視化されることになるだろうということです。最後に、行為者、その中でもとりわけ現在支配されている行為者に主導権を取り戻させることができれば、これまでその力学を概略的に描いてきたような運動が生まれ、それによって資本主義に対抗する大きなエネルギーを動員できるようになるでしょう。そうなれば、資本主義は、地球の資源をより暴力的でない形で利用する形態や、もはや搾取的ではない人間関係の編成様式に取って代わられることになるでしょう。そうなれば、おそらく、――ほとんど口にできないものとなっていた――コミュニズムという言葉に、何十年にもわたる国家資本主義と全体主義的暴力によって失われていた解放《エマンパシオン》の方向性を取り戻させることができるようになるでしょう。

　批判を主題とするこの短い概説書の冒頭で示唆しておいたように、社会学、とりわけ批判社会学は、克服するのが困難な緊張を宿しており、何か不可能なものを抱えていますが、だからこそ真に実践する価値があります。我々は今や、なぜこれらの学問がこのような性格を有しているのか、おそらくよりはっきりと理解することができるでしょう。それは、これらが対象としているもの、すなわち社会的現実ではないからであり、あるいは、いずれにせよ、いわば機械的に持続するわけでは決してないからです。ここで我々は、ジャック・デリダが正義について語っていることをパラフレーズすることができます。「このアポリアの経験がいかに不可能なものであろうとも、それなしに正義はない。正義とは不可能なものの経験である」。それゆえ、「正義の要求」は「正義を求める呼びかけ」[14]以外の何ものにも対応し得ない。同様に、我々は、共同生活の中で現れるのは共同生活を求める呼びかけであると言うことができるでしょう。それは、人間存在が整合的で、安定的で、公正な仕方で互いに結ばれることの不可能性を承認すると同時に否認することなのです。言い換えれば、社会学——とりわけ批判社会学——や人類学が——これらの学問が多くの（そして反動的な）反応を引き起こしていることからも分かるように——「途方もない話」を語り続けるのは、まさにそうすることで自らが目標として掲げているものに可能な限り接近し続けるためなのです。これらの学問の役割は、社会——すなわち人びと、「日常生活者」と言われる人びと——がこうした恒常的な不均衡状態にわざととどまり続けるのを手助けすることにあります。実際、このような状態がなくなれば、最悪の予言が告げるように、支配がすべてを掌握することになるでしょう。

謝辞

本書の執筆に協力してくれたすべての人びとに感謝を述べることは、書き落としや見落としなしには決してできない仕事である。私はとりわけ、政治・道徳社会学グループ（GSPM）のメンバー、社会科学高等研究院（EHESS）の私の学生、そして、私の博士課程のセミナーやGSPMのセミナーに参加して私の思考を刺激してくれた多くの研究者に謝意を表したい。特に感謝しなければならないのはダミアン・ド・ブリック、エヴ・シャペロ、エリザベート・クラヴリー、ベルナール・コネイン、ニコラ・ドディエ、アルノー・エスケール、ブルーノ・カルサンティ、シリル・ルミューであり、彼らは寛大にも本書の初期の段階のものに目を通し、批判とコメントをくれた。ミラン大学のトマソ・ヴィターレも手厳しい読者であり、かつ熱心な（そしてこちらを夢中にさせる）話し相手だった。また、歴史学（アリアーヌ・ボルタンスキー、ロベール・デシモン、シモーナ・チェルッティ、ニコラ・オッフェンスタット）、人類学（カトリーヌ・アレス、フランソワ・ベルトメ、マシュー・キャリー、フィリップ・デスコラ）、言語学および／あるいは文学（ガブリエル・ベルグニュ、フィリップ・ルッサン）、あるいは法学者（オリヴィエ・カイラ、マリー＝アンジェル・エルミット、パオロ・ナポリ、そしてとりわけ今は亡き私の親愛なる友人イアン・トマ）の学生や同僚との議論も私にとって有益だった。フランクフルトでの仕事の際、私は――アクセル・ホネットの配慮に加え――マウロ・バザウレから大きな援助を得た。彼は社会研究所とＧＳＰＭとの間に立ち、尽きることのない知性と熱意を両者の間で受け渡す役割を果たしてくれた。また、この研究所の他の研究者たち、とりわけロビン・ツェリカテスとノラ・ジーフェアディンクの指摘にも大いに助けられた。シドニア・ブレットラー、エファ・ブッデベルク、そして、――フランス語で書かれ、話された――この講演をアドルノの言語〔ドイツ語〕に翻訳してくれた二人の優れた翻訳者であるベルント・シュヴィブスとアヒム・ラッサーにも感謝の意を表したい。最後に付言しておかなければならないのは、このテクストが私の兄で言語学者のジャン＝エリー・ボルタンスキーの用心深い手腕なしには完成しなかったということである。彼はこのテクストの準備の全段階に付き合ってくれた。しかし、このテクストが一冊の本になるためには、今回もまた、私の編集者であるエリック・ヴィーニュの友好的な配慮が必要であった。彼は、逆境に負けることなく、一心不乱に著作を世に送り出している。彼の粘り強い仕事がなければ、こうした著作は、我々のコンピューターに絶え間なく流れ込み、それを飽和させる大量のメッセージの中で消えていくだけだろう。

本書の草稿は様々なセミナーやシンポジウムで発表され、議論された。二〇〇六年十一月にフランクフルトでＧＳＰＭの研究者（ローラン・テヴノー、ダニー・トロム）と社会研究所の研究者が集まったシンポジウム。二〇〇六年十二月にアミアン大学でサンドラ・ロジエによって主催された共通感覚に関するシンポジウム。二〇〇七年五月に（リヨンの文学・社会科学）高等師範学校で、『トラセ』誌の責任者であるアルノー・フォシェとエリック・モネによって主催されたセミナー、ならびに、同月パリのケ・ブランリー美術館でカルロ・セヴェーリとジュリアン・ボノームによって主催された「人類学と語用論」を主題とする研究集会。ナンシー・フレイザー主導の下で二〇〇七年十二月にニューヨークのニュー・スクール・フォー・ソーシャル・リサーチで開催された「ハンナ・アーレント・シンポジウム」、次いで、同研究所で二〇〇八年五月に行われたジャネット・ロイトマンとアン・ストーラー主催のワークショップ。二〇〇八年一月、アントニオ・ネグリのセミナー。二〇〇八年六月にスリジーで行われたフィリップ・コルキュフ主催の個人主義に関するシンポジウム。彼のコメントは私にとって非常に有益だった。

訳者あとがき

本書は、Luc Boltanski, *De la critique: Précis de sociologie de l'émancipation*, Paris, Gallimard, 2009 の全訳である。著者のリュック・ボルタンスキーは一九四〇年生まれ。フランス国立社会科学高等研究院（ＥＨＥＳＳ）の研究ディレクターを務めており、現在は「社会的争点に関する学際的研究機関」（ＩＲＩＳ）に所属している。半世紀にわたるボルタンスキーの研究活動は、現代社会学への最も重要な貢献の一つと考えられている。このことを示すかのように、一方で、近年ボルタンスキーを特集した著作の出版が続いている。たとえば、英語圏で発表された『リュック・ボルタンスキーの精神』（Simon Susen and Bryan S. Turner eds, 2014, *The Spirit of Luc Boltanski: Essays on the Pragmatic Sociology of Critique*, London and New York: Anthem Press）や、雑誌『批評』の九二〇・九二一号「リュック・ボルタンスキー」（2024, *Critique nº 920-921 : Luc Boltanski*, Paris: Editions de Minuit）といった論文集、さらには、弟クリスチャンとの伝記的著作も出版されている（Anne Sauvageot, 2018, *Luc et Christian Boltanski: Fraternité*, Bruxelles: La Lettre volée）。

また、他方で、フランス国内外を問わず、学会等で講演を務める姿も今や珍しいものではなくなっている。フランス国内で言えば、たとえば、二〇一三年にナント大学で開催された第五回「フランス社会学会」での基調講演が記憶に新しい――この発表原稿は、二〇二二年にポケット版として再版された『現実を受け入れ難いものにする』に収録されている（Luc Boltanski, 2022, *Rendre la réalité inacceptable: à propos de « La production de l'idéologie dominante » suivi de La constitution du champ de la bande dessinée et de La sociologie est toujours critique*, Paris: Points）。フランス国外に目を向ければ、本書のもととなった二〇〇八年の「アドルノ講義」に加えて、二〇一四年に横浜で開催された第十八回「世界社会学会議」での報告を思い出す読者も多いだろう。このように、ボルタンスキー社会学は、フランス国内だけでなく海外でも確固たる地位を確立していると言ってよい。

日本でもボルタンスキー社会学の受容は着実に進んでいるように思われる。一九六四年の『写真論』（ピエール・ブルデュー監修、山縣熙・山縣直子訳、法政大学出版局、一九九〇年）、一九九一年の『正当化の理論』（ローラン・テヴノーとの共著、三浦直希訳、新曜社、二〇〇七年）、一九九九年の『資本主義の新たな精神』（エヴ・シャペロとの共著、三浦直希ほか訳、ナカニシヤ出版、二〇一三年）、二〇〇四年の『胎児の条件』（拙訳、法政大学出版局、二〇一八年）といった著作の翻訳・紹介はもとより、ボルタンスキー社会学に依拠した研究も徐々に見られるようになっている。そのすべてをここで挙げることはできないが、たとえば、雑誌『iichiko』の一四七号（「特集　資本経済への知的資本」、文化科学高等研究院出版局、二〇二〇年）および一四八号（「特集　明治期の言文一致と翻訳の言説生産」、文化科学高等研究院出版局、二〇二〇年）には、ボルタンスキーの資本主義論をベースにして書かれた論考をいくつも見つけることができる（付言すれば、同出版局からは編訳書『道徳判断のしかた』も出版されている）。また、片岡大右氏の『小山田圭吾の「いじめ」はいかにつくられたか』（集英社新書、二〇二三年）と『批評と生きること』（晶文社、二〇二三年）は、ボルタンスキーの資本主義論だけでなく、それ以外の主要著作の内容を知る格好のテクストとなっている。特に、後者には本書の解説論文が所収されており、本書と併せて読むことを勧めておきたい。

ボルタンスキーが研究キャリアをスタートさせてからフランスを代表する世界的な社会学者の一人として広く認められるようになる今日までの行程を要約することは容易ではないが、彼が「指導教授《パトロン》」と呼ぶピエール・ブルデューとの関係に限って言えば、おそらく二つの知的転回によって特徴づけることができるだろう。

一つ目は、「批判社会学から批判の（プラグマティック）社会学へ」と定式化できるような知的転回である。本書で言われる批判社会学とは、一九七〇年代にブルデューによってその形が与えられ、ボルタンスキー自身も当時参加していた研究プログラムを指す。その特徴の一つは、それと知らずに支配を受け、社会的世界の真実について思い違いをしている行為主体の振る舞いを、その位置と軌跡によって説明するという論証のスタイルにある。しかし、ボルタンスキーは、ブルデュー派の批判社会学に見られる傾向、すなわち、行為主体を盲目にする幻想を過度に強調し、こうした幻想を抱く行為者と明晰な社会学者との間に深い非対称性を暗に想定する傾向に対して、次第に疑問を抱くようになる。この種の疑問を一つの背景にして、一九八五年にローラン・テヴノーとともに立ち上げた「政治・道徳社会学グループ」の中でボルタンスキーが展開したのが、行為者の批判的操作そのものを対象として取り上げる「批判の（プラグマティック）社会学」である。その成果の一つが、上述した一九九一年の『正当化の理論』である。

もう一つの知的転回は、「批判の（プラグマティック）社会学から批判社会学との調停へ」とでも呼べるようなそれである。とりわけ一九九九年の『資本主義の新たな精神』以降、ボルタンスキーは、ブルデュー派の批判社会学にとっては中心的なものでありながら、一つ目の知的転回によって脇に置かれる傾向にあった問題構制に取り組んでいく。ただし、それは、批判の（プラグマティック）社会学が果たした貢献を放棄せずに、である。『資本主義の新たな精神』について言えば、批判社会学に特徴的な力および力関係という観点からの記述と、『正当化の理論』において展開された道徳的観点からの記述を同一のモデルのうちに統合することが試みられ、『胎児の条件』では、ブルデューの諸研究において中心的な位置を占めていた社会的自己欺瞞の問題が、強い意味での無意識概念を経由することなく、新たな形で取り上げられている。さらに、邦訳は存在しないものの、二〇〇八年に初版が発行された『現実を受け入れ難いものにする』では、一九七六年のブルデューとボルタンスキーとの共著論文「支配的イデオロギーの生産」――この論文の一部はブルデュー著『介入I』（フランク・プポーム、ティエリー・ディセポロ編、櫻本陽一訳、藤原書店、二〇一五年）に収録されている――の現代的意義が検討されている。

こうした流れの中に位置づけられる二〇〇九年出版の本書は、「前書き」で予告されているように、六つの章から構成される。

第一章で問題となるのは、おそらく社会学が誕生して以来この学問に絶えずつきまとってきたある緊張である。それは次のような問いという形で定式化される。すなわち、一つの科学として記述を指向する社会学を社会批判に従事させるべきなのか、もしそうであれば、科学である限り中立的であることが求められる記述と、何らかの規範的判断を伴う社会批判を、どのように両立させればよいのか。記述と批判のこのような緊張が社会学の中心を占めることが確認されたあと、それを緩和しうるいくつかの妥協例が検討される。第四章以降に展開される「解釈学的矛盾」をめぐる一連の議論は、妥協例の一つである「内在的矛盾の暴露」の実践として読むことができるだろう。

第二章では、とりわけこの社会学的記述と社会批判の節合という点から、上述した二つの研究プログラム、すなわち、批判社会学と批判の（プラグマティック）社会学との比較検討が行われる。ここで、ボルタンスキーは自身の批判の（プラグマティック）社会学に両義的な評価を与えている。一方の記述に関しては、この社会学は、――批判社会学が行為者の意識から逃れる支配の構造を暴き立てようとするあまり軽視する傾向にあった――行為者の批判的能力を真剣に受け止めることで、社会的なものを「遂行する」行為者の批判的活動についてより優れた記述を提供することに成功した。他方の社会批判に関しては、成果はかなり控えめなものであったとボルタンスキーは考えている。批判の（プラグマティック）社会学は、行為者が定式化する批判に直接依拠することによって、社会学による社会批判への貢献を刷新することを試みた。このように行為者の視点を採用することは、社会学者に、自分の個人的な観点を持ち込むことも、実質的な道徳哲学に依拠することもなく、社会的世界を規範的に考察することを可能にした。しかし、それは同時に、社会学による社会批判の射程を狭める結果にもつながった。というのも、少なくとも社会生活が普段通りに進行している場合は、日常生活者としての行為者は、不可能なものを要求しないその現実主義的傾向ゆえに、現実を定義する一般的枠組みを問題化するにまで至ることが滅多にないからである。他方、ブルデューの批判社会学は、現実をその全体から捉える視点を採用することで、現実に対してより包括的な批判を展開する道を切り開くとともに、行為者により多くの批判的資源を提供することに成功していたように見える。

社会学と社会批判との関係に関する以上の考察から、ボルタンスキーは続く第三章と第四章で、批判社会学と批判の（プラグマティック）社会学との調停を可能にするような分析枠組みを描き出すことを試みる。そこで議論の中心を占めるのが、批判社会学によってもっぱら象徴的暴力の源泉の一つとして見なされ、批判の

（プラグマティック）社会学からはほとんど無視されてきた「制度」である。

一方で、ボルタンスキーは、社会生活における制度の必要性を説く。なぜなら、身体を有する限りにおいて外的にも内的にも位置づけられている諸個人の間に、最小限の意味論的一致が打ち立てられるためには、——ボルタンスキーが引用するウィトゲンシュタインの言葉を借りれば——「諸対象をそれらの内部から見る」のをやめ、それらを「永遠の相の下で考察」し、「外側から見る」ことができる、身体なき存在としての制度が必要になるからである。他方で、ボルタンスキーは、制度に向けられる批判の必要性も強調する。というのも、あたかも世界に対して唯一可能な視点を提供するかのように行われる制度の意味論的操作——本書において「認証」と呼ばれるそれ——は、批判社会学が指摘していたように、容易に象徴的暴力に転化しうるからである。

そうであるとすれば、制度が作動する中で批判はいかにして可能になるのか。また、そのとき批判はいかなる形を取りうるのか。第四章で提示される——身体なき存在としての「制度」と、それに言葉を与える身体的存在としての「代弁者」との間の緊張を主な源泉とする——「解釈学的矛盾」と、——制度によってその一般的枠組みが定義された社会的構築物としての「現実」と、それが浮かび上がる背景を成し、ウィトゲンシュタインに倣って「起きることのすべて」と定義される「世界」との区別に基づく——「改良主義的／ラディカルな批判」は、これらの問いに対するボルタンスキーの回答である。さらに言えば、この「ラディカルな批判」こそ、第二章で提示された批判の（プラグマティック）社会学の課題、すなわち、この社会学の視座を離れることなく、現実の一般的枠組みそれ自体を問いうる批判の道を切り開くためにはどうすればよいかという課題に応えるものとして読むことができるだろう。

本書の最後の二章は、現代の政治問題により焦点を当てた内容となっている。第五章で主に取り上げられるのは支配の問題である。ボルタンスキーは、現代西洋の民主主義－資本主義社会に特有の支配の様式を、「複合的」あるいは「マネジメント的」と形容する。その特徴の一つは、これと対置される「単純な支配」とは異なり、変化を介して作動する点にある。すなわち、支配の行使は、もはや変化を拒否し、現実を維持することによって行われるのではなく、むしろ変化を推奨し、現実の一般的枠組みを修正することによって行われるのである。こうした変化による支配が首尾よく実行されるためには、その変化が逃れられないものであると同時に望ましいものとして提示される必要がある。この必然性と意志の奇妙な組み合わせは、今や先進資本主義の統治様式の常套表現となっている。ところで、ここで語られる変化とは、現在起きている変化ではなく、予告された変化である。その実態はまだ知られていないか、部分的にしか知られていない。かくして、この政治－意味論体制において「専門知」が重要な位置を占めることになるのであり、それに伴い解釈学的矛盾も、「政治的代表者」を代弁者とするルソー的形態よりも、「専門家」を代弁者とする構築主義対実在論の対立という形態で現れるようになるだろう。

こうした支配の現状を踏まえた上で、結論部にあたる第六章では、本書の分析枠組みをもとにした解放のヴィジョンが提示される。「批判と民主主義」というタイトルで訳出されている著者の講演原稿と併せて読んでもらえば（片岡大右訳、『人文・自然研究』一四号、二〇二〇年）、ここで語られる解放のヴィジョンが民主主義の擁護と密接に結びついたものであることが分かるだろう。

ボルタンスキーは、批判が置かれている現在の危機的状況を、次のようなパラドクスのうちに見ている。「批判が存在感を強く示すとともに、それが存在し、顕在化することも強く望まれていながら、同時に、批判が現実に対するつかみどころをほんのわずかでももつことが難しくなっていることも強く意識されているというパラドクス」（本訳書、二五七頁）。批判へのエネルギーは多くの人びとの間で共有されているにもかかわらず、それが現実に対して影響力をもつまでにはなかなか至らない。ボルタンスキーのこのような指摘は、主として現代西洋の民主主義－資本主義社会の観察から導き出されたものだが、日本における批判の現状を考えれば、我々と関わりのない話であるとは決して言えないだろう。

今日の批判の危機に対して、社会学という一学問はいかなる貢献を果たすことができるのか。本書はこうした問いを考えるための最良の手引きとなるだろう。

最後に、本書の訳出の過程でお世話になった方々、とりわけ、法政大学の鈴木智之先生、慶應義塾大学の川口順二先生、島根県立大学の村井重樹先生、神奈川工科大学の三浦直子先生、師玉真理先生、門田英子先生、山本桂先生、浅川友幸先生にお礼を申し上げたい。出版にあたっては、法政大学出版局の前田晃一氏に大変お世話になった。前田氏の献身的なサポートがなければ、本書の完成に至ることは決してなかっただろう。心から感謝の意を表したい。ありがとうございました。

二〇二四年十月二五日

小田切祐詞

著　者

リュック・ボルタンスキー（Luc Boltanski）

1940年生まれ。フランス社会科学高等研究院（EHESS）教授。現代フランス社会学を代表する人物の一人。資本主義、国家、愛、生命など、多様なテーマを取り上げながら独自の社会学を展開している。邦訳された著書に、『胎児の条件——生むことと中絶の社会学』（小田切祐詞訳、法政大学出版局、2018年）、『偉大さのエコノミーと愛』（三浦直希訳、文化科学高等研究院出版局、2011年）、ローラン・テヴノーとの共著『正当化の理論——偉大さのエコノミー』（三浦直希訳、新曜社、2007年）、エヴ・シャペロとの共著『資本主義の新たな精神』（上・下、三浦直希ほか訳、ナカニシヤ出版、2013年）、などがある。

訳　者

小田切祐詞（おだぎり・ゆうじ）

1983年生まれ。慶應義塾大学大学院社会学研究科博士課程単位取得満期退学。神奈川工科大学専任講師。著書に、『現代社会を読み解く知　第3版』（共編著、学文社、2024年）など。論文に、「絆、あるいはつながり重視の世界における真正な紐帯」（『iichiko』148号、2020年）など。訳書に、リュック・ボルタンスキー『胎児の条件——生むことと中絶の社会学』（法政大学出版局、2018年）。

《叢書・ウニベルシタス　1105》
批判について
解放の社会学概説
2024年12月31日　初版第1刷発行
リュック・ボルタンスキー
小田切祐詞 訳
発行所　一般財団法人　法政大学出版局
〒102-0071 東京都千代田区富士見 2-17-1
電話03(5214)5540 振替00160-6-95814
組版：HUP　印刷：みなと企画　製本：積信堂

Printed in Japan

ISBN978-4-588-14086-0

索引

＊（）内は注の頁番号

人名索引

ア行

アカロフ、ジョージ（AKERLOF, George）(20)
アガンベン、ジョルジョ（AGAMBEN, Giorgio）(11, 20, 29)
アカルド、アラン（Accardo, Alain）(5)
アスリー、ジュディス（ASSOULY, Judith）(33)
アッシュ、エミリ（HACHE, Émilie）(29)
アバークロンビー、ニコラス（ABERCROMBIE, Nicholas）(11)
アフィシャール、ジョエル（AFFICHARD, Joëlle）(6)
アマラ、ジャン＝クロード（AMARA, Jean-Claude）(27)
アミディ＝キム、ベレニス（HAMIDI-KIM, Bérénice）(35)
アリストテレス（ARISTOTE）48, 123, 178
アルサレ、クリストフ（ALSALEH, Christophe）(13)
アルバレス、ロバート R.（ALVAREZ, Robert R.）(21)
アレクサンダー、ジェフリー・C.（ALEXANDER, Jeffrey C.）(5)
アレス、カトリーヌ（ALÈS, Catherine）145, 265, (23)
アロン、レイモン（ARON, Raymond）71, (11)
アンクルヴェ、ピエール（ENCREVÉ, Pierre）(5)
アンジェレッティ、トマ（ANGELETTI, Thomas）(31)
アンジュノ、マルク（ANGENOT, Marc）170, (25)
アンベール、ヴァンサン（HUMBERT, Vincent）184
イオン、ジャック（ION, Jacques）(35)
イスラエル、リオラ（ISRAËL, Liora）(11)
イブー、ベアトリス（HIBOU, Béatrice）(33)
イル、オリヴィエ（IHL, Olivier）(26)
ヴァン・ダム、ステファヌ（VAN DAMME, Stéphane）(7)
ヴィーコ、ジャンバッティスタ（VICO, Giambattista）95
ヴィーニュ、エリック（VIGNE, Éric）266
ヴィガースハウス、ロルフ（WIGGERSHAUS, Rolf）(2)
ヴィターレ、トマソ（VITALE, Tomaso）265, (26)
ウィトゲンシュタイン、ルートヴィヒ（WITTGENSTEIN, Ludwig）20, 43, 89, 97, 127, 179, (15, 19, 26)
ウィリアムソン、オリバー・E.（WILLIAMSON, Oliver E.）211, (29)
ウェイソン、ピーター・カスカート（WASON, Peter Cathcart）(15)
ウェーバー、マックス（WEBER, Max）7-8, 11-12, 34, 39, 95, 193, (3, 5)
ウォルツァー、マイケル（WALZER, Michael）15, 52, (4, 9)
ヴォルドマン、ダニエル（VOLDMAN,

Danièle) (11)
エイマール＝デュヴルネ、フランソワ (Eymard-Duvernay, François) (7, 20-21)
エスケール、アルノー (Esquerre, Arnaud) 265, (28, 32)
エスペランド、ウェンディ (Espeland, Wendy) (30)
エナフ、マルセル (Hénaff, Marcel) 175, (26)
エニック、ナタリー (Heinich, Nathalie) (7)
エラン、フランソワ (Héran, François) 173, (25)
エリクソン、エリック (Erikson, Éric) (12)
エルミット、マリー＝アンジェル (Hermitte, Marie-Angèle) 266, (33)
エレディア、マリアナ (Heredia, Mariana) (31)
オウィディウス (Ovide) 98
オースティン、ジョン・ラングショー (Austin, John Langshaw) 126, 132, 149, 202
オジアン、アルベール (Ogien, Albert) (29)
オッフェンスタット、ニコラ (Offenstadt, Nicolas) 265, (7)
オティエ・ルヴュ、ジャクリーヌ (Authier-Revuz, Jacqueline) (18)
オラニエ、ピエラ (Aulagnier, Piera) (12)
オルレアン、アンドレ (Orléan, André) (21)

カ行

ガーフィンケル、ハロルド (Garfinkel, Harold) 37
カイヨワ、ロジェ (Caillois, Roger) (22)
カイラ、オリヴィエ (Cayla, Olivier) 126, 266, (16-17, 19, 23)
カストリアディス、コルネリュウス (Castoriadis, Cornelius) (14, 25)
カッシーラー、エルンスト (Cassirer, Ernst) (16)
カネッティ、エリアス (Canetti, Elias) 250, (33)
カプグラ、ジョセフ (Capgras, Joseph) (2)
カルサンティ、ブルーノ (Karsenti, Bruno) 102, 265, (1, 9, 13, 15, 25, 29)
カロン、ミシェル (Callon, Michel) 220, (30, 32)
カントロヴィッチ、エルンスト (Kantorowicz, Ernst) 144
ガンパーズ、ジョン・J. (Gumperz, John J.) (19)
キャリー、マシュー (Carey, Matthew) 265, (6)
ギュヨタ、ピエール (Guyotat, Pierre) (20)
クシファラス、ミカイル (Xifaras, Mikhaïl) (35)
グッディー、ジャック (Goody, Jack) 109, (15)
グッド、ウィリアム・J. (Goode, William J.) (21)
クラヴリー、エリザベート (Claverie, Élisabeth) 170, 265, (7-8, 24, 25)
クリスタン、オリヴィエ (Christin, Olivier) (5)
クロポトキン、ピエール (Kropotkine, Pierre) (35)
ケスラー、ガブリエル (Kessler, Gabriel) (31)
ケック、フレデリック (Keck, Frédéric) (15)
ゲナンシア、ピエール (Guenancia,

Pierre）(12)
ゲラン、ダニエル（GUÉRIN, Daniel ）(35)
ケレ、ルイ（QUERÉ, Louis）(9)
ゲンツ、ジャン＝クロード（GENS, Jean-Claude）(12)
ゴイス、レイモンド（GEUSS, Raymond）13, (3)
コネイン、ベルナール（CONEIN, Bernard）265, (16, 21, 31)
ゴフマン、アーヴィング（GOFFMAN, Erving）88, 91, 108-109, 156, 210, (12, 24)
コルキュフ、フィリップ（CORCUFF, Philippe）267, (5, 7, 35)
コント、オーギュスト（COMTE, Auguste）102

サ行

サール、ジョン（SEARLE, John）87-88, 96, 127, (11, 21)
サウダー、マイケル（SAUDER, Michael）(30)
ザスク、ジョエル（ZASK, Joëlle）(9)
サバティエ、ジェラール（SABATIER, Gérard）(26)
サルトル、ジャン＝ポール（SARTRE, Jean-Paul）71, 182, (7, 10, 11)
サングリー、フランソワ・ド（SINGLY, François De）(35)
サントメール、イヴ（SINTOMER, Yves）(32)
ジーフェアディンク、ノラ（SIEVERDING, Nora）266
シェフ、トマス（SCHEFF, Thomas）(25)
シェリング、トーマス（SCHELLING, Thomas）(15)
シガール、シルヴィア（SIGAL, Sylvia）(31)
シャトーレイノー、フランシス（CHATEAURAYNAUD, Francis）(7)
シャフツベリー伯爵（アントニー・アシュリー＝クーパー）（SHAFTESBURY, Anthony Ashley Cooper, Comte De）94
ジャフロ、ローラン（JAFFRO, Laurent）94
シャペロ、エヴ（CHIAPELLO, Ève）212, 216, 265,（8-10, 21, 30, 32）
シャンパーニュ、パトリス（CHAMPAGNE, Patrice）(5)
シャンボルドン、ジャン＝クロード（CHAMBOREDON, Jean-Claude）(5)
シュウ、ルシア（SIU, Lucia）(30)
シュヴィブス、ベルント（SCHWIBS, Bernd）266
ジュオー、クリスチャン（JOUHAUD, Christian）(25)
シュッツ、アルフレッド（SCHUTZ, Alfred）34, 87
シュティルナー、マックス（STIRNER, Max）(35)
ジュネ、ジャン（GENET, Jean）182
ジュリア、カトリーヌ（JULIA, Catherine）(16-17)
ジュリア、ドミニク（JULIA, Dominique）129, (20)
ショヴィレ、イレーヌ（CHAUVIRÉ, Irène）(15)
ショヴェル、ルイ（CHAUVEL, Louis）(1)
ジョベール、ブルーノ（JOBERT, Bruno）(29)
ジョンソン＝レアード、フィリップ・N.（JOHNSON-LAIRD, Philip N.）(15)
ジラール、ルネ（GIRARD, René）63, (10)
シルヴェストル、ジャン＝ピエール（SYLVESTRE, Jean-Pierre）(12)
スアレ、ナタリア（SUAREZ, Natalia）(10)
スウェードバーグ、リチャード（SWEDBERG, Richard）(12)

スコット、アラン（Scott, Alan）(30)
スタヴォ＝デボージュ、ジョアン（Stavo-Debauge, Joan）(9)
スタンチアーニ、アレッサンドロ（Stanziani, Alessandro）(20)
ストーラー、アン（Stoler, Anne）267
セヴェーリ、カルロ（Severi, Carlo）267
セール、ミシェル（Serres, Michel）(28)
セガレーヌ、マルチーヌ（Segalen, Martine）(22)
セファイ、ダニエル（Cefaï, Daniel）(13)
セリュー、ポール（Sérieux, Paul）(2)
セルトー、ミシェル・ド（Certeau, Michel De）253, (20, 34)
ソシュール、フェルディナン・ド（Saussure, Ferdinand De）81
ソト、エルナンド・デ（Soto, Hernando De）130, (20)

タ行

ターナー、ヴィクター（Turner, Victor）(22-23)
ターナー、ブライアン（Turner, Bryan）(11)
ダヴァル、ルネ（Daval, René）(13)
ダグラス、メアリー（Douglas, Mary）(12)
ダストン、ロレイン（Daston, Lorraine）231, (32)
タライェスヴァ、ドン・C.（Talayesva, Don C）(34)
ダルドー、ピエール（Dardot, Pierre）(11)
チェルッティ、シモーナ（Cerutti, Simona）130, 265, (20)
ツェリカテス、ロビン（Celikates, Robin）266
ティリー、チャールズ（Tilly, Charles）163, (25)
ディルケンス、アラン（Dierkens, Alain）(25)
テヴノー、ローラン（Thévenot, Laurent）47, 94-95, 222, 266, (1, 6, 7-10, 13, 15-17, 21, 27-28, 31-32)
デシモン、ロベール（Descimon, Robert）265, (25)
デスコラ、フィリップ（Descola, Philippe）199-200, 203, 265, (28)
テスタール、アラン（Testart, Alain）(21, 33-34)
デューイ、ジョン（Dewey, John）52, (5, 9)
デュルケム、エミール（Durkheim, Émile）10, 24, 34, 52, 81, 88-89, 154, 173, 195, (5, 14-15, 28, 33)
デリダ、ジャック（Derrida, Jacques）263, (24, 35)
テルシュー、オリヴィエ（Tercieux, Olivier）(18)
デロジエール、アラン（Desrosières, Alain）220, 230, (6, 10, 21, 30)
ドゥーリー、マリアンヌ（Doury, Marianne）(18)
ドゥルーズ、ジル（Deleuze, Gilles）43
ドゥルエ、ジャン＝ルイ（Derouet, Jean-Louis）(7)
ドゥレメ、ジャン＝ウィリアム（Dereymez, Jean-William）(26)
ドディエ、ニコラ（Dodier, Nicolas）52, 265, (4, 7, 9)
ドムナック、エリーズ（Domenach, Élise）(13)
トリコー、フランソワ（Tricaud, François）(13, 25)
トロム、ダニー（Trom, Danny）266, (9, 30)

ナ行

ナイト、フランク（KNIGHT, Franck）97, (14)
ナチ、モアメド（NACHI, Mohamed）(18)
ナポリ、パオロ（NAPOLI, Paolo）266, (22)
ナメール、ジェラール（NAMER, Gérard）(25)
ニーチェ、フリードリヒ（NIETZSCHE, Friedrich）95, (14)
ニコラ、ロイック（NICOLAS, Loïc）(18)
ニスベット、ロバート・A.（NISBET, Robert A.）(2, 14)
ニューカム、セオドア（NEWCOMB, Theodor）(10)
ネイブルク、フェデリコ（NEIBURG, Federico）(31)
ネグリ、アントニオ（NEGRI, Antonio）267
ネフ、フレデリック（NEF, Frédéric）101, 117, (15-16)

ハ行

ハーシュマン、アルバート（HIRSCHMAN, Albert）212, 219, (29-30)
パーソンズ、タルコット（PARSONS, Talcott）35
ハートレイ、ユージーン（HARTLEY, Eugene）(10)
ハーバーマス、ユルゲン（HABERMAS, Jürgen）(5, 13)
バーリン、ブレント（BERLIN, Brent）(27)
バイナム、キャロライン・ウォルター（BYNUM, Caroline Walter）(29)
ハイムズ、デル（HYMES, Dell）(19)
バウマン、ジグムント（BAUMAN, Zigmunt）8, (11, 32)
バクストン、ウィリアム（BUXTON, William）(5)
バザウレ、マウロ（BASAURE, Mauro）266
バザン、ジャン（BAZIN, Jean）(21)
バシェ、ジェローム（BASCHET, Jérôme）(1)
バスザンジェ、イザベル（BASZANGER, Isabelle）(4)
パスロン、ジャン＝クロード（PASSERON, Jean-Claude）(5, 9)
ハッキング、イアン（HACKING, Ian）(3, 14)
バティフリエ、フィリップ（BATIFOULIER, Philippe）(12, 23)
バランディエ、ジョルジュ（BALANDIER, Georges）(12)
バリッシュ、ジョナス（BARISH, Jonas）(23)
バルテ、ヤニック（BARTHE, Yannick）(32)
バルト、ロラン（BARTHES, Roland）166
バルボ、ミケーラ（BARBOT, Michela）(20)
パレート、ヴィルフレド（PARETO, Vilfredo）71, (5)
パント、ルイス（PINTO, Louis）(5)
ハンリー、サラ（HANLEY, Sarah）(25)
ピエット、アルベール（PIETTE, Albert）(23)
ヒル、クレア・オーティズ（HILL, Claire Ortiz）(19)
ブーヴレス、ジャック（BOUVERESSE, Jacques）(5, 26)
フーコー、ミシェル（FOUCAULT, Michel）81, 97, (15)
ブードン、レイモン（BOUDON, Raymond）62
フォシエ、アルノー（FOSSIER, Arnaud）267, (15)
フォルネル、ミシェル・ド（FORNEL, Michel De）(14)
ブッテンベルク、エファ（BUDDEBERG, Eva）266
ブノワ、ジョスラン（BENOIST, Jocelyn）

(13, 19)
ブノワ、ブレーズ（Benoit, Blaise）(14)
ブリードラブ、デニス・E.（Breedlove, Dennis E.）(27)
ブリック、ダミアン・ド（Blic, Damien De）265, (7)
ブリッグス、ロビン（Briggs, Robin）(10)
ブル、マルコム（Bull, Malcolm）83, (11)
ブルーノ、イザベル（Bruno, Isabelle）(30)
ブルーメンベルク、ハンス（Blumenberg, Hans）(28)
フルーリー、ローラン（Fleury, Laurent）(3)
ブルデュー、ピエール（Bourdieu, Pierre）3, 33-34, 40, 105, 107, 112, 123, 132, 215, 239, (5- 7, 9-10, 15, 21, 29)
フレイザー、ナンシー（Fraser, Nancy）267, (11)
フレーゲ、ゴットロープ（Frege, Gottlob）(19)
ブレットラー、シドニア（Blättler, Sidonia）266
フロイト、ジグムント（Freud, Sigmund）81, 168
ブロンディオー、ロイック（Blondiaux, Loïc）(32)
フンボルト、ヴィルヘルム・フォン（Humboldt, Wilhelm Von）(16)
ベナトゥイユ、トマス（Benatouil, Thomas）(7)
ベル、キャサリン（Bell, Catherine）(25)
ベルグニュ、ガブリエル（Bergounioux, Gabriel）265
ベルシェリー、ポール（Bercherie, Paul）(2)
ベルトメ、フランソワ（Berthomé, François）265, (25)
ペレイラ、イレーヌ（Pereira, Irène）(35)
ベンヤミン、ヴァルター（Benjamin, Walter）160, (24, 29)
ホッブズ、トマス（Hobbes, Thomas）28, 72, 73, 88, (13)
ホネット、アクセル（Honneth, Axel）11, 81, 266, (5, 11, 21, 28)
ボノーム、ジュリアン（Bonhomme, Julien）267, (24)
ポラック、ミカエル（Pollak, Michael）(7)
ポランニー、カール（Polanyi, Karl）(30)
ホルクハイマー、マックス（Horkheimer, Max）(2, 3)
ボルタンスキー、アリアーヌ（Boltanski, Ariane）265
ボルタンスキー、ジャン゠エリー（Boltanski, Jean-Élie）266
ボルタンスキー、リュック（Boltanski, Luc）(3, 6- 8, 10, 27-28, 30)
ボワザール、ピエール（Boisard, Pierre）(7)

マ行

マーシャル、ピーター（Marschall, Peter）(35)
マーフィー、アレクサンダー・B.（Murphy, Alexander B.）(21)
マコビー、エレノア（Maccoby, Eleanor）(10)
マッケンジー、ドナルド（MacKenzie, Donald）(30)
マノーニ、オクターヴ（Mannoni, Octave）242, (35, 34)
マルクーゼ、ヘルベルト（Marcuse, Herbert）15, 80, (4, 11)
マルクス、カール（Marx, Karl）34, 39, 112, 237, (32)

マルクス、ジャック（Marx, Jacques）（25）
マルシャル、エマニュエル（Marchal, Emmanuelle）（7）
マン、マイケル（Mann, Michael）78, (11, 32)
ミード、ジョージ・H.（Mead, George H.）34
ムーア、ジョージ・E.（Moore, George E.）94, 114, (13)
ムーリエ・ブータン、ヤン（Moulier Boutang, Yan）（34）
ムニエサ、ファビアン（Muniesa, Fabian）（30）
ムンク、ジャン・ド（Munck, Jean De）（21）
メイヤスー、クロード（Meillassoux, Claude）（21）
メジャド、カリム（Medjad, Karim）（31, 33）
メナジェ、リュシー（Ménager, Lucie）（18）
メルシエール、ジャック（Merchier, Jacques）（23）
モネ、エリック（Monnet, Éric）267
モロー、デルフィーヌ（Moreau, Delphine）（27）

ヤ行

ヤック、バーナード（Yack, Bernard）（4）
ヤング、マイケル（Young, Michael）（10）
ヨアス、ハンス（Joas, Hans）（6）

ラ行

ライアン、ウィリアム（Ryan, William）（29）
ライール、ベルナール（Lahire, Bernard）（5）
ラヴァル、クリスチャン（Laval, Christian）（11）
ラカン、ジャック（Lacan, Jacques）（18）
ラグラーヴ、ローズ＝マリー（Lagrave, Rose-Marie）（5）
ラスクーム、ピエール（Lascoumes, Pierre）（30, 32）
ラッサー、アヒム（Russer, Achim）266
ラッセル、バートランド（Russell, Bertrand）（19）
ラティモア、オーウェン（Lattimore, Owen）（21）
ラトゥール、ブルーノ（Latour, Bruno）43, 203, (8, 11, 29)
ラファイエ、クローデット（Lafaye, Claudette）（7）
ラボリエ、パスカル（Laborier, Pascale）（30）
ラモン、ミシェル（Lamont, Michèle）（9）
ランシエール、ジャック（Rancière, Jacques）41, (7)
リクール、ポール（Ricœur, Paul）43
リナール、ドミニク（Linhardt, Dominique）（27）
リプセット、シーモア・マーティン（Lipset, Seymour Martin）35
ルイス、デイヴィッド（Lewis, David）（23）
ルヴェル、ジャック（Revel, Jacques）129, (12, 20)
ルーシー、ジョン（Lucy, John）（16, 18）
ルガレス、パトリック（Le Galès, Patrick）（30）
ルサン、フィリップ（Roussin, Philippe）265, (8)
ルタブリエ、マリー＝テレーズ（Letablier, Marie-Thérèse）（7）
ルブール＝トゥーレ、サンドリーヌ（Reboul-Touré, Sandrine）（18）
ルフォール、クロード（Lefort, Claude）

259, (35)
ルミュー、シリル（Lemieux, Cyril）265, (7-8, 11, 14)
レイ＝ドゥボーヴ、ジョセット（Rey-Debove, Josette）121, (17-18)
レヴィ＝ストロース、クロード（Lévi-Strauss, Claude）99, 253, (15, 34)
レーブン、ピーター・H.（Raven, Peter H.）(27)
レミー、カトリーヌ（Rémy, Catherine）(24)
ロイトマン、ジャネット（Roitman, Janet）267
ロジエ、イレーヌ（Rosier, Irène）118, (16)
ロジエ、サンドラ（Laugier, Sandra）266, (12)
ロシュ、ダニエル（Roche, Daniel）(5)
ロッシュ、エレノア（Rosch, Eleonor）184, (15)

ワ行
ヴァグネル、アンヌ＝クリスティーヌ（Wagner, Anne-Christine）(33)
ワグナー、ピーター（Wagner, Peter）(2)

事項索引

ア行
愛（Amour）112, (16)
アナロジズム的（Analogique）200
アノミー（Anomie）225
安楽死（Euthanasie）184
意志（Volonté）146, 163, 210, 216
　〜と必然性（— et nécessité）216
　民意（— populaire）200
生き残る者（Survivant）250-252
移住と移民（Émigration et immigration）234
偉大さ（Grandeur）48, 222
　〜の原理（principes de —）48-52
　〜の地位（état de —）49-50
　家政的〜（— domestique）49
　産業的〜（— industrielle）49
一般性（への上昇）（Généralité (montée en)）9, 64, 137, 162, 164
イデオロギー（Idéologie）3, 28-29, 38, 206, 214
　支配的〜（— dominante）70, 215
移動（Déplacements）218-219
イニシエーション（Initiation）(34)
意味論（Sémantique(s)）4, 19-21, 73, 90, 116, (19)
　〜対語用論（— vs. pragmatique）148-158
　〜的安全（sécurité —）132-134, 163
　〜的空間（espaces —）121
　制度の〜的機能（fonctions — des institutions）127-132
因果関係（Causalité）27, 59-60
陰謀（Complot）192, 237-238
陰謀論（Conspiration）；「陰謀」を参照のこと
生むこと（と中絶）（Engendrement (et avortement)）99, 131, 187
噂（Rumeur）169
運動（Mouvement）163
　フェミニズム〜（— féministe）67
　労働〜（— ouvrier）29, 71
エスノメソドロジー（Ethnométhodolo-

gie） 43-44, 92
演劇（Théâtre） 257
演劇化（Théâtralisation） 139, 175, (22-23)
怨恨（ルサンチマン）（Ressentiment） 11, 67
オペレーター（対労働者）（Opérateur (vs. ouvrier)） 221

カ行

懐疑（Soupçon） 191
会計（Comptabilité） 59, 131, 256
外在性（Extériorité） 155, 166
　単一の～対複合的～（— simple vs. complexe） 16-19, 31, 45, 58, 77
解釈（Interprétation） 3, 30, 38, 42, 44, 90, 103, 110, 126, 149, 156, (10)
　～の独占（monopole de l'—） 126
解釈学的矛盾（Contradiction herméneutique） 4, 142-158, 166, 193-194, 196, 202, 226, 229, 248, 254-263
　～の締め出し（forclusion de la —） 195
　～の暴露（dévoilement de la —） 161
階層構造（Hiérarchie(s)） 9, 36, 49, 256
　社会的～（— sociales） 58
解放（Émancipation） 13, 28-29, 34, 73, 82, 247, 254-262
科学性（うわべだけの）（Scientificité (ostentatoire)） 30
数（の問題）（Nombre (la question du)） 72
可塑性（Plasticité） 153
価値（基準）（Valeurs） 20, 24, 26, 29, 35, 53;「規範性」も参照のこと
　～階梯（hiérarchie de —） 117
　～と事実（— et faits） 3, 12
　～の対立（conflits de —） 26-27
価値（の確定）（Valeur (détermination de la)） 118, 120, 123, 133, 179, 255-256, (16)
価値中立性（Neutralité axiologique） 12, 21, 35
カテゴリー（Catégorie(s)） 20, 37, 92, 120-121, 184
　管理職層という社会的～（— sociale des cadres） 68
　職業別社会階層（— socioprofessionnelles） 66, 78, (5-6)
　日常言語の～（— du langage ordinaire） 111
　非明示的～（— tacites） (27)
可能世界（Mondes possibles） 123
関係（Relations）
　個人的な～（— personnelles） 36
　ジェンダー～（— de genre） 66
　社会～（— sociales ） 10
　労働～（— de travail） 66
慣行、コンヴァンシオン（Conventions） 93, 136, 211, 240, 242, (13), (23)
　～経済学（économie des —） 130
観察（Observation） 8-9, 31
　民族学的～（— ethnologique） 42-43
間主観性（Intersubjectivité） 35, 93
感情（Émotions） 172, (25)
観念論（Idéalisme） 40, 41, 90, 199
寛容（Tolérance） 108-110
　～の閾値（seuil de —） 110, 113
関連づけ（Rapprochements） 60, 65, 67, 70, 81
　アナロジズム的～（— analogiques） 200
　危険な～（— dangereux） 187
記憶（化）（Mémorisation） 109-110
危機（の瞬間）（Crise (moments de)） 222, (31)
企業（Entreprise(s)） 17, 49, 232
　～評価（évaluation des —） 131
　企業としての～（— de soi） 245
　資本主義～（— capitalistes） 134
記号論（Sémiotique） 128

儀式（Cérémonie） 154, 172, 175, 177, 201, (23)
儀式（言論）（Épidictique (discours)） 124
記述（Description） 2, 10, 12, 16-19, 20, 26, 29, 32, 39, 39, 41, 42, 45, 91, 238
　～言語（langage de —） 16
　～と評価（— et évaluation） 231
　～の枠組み（cadre de —） 15-17
　地図学的～（— cartographique） 39, 43, 75
希少性（Rareté） 59
犠牲者（Victime(s)） 46
　～を非難する（blâmer la —） 212
　変化の～（— du changement） 216
規則（Règlements） 8, 20, 51
規則（Règles） 20, 24, 115, 121, 135, 202, 248-249, (33)
　～対規則性（— vs. régularités） 107
　～と行為文脈（— et contextes d'action） 156
　～との相互作用（jeu avec les —） 242-246, (33)
　～の精神（esprit des —） 243;「文言」、「文字」も参照のこと
　～違反（violation des —） 249
　技術的～対道徳的～（— techniques vs. — morales） 248-249
期待（Attentes） 61, 177
　～対夢（— vs. rêves） 192
　真理への～（— de vérité） 175
　道徳的～（— morales） 25, 53
　批判に対する～（— critiques） 81
記念式典（Commémoration） (25)
規範性（Normativité） 2, 14, 23, 24, 40, 42, 45, 55, 113, 136, 175
　～と記述（— et description） 118
　実質的～対手続的～（— substantielle vs. procédurale） 25
客観性（Objectivité） 230-231
糾弾（Accusation） 46, 164, 188
狂気（Folie） 61, 170, 238, (2), (27)
　～と文法（— et grammaires） 188
行政機関（Administrations） 134, 159, 208, 245
競争（Concurrence） 58, 69, 244
共通感覚、常識（Sens commun） 90-96, 104, 165
共通善（Bien commun） 162, 164, 210, 216
共通の人間性（Commune humanité） 22, 48, 188240, 246
共謀（Connivence）
共有知（Savoir commun） 124
規律＝訓練化（Disciplinarisation） 70
儀礼（Rituels） 20, 129, 148-155, 167, 171-172, 201-202, (22-23, 25)
　～の語用論的分析（analyse pragmatique des —） (24)
　侵犯的～（— transgressifs） 176
儀礼化（Ritualisation） 137-139, 155
議論（Discussion） 93
近代（Modernité） 203-205
グローバル化（Mondialisation） 239,
経験（Expérience） 25, 93, 98, 105, 171, 215, (9)
　世界の～対現実（— du monde vs. réalité） 147
経済学（Économie） 101, 204, 216, 220, (30, 31)
計算可能性（Calculabilité） 95, 110
計算センター（Centres de calcul） 37, 238
系譜（Généalogie） 26
軽蔑、軽視（Mépris） 251, 261
計量学（Métrologie） 37;「計算可能性」、「計算センター」も参照のこと
ゲシュタルト心理学（*Gestaltpsychologie*） 71
決断（Décision） 250

権威（Autorité） 101, 109, 126, 142, 153, 199
顕現（Manifestation） 150, 176
言語、言辞（Langue(s)）
欺瞞的～（— de bois） 157, 172
国語（— nationales） 129
自然～（— naturelles） 119-122, (26)
言語学（的）（Linguistique） 45
～語用論（pragmatique —） 43
生成言語学（— générative） 43-44
言語活動、言語、語（Langage） 43, 90
～の起源（origine du —） 143
実践的位相における～（— dans un registre pratique） 111
日常～（— ordinaire） 92
メタ語用論的位相における～（— dans un registre métapragmatique） 119-123
現実、リアリティ（Réalité） 4, 9, 11, 16, 18, 42, 56, 101, 103, 168
～対世界（— vs. monde） 4, 97-100, 114, 150, 152, 155, 165, 198, 209, 217, (14)
～に対するつかみどころ（prises sur la —） 214, 257
～の維持（maintenance de la —） 177-178
～の堅牢性（robustesse de la —） 59, 71, 79, 155, 194, 258
～の構築、構成（construction de la —） 4, 87, 97, 164-165, 219, (14);「構築主義」も参照のこと
～の脆弱性（fragilité de la —） 91
～の不完全性（incomplétude de la —） 190
～の問題化（mise en cause de la —） 72
～の理想化（idéalisation de la —） (27)
現実の～（— de la réalité） 4, 58, 60, 64, 164, 177, 180
閉ざされた～（clôture de la —） 258
現実主義（Réalisme） 246
現象学（Phénoménologie） 34-35, 42-43, 87, 93, 106
制度の～（— des institutions） 128
知覚の～（— de la perception） 100
幻想（Illusion） 37, 70, 213
原理主義（Intégrisme） 82, 84
権利要求（Revendications） 47, 61, 109, 181
権力（Pouvoir） 8, 10, 28, 81, 101, 110, 197, 199
～論（théories du —） 21
～関係（relations de —） 8
～の中心（centres de —） 78
～の分布（— distribué） 238
科学の～（— de la science） 204
強権的～（— autoritaire） 25
システムとしての～（— systémique） 257
専門知の～（— d'expertise） 204, 236
民衆の～（— populaire） 236
行為、作動、活動（Action） 39, 76, 147
～と言語（— et langage） 156
～の可能性（possibilités d'—） 240, 249, 257
～の時間的指向（orientation temporelle de l'—） 106-107
～の指標（repères de l'—） 96, 107, 113
～の流れ（cours d'—） 106, 109, 167, (6)
～の報告（rapport sur l'—） 111
～へのコミットメント（engagement dans l'—） 90
～レジーム（régime d'—） 95
遠隔～（— à distance） 236
集合的～（— collective） 61, 72, 162
政治～（— politique） 217, 257
合意（Accord） 92, 94, 100, 103

暗黙の〜（— tacite） 106
修正可能な〜（— révisable） 255
見かけの〜（apparence d'un —） 110, 114
行為者（たち）（Acteur(s)） 11, 21, 39, 47, 76
〜の意識（conscience des —） 89, 146
〜の経験（expérience des —） 36, 53, 65
〜の現実主義（réalisme des —） 55-56
〜の行動の変化（modification du comportement des —） 229-232
〜の志向性（intentionnalité des —） 30
〜の資質（qualités des —） 257
〜の不満（insatisfactions des —） 13
位置づけられた〜、状況に埋め込まれた〜、状況づけられた〜、状況の中にいる〜（— situé） 41, 43, 73, 101, 107
行為主体（Agents） 39, 47, 76
行為遂行性（Performativité） 202
社会的なものの〜（— du social） 220
抗議（Protestation） 56, 59
〜の形態（formes de —） (25)
〜の自己抑制（autorestriction des —） 61
公式（対非公式）（Officiel (vs. officieux)） 23, 104, 165, 207
恒常性（Permanence） 91, 98, 146
構造（Structure） 37, 39
構造主義（Structuralisme） 44, 54, 89, 175
構築主義（Constructionnisme） 230
公的な、公共の（Public） 139
〜空間（espace —） 46, 60, 62, 211, 224, 235
〜言論（discours —） 124, 207
合理性（Rationalité） 8, 17, 22, 92-93, (12)
合理的選択（Choix rationnel） 42
高齢者（Vieillards） 210
コード（Codes） 20
告発（不正の）（Dénonciation (des injustices)） 61, 64, 164
個人化（過程）（Individualisation (processus d')） 66
個人主義（Individualisme） 256
方法論的〜（— méthodologique） 62, 96, 102
国家、状態（État） 17, 24, 37, 59, 66, 75, 88, 91, 118, 134, 143, 208, 231, 260-261, (33)
〜に対する無関心（désintérêt à l'égard de l'—） 261
企業としての〜（— en tant qu'entreprise） 232-236
権威主義〜（— autoritaire） 27
国民〜（— nation） 10, 55, 78, 132, 232-234
主権〜（— souverain） 161, 197, 260
福祉〜（— providence） 79
法治〜（— de droit） 161, 254, (33)
例外〜（— d'exception） 72
国境（Frontières） 132
誤認（Méconnaissance） 21
コミュニケーション（Communication） 22
コミュニズム（Communisme） 262
コミュニタリアニズム（Communautarisme） 52, 55
固有の名前（Nom propre） 144, 250-252
語用論（的）（Pragmatique） 148-158, 163

サ行

差異（Différence） 23, 65, 68
規範的〜（— normative） 52
搾取（Exploitation） 16, 19, 20-21, 28, 66, 86, 194, 208, 211, 225, 236, 244, 247, 256
悟る（Réaliser que） 14
差別（Discriminations） 54, 56

詩(Poésie) 182
恣意的、恣意性(Arbitraire) 9, 18, 72, 100, 115, 136-137, 217-218, 236, 243
制度の〜(— institutionnel) 132
ジェンダー(Genre) 9, 13, 66, 102
事件(Affaires) 46, 183-186
自己－創発(Auto-émergence) 136
自己欺瞞(Mauvaise foi) 243-244
自己言及的(Autoréférentiel) 149
自己固有の身体(Corps propre) 100, 126, 143
〜なき存在(Être sans —) 127-129, 143, 163, 173
事後性(Après-coup) 168
指示対象(Référence) 117, 122, (16)
〜と意味(— et sens) 187, (27)
〜の固定(fixation de la —) 130-131
死者(Morts) 102
同伴する〜(— d'accompagnement) (33)
市場(Marchés) 131, 240, (20)
自然メタ言語(Métalangage naturel) 119-121, (17-18)
実験室(Laboratoire) 18, 52
実践(的)(Pratique(s)) 28, 101, 135, 163, 171
〜対スコラ的なもの(— vs. scolastique) 112, (15)
〜論理(logique —) 113
〜瞬間(moments —) 104, 105-114
実体論(Substantialisme) 68, 90
失望(Déception) 219
視点(Points de vue) 26, 100, 103, 113, 125, 144, 161, 198-199
支配(Domination) 4,9, 26, 28, 35-40, 47, 66, 160, 194, (25)
〜と制度(— et institutions) 142, 168
〜の社会学(sociologie de la —) 33
〜の分業(division du travail de —) 239
〜の様式(modes de —) 7, 10, 34, 39, 195
〜の理論(théories de la —) 9, 10, 13, 15, 19, 21, 73
社会〜(— sociale) 7
単純な〜対複合的な〜(— si7mple vs. complexe) 205, 208,236
男性〜(— masculine) (35)
複合的な〜(— complexe) 210-238
プロセスとしての〜(— comme processus) 194
変化による〜(— par le changement) 211,214-225
マネジメント的〜(— gestionnaire); 「複合的な〜」を参照のこと
事物化(Chosification) 69
資本主義(Capitalisme) 130, 214, 244
〜と国家(— et État) 215, 232-234, 244-246, 261-262
〜の病理(pathologies du —) (28)
認知〜(— cognitif) 251, (33)
自民族中心主義(Ethnocentrisme) 23, 92
市民体(Cité) 48-52, (8-9)
社会(Société(s)) 10, 16, 19, 38, 41, 63, 102, (1)
伝統〜(— traditionnelles) 112
民主主義－資本主義〜(— démocratiques et capitalistes) 59, 71, 82-83, 210, 238
無頭制〜(— acéphales) 145
社会階級(Classe(s) sociale(s)) 13, 26, 28, 62, 66, 68-69, 91, 102, 208, (6)
〜と行為との関係(— et rapport à l'action) 248-253
〜の国民国家化と脱国民国家化(nationalisation et dénationalisation des —) 78-79
支配〜(— dominante(s)) 9-10, 55,

70, 224, 236-246
被支配～(— dominée(s)) 71, 206, 247-254
社会科学(Sciences sociales) 12, 17-18, 21, 30, 40, 93, 204, 216
～対人間科学(— vs. sciences de l'homme) 11
社会学(Sociologie(s)) 2, 11, 100
～と解放(— et émancipation) 34
～と社会批判(— et critique sociale) 2, 21-32
～と社会批判との緊張(tensions entre — et critique sociale) 29-32
～と専門知(— et expertise) 17
～と歴史(学)(— et histoire) 18
科学としての～(la — en tant que science) 2, 10-12, 29, 38
経験的～(— empirique) 8, 10, 33, 41, 99
行為の～(— de l'action) 29
支配の～(— de la domination) 7-8
社会階級の～(— des classes sociales) 247-248
高みから見下ろす～(— surplombantes) 76-83
批判～(— critique) 3, 7, 30, 33-40, 42, 47, 52, 74-84, 89, 213, 239, 262
批判のプラグマティック～(— pragmatique de la critique) 3, 7, 33, 36, 40-52, 74-84, 89,105-106, 108, 213, 247, (9)
社会形態学(Morphologie sociale) 75
社会的同定(Identification sociale) 66, 90
再同定(Réidentification) 133
習慣(Habitude) 107, 175
宗教(Religions) 151-153
集合意識(Conscience collective) 24
集合体、集合的なもの、集団(Collectifs) 32, 46, 62, 72, 83115, 182, 190, 204, 255
～の分断(morcellement des —) 146, 206
類縁～(— affinitaires) 261
重視(Respect) 96, 118-119, 127, 167, 185
自由主義、リベラリズム(Libéralisme) 41, 97, 133, 213, 257
習俗(Mœurs) 24
主権(Souveraineté) 162, 209, 229, (23); 「国家」も参照のこと
使用、語法(Usage) 91, 103, 108, 110
正しい～(bon —) 118, 129
状況(Situation(s)) 37, 39, 41, 43, 49, 76-77, 90
～対文脈(— vs. contexte) 101, 116, 150
～とタイプ(— et types) 116-117
～の多様性(diversité des —) 148
革命的～(— révolutionnaires) 61, 64, 168, (31)
証拠(Preuves) 47, 178, 180
承認(Reconnaissance) 22, 182
～と同定(— et identification) (21)
商品としての財(Biens marchands) 130
情報(Information) 221
触発(される)(Affecté (être)) 181
所有(権)、財産(Propriété) 130, 212, 237, 256-257, (20), (35)
生産手段の～(— des moyens de production) 239
諸力(Forces) 50, 191, 224
非人称的な～(— impersonnelles) 227
自律(Autonomie) 29, 73, 195, (12)
一時的～ゾーン(zones d'— temporaire) 80
形式的な～(— formelle) 213
個人の～(— individuelle) 258
事例(Exemples) 4, 183, 185

試練（Épreuves） 4,50, 135, 162, 174, 185, (8)
　～の検証（mise à l'épreuve des —） 179
　～のフォーマット（formats d'—） 4, 51, 56-58, 60, 135, 154, 210, 215, 241
　確立された～（— instituées） 51, 219
　現実の～（— de réalité） 50, 56, 69, 174, 178-181, 189, 195, 210, 257
　実存的～（— existentielles） 174, 190, 195, 208, 257
　真理の～（— de vérité） 149, 174-178, 189, 195, 228, 257
　選別の～（— de sélection） 51, 260
　力の～（— de force） 50
進化論（Évolutionnisme） 23, 35
信仰（Croyance） 147
人口（Populations） 234
侵犯（Transgression） 253
シンボル形式（と事態）（Formes symboliques (et états de choses)） 20, 111, 117, 119, 121-122, 138, 167-168, 171, 174-175, 204, 223
真理（性）（Vérité） 28, 38, 40, 45, 112, 113, 114, 160, 165, 204
　～要求（prétention à la —） 19
人類学、人間学（Anthropologie）
　解釈～（— interprétative） 44
　書かれたものの～（— de l'écrit） 109,
　言語～（— linguistique） 114
　構造～（— structurale） 199
　社会～（— sociale） 18, 92, (6)
　哲学的～（— philosophique） 22, 40
　認知～（— cognitive） 117
　文化～（— culturelle） 34, 92, 93, 188, (12)
神話（Mythe） 99
スキャンダル（Scandale）46, 244;「事件」も参照のこと
正義（Justice）
　能力主義的な意味での～（— au sens méritocratique） 56-58, 67
　社会～（— sociale） 57-58
　～のレジーム（régime de —） 112
　～感覚（sens de la —） 44, 47, 53, 58, 66, 208
生起例（対タイプ）（Occurrences (vs. types)） 4, 112, 116, 118, 122, 138, 174, 179
整合性（Cohérence） 195
制裁（Sanction） 24, 81, 108-110, 134, 249
　暗黙の～（— tacite） 261
生産性（Productivité） 17
政治（的）、政治的なもの、政策、方針（Politique(s)） 4, 14-15, 41, 51, 55, 80, 151, 153, 158, 198
　～エリート（élites —） 24
　～形而上学（métaphysiques —） 218
　～決定（décisions —） 27
　～対科学的なもの（— vs. scientifique） 204
　～体制（régimes —） 4, 193, 197
　～秩序（ordre —） 193
　～と詩的なもの（— et poétique） 201
　解放の～（— de l'émancipation） 254-263
　観念論の～（— de l'idéalisme） 200
　経営～（— gestionnaires） 17
　言語～（— de la langue） 129
　社会～（— sociales） 17
性質決定、規定（Qualification(s)） 4, 20, 44, 98, 111-112, 114, 116-119, 154, 184, 210, (20)
　～の影響（conséquences de la —） 118
　矛盾した～（— contradictoires） 187
脆弱性（Fragilité） 142, 255, 259, 263, (22)
精神分析（Psychanalyse） 34, 100
制度（Institutions） 4, 63-64, 87-91, 125-

132, 142-165, 228, 244, 254-260
〜という語の多義性（polysémie du terme d'—）(12)
〜の基礎（fondement des —）142-144, 258
〜の神聖化（sacralisation des —）209, 258-259
〜の脆さ（fragilité des —）142
〜批判（critique des —）88-89, 142, 145
科学的〜（— scientifiques）203
観念論的〜対アナロジズム的〜（— idéalistes vs. analogiques）201-202
虚構としての〜（— en tant que fictions）145-146, 196
言語的〜（— linguistiques）128
資本主義の〜（— du capitalisme）211
全制的〜（— totales）156
正当化（Justification(s)）23, 32, 44-45, 47, 52, 107, 111, 137, 186, 206
〜対言い訳（— vs. prétextes）207
〜対弁解（— vs. excuses）212
〜の要求（exigences de —）8
〜の要請（impératif de —）211
正統性（Légitimité）8, 88, 217
正当性（Orthodoxie）206, 223
世界（Monde）4, 150;「現実」も参照のこと
世界＆現実（Mon&réal）227, 229
責任（Responsabilité）213
責任者（Responsables）16-17, 215, 227, 240-246
〜の時間的地平（horizon temporel des —）250
〜の道徳（morale des —）249
摂理（Providence）156
選挙（Élection）235
全体化（の諸形態）（Totalisation (formes de)）10, 21, 56, 75-76, 78-79
〜のツール（— outils de）110, 155
全体性（Totalité）7-19, 59-60, 77
専門家（Expert）17, 202, 204, 216, 225-226, (31)
〜同士の争い（querelles d'— (s)）227, 236
専門知（Expertise）17
専門用語（Terminologie）
相互作用（Interaction）39, 91, 153
相互作用論（Interactionnisme）43
創造性（行為の）（Créativité (de l'agir)）74
相対化（Relativisation）782, 77, 97
装置（Dispositifs）9, 55, 71, 90, 101, 105, 161, 214, 238
認証〜（— de confirmation）164
抑圧〜（— de refoulement）196
ソーシャルワーカー（Travailleurs sociaux）17
疎外（Aliénation）29, 42, 70
批判の〜（— de la critique）189-192
組織（Organisation）17, 134, 159, 245

タ行

対応関係、照応関係（Correspondances）149, 153, 175, 200
大義（Cause）46, 169;「事件」も参照のこと
体系（Système）10
滞在許可証不保持者（サンパピエ）（Sans-papiers）261
代弁者（Porte-parole）143-147, 157, 164-165, 171, 197, 229
妥協（Compromis）21-30, 73-74, 180, 204
多元主義（対絶対主義）（Pluralisme (vs. absolutisme)）82-83, 95
多元的ポジショナリティ（Multipositionnalité）197

弾圧（Oppression） 29, 80, 205, 238
断片化（Fragmentation） 73, 77, 154, 200, 206
　～に対する不安（angoisse de —） 146
力、可能態（Puissance）
　～対無力（— vs. impuissance） 8, 59-60, 86, 147, 154, 224
　～と現実態（— et acte） 178
力関係（Rapports de force） 26, 29, 164
知識、知、認識（Connaissance） 199
　～の主体と対象（sujet et objet de la —） 231
　～論（théories de la —） 21
　日常～（— ordinaire） 38
秩序、命令（Ordre(s)） 9, 94-96
　～の維持（maintien de l'—） 27, 96, 101
　～を与える（donner des —） 9
　社会～（— sociaux） 10, 15-16, 18-19, 22-26, 29, 39, 59, 72
　法的～（— légal） 24, 161
調整（Coordination） 134, 138
　～のレベル（niveau de —） 110
挑発（Provocation） 188
定義（Définition） 20, 121, 130, 134, 183, (19)
定型表現（Formule） 157, 176, 179, (26)
　～対論証（— vs. argument） (26)
出来事（Événements） 97. 99, 184, 201-202
哲学（Philosophie）
　政治～（— politique） 197
　分析～（— analytique） 4, 43
手続き（Procédures） 115, 240
伝統（Tradition） 92
動員（Mobilisation） 46
統計（学）（Statistique） 75, 155
　～的道具（outils —） 37, 159
同語反復（トートロジー）（Tautologie） 122-123, 175-176
同性愛（Homosexualité） 182, 230
闘争（Luttes） 26;「論争」も参照のこと
同等（性）（Équivalence）
　～の原理（principes d'—） 48-52, 69,
　～化の道具（instruments de mise en —） 109
道徳（Morale） 11, 14, 35
　～と批判（— et critique） 11-16
道徳感覚（Sens moral） 25, 44, 53, 185, 192
透明性（Transparence） 230, 244
特異性、特異なもの（Singularité） 61, 199-201
特性（Propriétés） 20, 22
　感覚的～（— sensibles） 200
　機能的～（— fonctionnelles） 120
　恒常的な～（— permanentes） 133
　性向的～（— dispositionnelles） 37, 39, 107 ;「ハビトゥス」も参照のこと
取り決め（Arrangements） 99, 194, 259, (28)
奴隷制（Esclavage） 133, 206, (21, 23, 33)

ナ行

流れ（生の）（Flux (de la vie)） 98, 100, 185, 190, 257
ナチュラリズム（Naturalisme） 203
ニヒリズム（Nihilisme） 79, 105, 191
認証（対批判）（Confirmation (vs. critique)） 104-105, 122-125, 138, 158, 164, 166-167, 171-175, 254-258
妬み（Envie） (14)
ネットワーク（Réseau） 42, 200-201, 245
粘着性（Viscosité） 18, 71
能力（Capacités） 22, 57, 90, 178
　批判的～（— critiques） 36, 76, 80, 83
能力（Compétence） 43, 44, 47, 76;「能力（capacité）」も参照のこと

ハ行
排除された者（Exclus） 216
暴露（Dévoilement） 9, 13, 37, 47, 236
試練と～（épreuve et —） 190
発話行為（Énonciation） 90, 126, (17)
～の主体（sujet de l'—） 121
～の状況（circonstances de l'—） 123
～の文脈（contexte d'—） 90
パニック（Panique） 225
ハビトゥス（Habitus） 107, 239
パラノイア（の糾弾）（Paranoïa (accusation de)） 170, 181, (2);「狂気」も参照のこと
反乱、反抗（Révolte） 71, 163, 260-262
犯罪（Crime） 46
反省性、再帰性（Réflexivité） 11, 18, 21, 32, 38, 104, 110, 169-173, 195
～と認証（— et confirmation） 171-173
～の欠如（absence de —） (2)
～のレベルの上昇（élévation du niveau de —） 114
制限された～（— limitée） 110
批判的～（— critique） 169-170
判断（Jugement） 19, 49-50
～の原則（principes de —） 48-52
価値～（— de valeur） 12, 16, 179, (3)
正常性の～（— de normalité） 61-62, 170
道徳的～（— moral） 11, 26
日常的～（— (s) ordinaires） 11-12
反復（Répétition） 137, 175
比較論（Comparatisme） 13, 18
非実在的存在（Êtres inexistants） 102, 128, 159
非対称（性）（Asymétries） 8-9, 20, 38, 79, 81, 194, 208, 212-213, 226
情報の～（— d'information） 244
必然性、必然的なもの、必要性（Nécessité） 18, 20, 59, 72, 224, 242
～を欲する（vouloir la —） 216-218
批判（的）（Critique(s)） 21, 25, 40, 74, 86, 95, 96, 103, 121, 259
～運動（mouvements —） 5, 163
～形式（formes —） 105
～操作（opérations —） 52-58
～と科学（— et science） 203-204
～と社会学（— et sociologie） 5, 8, 21-30, 39-40
～と制度（— et institutions） 4, 211
～とメタ批判（— et métacritique） 12-16, 21, 25, 29-32, 40, 45, 55, 72, 74, 80, 82
～の回帰（retour de la —） 5, (1)
～の可能性（possibilité de la —） 142, 165-173
～の強化（renforcement de la —） 247, 254-263
～の作業（travail de la —） 4
～の代償（coûts de la —） 207
～の内部化（internalisation de la —） 227
～の美化（esthétisation de la —） 191
～の抑圧（refoulement de la —） 195, 197
～理論（théories —） 7-32, (2, 4)
改良主義的～（— réformiste） 174
観念論的対アナロジズム的～（— idéaliste vs. analogique） 202-203
現実～（— de la réalité） 58-64, 70-73
社会～（— sociale） 3, 35, 74, 170
政治的～（— politique） 227
脱構築的な～（— déconstructionniste） 224
日常的～（— ordinaire） 3, 12-15, 45-51
ラディカルな～（— radicale） 58, 80, 97, 174, 182
批判理論（Théories critiques） 12-14,

〜対伝統理論（— vs théories traditionnelles） 13
〜の構造（structure des —） 3, 7-32
表示（Labellisation） 46
標準化（Normalisation） 131
平等（の要求）（Égalité (exigences d')） 22
病理（社会的）（Pathologie (sociale)） 24, 65, 81, 195
日和見主義（Opportunisme） 25
不安（Inquiétude） 95, 96, 101, 10, 106, 145-146, 171
不安定性（Précarité） 261
風刺作家（Pamphlétaire） 170
フォーマット（Formats） 4, 8, 9, 17, 20;「試練」も参照のこと
会計〜（— comptables） 49
不確実性（Incertitude） 39, 44, 47, 91, 97, 101-104, 166, 178, 198-201, (6)
〜対リスク（— vs. risque） 97
ラディカルな〜（— radicale） 4, 63, 93, (13)
不平等（Inégalités） 71
階級間の〜の強化（renforcement des — entre classes） 67
ジェンダー間の〜（— entre genres） 67
プラグマティズム（Pragmatisme） 43, 52, 90, 101, 105
憤慨（Indignation） 40, 56
あらゆる人間からの〜（— unanime） 46
文化主義（Culturalisme） 54;「文化人類学」も参照のこと
分割（大）（Partage (le grand)） 203
文法（Grammaire） 48, 99
正常性の〜（— de la normalité） 61, 187, 189
文脈依存性（Indexicalité） 43, 111
分類（Classifications） 20, 76, 117, 201
分類基準（Nomenclatures） 37
変化、変動（Changement） 98, 101, 198-201
〜の拒否（refus du —） 209
社会〜（— social） 38
法的形式の〜（— des formes juridiques） 185
偏差（Différentiels） 20;「非対称（性）」も参照のこと
変身、形態変化（Métamorphose） 98, 201, (29)
ベンチマーキング（Benchmarking） 220, 230-231, (30)
法、法律、権利（Droit） 51, 61, 87, 117-118, 126, 129, 157, 160, 164, 168, 183, 218, 221, 256
〜の主体（sujet de —） 132
〜の批判（critique du —） 23-24
冒瀆（Blasphème） 192
法律、法則、法（Loi） 229, 236, 238
父の〜（— du Père） 254
暴力（Violence） 28, 49, 88, 103, 125, 146, 160, 209, 260, 262
〜と法（— et droit） 160
意味論的〜（— sémantique） 160
警察による〜（— policière） 206
ことばの〜（— verbale） 164
象徴的〜（— symbolique） 36, 132, 163
制度的〜（— institutionnelle） 158, 165, 236
保守主義（Conservatisme） 41
ポリス、警察（Police） 132, 159, 192, 206
〜的措置（mesures de —） 236
本音（Parler-vrai） 158

マ行

マクロ社会的・ミクロ社会的アプローチ（Approches macro- et micro-sociales） 3

魔術（Sorcellerie）(10)
マネジメント（Management）17, 231-232, 238, 240, 244
マネジメント的（道具）（Gestionnaire (instruments)）59, 222;「マネジメント」も参照のこと
マルクス主義（Marxisme）27, 33, 35, 41, 68-70
民族（Ethnie）9, 62
民族学（Ethnologie）18, 34
無意識（Inconscience）173
無意識的なもの（Inconscient）107
矛盾（Contradiction(s)）26, 28, 35, 64, 82, 110, 179
　〜と狂気（— et folie）189
　〜と批判的操作（— et travail de la critique）186-189
　規則間の〜（— entre règles）242
　現実と世界の〜（— entre réalité et monde）164
　試練間の〜（— entre épreuves）186-189
　内在的〜（— immanentes）10, 26, 99
明示（Explicitation）44
明晰さ（Lucidité）169, 208, 214
メタ言語的（Métalinguistique）122
メタ語用論的（Métapragmatique）104, 114, 119-124, 158
メディア（Médias）38, 47, 238
眩暈（Vertige）(22)
モデル化（Modélisation）44
　不正義感覚の〜（— du sens de l'injustice）47-52
モノ（Objets）49-50
文言、文字（対精神）（Lettre (vs. esprit)）243, 253, (19)

ヤ行
やるべきことをやらせる（Faire à faire）9, 111
ユートピア（Utopie）15, 71, (4)
指差し行為（Monstration）111
容認可能性（Acceptabilité）45
抑圧（Répression）208
　〜と過剰抑圧（— et sur-répression）80
欲望（Désir）11, 18, 63, 81, 100, 146, 190, 192, 217
世論（Opinion）199

ラ行
利益（Profit）17, 20, 211, 219, 231, 234, 244, 256
利害、利害関心、利益（Intérêts）14, 26, 134, 163, 232
リバタリアニズムの（諸潮流）（Libertaires (courants)）258, (35)
両義性（Ambivalence）83
領土（Territoire）234-235
ルーティン（Routines）135-136
歴史（学）（Histoire）5, 18, 26, 75, 162
　〜哲学（philosophie de l'—）23, 29
　〜のない世界というユートピア（utopie d'un monde sans —）198
連帯（Solidarité）240, 252, 257
論拠、論証（Arguments）42, 47, 49, 176, 179;「定型表現」も参照のこと
論争（Dispute）15, 25, 38-39, 42, 44-48, 54, 94, 96, 103, 109-110, 113, 125-126, 137, 145, 158, 164, 178

注

前書き

1. 講演の場合、本よりも議論のテンポが速くなり、暗示的になることが多くなる。本であれば細部に立ち入り、可能な限り正確に論述することが可能だが、口頭発表ではそうはいかない。その主な理由は、第一に、報告者が聴衆の記憶力と注意力を考慮に入れるからであり、第二に、パラテクストが存在しないからである。
2. 歴史学者のジェローム・バシェは、——中世研究家としての活動の外部で書かれた——サパティスタ運動を扱った著作（*La rébellion zapatiste*, Flammarion, 2002）の序文で、異論の余地が全くないというわけではないにしても興味深い時代区分を提示している。それは、反乱と秩序への回帰の繰り返しによって特徴づけられるものである。20 世紀の初めの 3 分の 1 に始まった社会闘争の周期は、およそ 1972 年から 1974 年までの間に終わりを迎えたとされる（J. バシェによれば、この時期の断絶の方が、より頻繁に引き合いに出される 1989 年から 1991 年までの間の断絶よりもずっと重要であるという）。68 年の運動はその一つの頂点を成したが、その後「傾向が逆転」し、「資本にとってずっと有利な力関係」が形成され、批判的な反省と活動が衰退していったという。1994 年、とりわけ 2000 年以降、新たな逆転が始まっており——サパティズムはその最も顕著な現れの一つであるとされる——、「批判的な思考と実践」（pp. 15-18）の両方が復活する方向へと進んでいるとされる。これと多少とも類似した考え——ただし、今回は社会階級の形態およびその動員の程度の問題に応用したものだが——を、社会学者のルイ・ショヴェルの中に見て取れる（とりわけ、*Les classes moyennes à la dérive*, Paris, Seuil, 2006 を参照のこと）。1890 年代から 1970 年代にかけて対立が活発化し、多くの社会的成果をあげるに至ったが、その後対立が弱まる時期が到来することで、これらの成果が衰退するとともに、新たな形態の対立への道が切り開かれることになったという。

第 1 章

1. Luc Boltanski et Laurent Thévenot, *De la justification. Les économies de la grandeur*, Paris, Gallimard, 1991〔三浦直希訳、2007、『正当化の理論——偉大さのエコノミー』新曜社〕。
2. Bruno Karsenti, « L'expérience structurale », *Grandhiva*, nº 2, 2005, pp. 89-107.
3. 「社会」という語は 17 世紀末にそれまでの意味（上流社会）から解放さ

れたが、黎明期の社会学は様々な仕方でこの語の意味を変化させ、その構成要素である諸個人について直接言及せずとも語ることのできる集合体を指示するようになった。さらに、この集合体と、ある国民国家の領土に集まる人口との間に、暗黙の同等性が確立された。これらの点については、Robert A. Nisbet, *La tradition sociologique*, Paris, PUF, 1984 (1966)〔中久郎監訳、1975-1977、『社会学的発想の系譜　1・2』アカデミア出版会〕, および Peter Wagner, *Liberté et discipline. Les deux crises de la modernité*, Paris, Métailié, 1996 を参照のこと。

4.　このような基本的立場が形成された過程について、とりわけマックス・ホルクハイマーが批判理論の中心にこの立場を据えた仕方については、Rolf Wiggershaus, *L'école de Francfort. Histoire, développement, signification*, Paris, PUF, 1993, pp. 175-182 を参照のこと。

5.　ある意味で、このような包括的視点に対置されるのが、フーコーが微視的権力およびその輪郭の詳細を分析する際に採用した方法である。とはいえ、エピステーメー概念が提供する全体化の力がなければ、微視的権力は分散したままであり、関連性をもつことはないだろう。

6.　支配の理論は批判的で体系的な性格を有しており、行為者が抱く不満の源泉について行為者自身よりも知っているとしばしば主張する。それゆえ、支配の理論は多くの場合、それに異議を唱える者たちからある種の狂気と見なされることさえあった。このようなアナロジーは、とりわけある病理との関連において提示された。しかも、この病理に関する記述は、批判理論の発展、より一般的には社会科学の発展とほぼ同時期に生じた。その病理とはパラノイアである。このような関連づけを明確に提示したのは、セリユー医師とカプグラ医師という二人の精神科医である。フランスにおいてこの疾病分類学的カテゴリーに関する記述を最初に行ったのは彼らとされる。彼らはたとえば「パラノイア患者」と「社会学者」を比較している。パラノイア患者が至る所に陰謀を見るのと同様に、批判的な社会学者は、行為者――批判的な社会学者によって支配を行使していると非難されるか、あるいは支配を受けていると同情される人びと――が異常なものの存在を何一つ指摘しないような場合でさえ、至る所に支配を見る。「この視点に立てば――と我々の医師は述べる――、現実に存在するものにせよ、そう主張されているだけのものにせよ、不正義の修復に躍起になっている好訴者と、解決不能な問題を追究する研究者［…］や、自らの理論を広め、それを現実化することに情熱を捧げる夢想家の社会学者との間には、根本的な違いは何一つ存在しない。［…］他の人びとが偶然や偶然の一致を見るところに、彼はその深い洞察力を使って、真理と物事の隠れた関係を見つけ出すのである」（Sérieux et Capgras, « Délire de revendication », *in* Paul Bercherie (éd.), *Présentation des classiques de la paranoïa*, Paris, Navarin/Seuil, 1982, pp. 100-105）。

7.　反対に、いわゆる「自然」物は、その反省性の欠如によって、より詳しく言えば、それに付与される表象に対する無関心，および、――日常生活者

による記述にせよ、科学を標榜する専門家による記述にせよ——その存在様式に関する記述に対する無関心によって特徴づけられる。これらの表象と記述が「自然」物の行動に影響を及ぼすことがありうるとしても——とりわけ動物の場合——、それはあくまで間接的にである。なぜなら、表象と記述が変えるのは「自然」物に対する人間の行為だからであり、「自然」物が自らの振る舞いを変えるよう促されることがありうるとしても、それはあくまでその余波としてなのである（この点に関しては、Ian Hacking, *Entre science et réalité: la construction sociale de quoi ?*, Paris, La Découverte, 2001〔出口康夫・久米暁訳、2006、『何が社会的に構成されるのか』岩波書店〕を参照のこと）。

8. 我々はこの区別を放棄するつもりは全くない。この区別は今日傲然たる態度で検討され、まるでどこか「短絡的な」ところでもあるかのように見なされることが多い。だが、この区別が（かつてであれば「認識論的切断」と言われていたかもしれない）一つの契機を示しており、この契機の手前に位置する限り、社会科学は自己を失う危険があるということを認めなければならない。たとえ——あとで示していくように——この区別には実現不可能なところがあるとしてもである。マックス・ウェーバーにおけるこの区別の起源がニーチェにあるのか、それとも新カント派にあるのかという——終わりのない議論が展開された——問題に関しては、社会学史の専門家に任せることにしよう（確かな資料に裏打ちされたこの論争に関する要約を、ローラン・フルーリーの論文の中に見つけることができる。Laurent Fleury, « Max Weber sur les traces de Nietzsche ? », *Revue française de sociologie*, vol. 46, nº 4, 2005, pp. 807-839）。残念ながらこの問題に十分通じているわけではないが、私見によれば、事実と価値の区別はおそらくニーチェのパースペクティヴィズムを起源としているが、新カント派の合理主義による修正を受けることで、社会学は科学の地位を主張することができるようになった。ここで採用された——多少とも込み入ったと言うべき——解決策は、周知のように、「価値判断」と「価値関係」の区別に基づいて構築された。「目的」と「価値」は科学による基礎づけの対象とはなりえないが、ひとたびある種の価値基準が設定されれば、たとえ採用されたパースペクティブ内で行われる例証であっても、合理主義的な方法を用いて「客観的」に展開し、「事実」を明らかにすることは可能である。

9. Max Horkheimer, *Théorie traditionnelle et théorie critique*, Paris, Gallimard, 1974 (1937) (traduit de l'allemand par Claude Maillard et Sibylle Muller)〔久野収訳、1974、『哲学の社会的機能』晶文社〕。

10. Raymond Geuss, *The Idea of a Critical Theory. Habermas and the Frankfurt School*, Cambridge, Cambridge University Press, 1981.

11. Luc Boltanski, *Rendre la réalité inacceptable. À propos de « La production de l'idéologie dominante »*, Paris, Demopolis, 2008.

12. ここで留意しておきたいのは、批判的企てが土台とする諸々の「即自的善

(biens en soi)」(ニコラ・ドディエの表現。*Leçons politiques de l'épidémie de sida*, Paris, Éd. de l'EHESS, 2003, p. 19)はそこまではっきりと定義される必要はないという点である。そのような善が満たされれば社会の輪郭はどのようなものになるのかを正確に描き出すことについては、なおさら必要ない。これが批判理論とユートピアを分ける点である。後者は、道徳的要求にしか依拠しておらず、現実原則から自由であることができる。反対に、批判理論は、一方の社会科学によって採用される真理言説と、他方の規範的方向性に依拠しなければならないため――このような危うい立場が批判理論のまさに面白いところでもあるのだが――、現実に関して、社会が自らを妨害する疎外からひとたび自由になればどのようなものになるかを正確に描き出すための十分な手がかりを提供することはないし、批判の基底にある諸々の善を明確に同定するための十分な手がかりすらも提供することはないと考えることができる。この意味で、批判理論は、〔現実を〕正当化する義務を、少なくとも倫理的に正当化する義務を部分的には免れている。この点に関して、我々は、バーナード・ヤックが疎外概念の起源の問題に取り組んだ著作に従うことができる。ヤックが「カント左派」と呼ぶ、フランス革命の失敗を理解し、説明することを試みた人びとは、政治的条件以前に、諸存在を完全な人間性に到達することを許さない状況に留め置くものが存在したと考え、それを同定しようとした。彼らが最終的に至った考えは次のようなものだった。すなわち、現実の状態が人間性の実現に有利な条件とは程遠いものである場合、たとえこのような事実確認に基づいて批判に従事し、「全体革命」に身を投じることが正統であるとしても、革命が成就すればどのような価値が出現するのかを前もって予想することは不可能である(Bernard Yack, *The Longing for Total Revolution. Philosophic Sources of Social Discontent from Rousseau to Marx and Nietzsche*, Princeton, Princeton UP, 1986 を参照のこと)。

13. マイケル・ウォルツァーがヘルベルト・マルクーゼを検討した章は、次のような表現で閉じられている。「マルクーゼは、彼が内部から批判しようとした［アメリカ］社会を自由に選択した。だが、アメリカの生活には彼をおののかせるものがあまりにも多くあった。マルクーゼはそこに留まることを選びはしたが、つねにそこから距離を置いていた。そして、ここでもまた彼の著作が示唆するのは、距離が批判的介入の敵だということである。結局のところ、あらゆる戦いがそうであるように、知性の戦いにおいて勝利を収めるためには、現場に身を置かなければならないのである」(M. Walzer, *La critique sociale au XXe siècle*, Paris, Métailié, 1996 (1988) (traduit par Sebastian McEvoy), p. 205)。
14. 社会学が用いる全体化の様々な形態については、Nicolas Dodier et Isabelle Baszanger, « Totalisation et altérité dans l'enquête ethnographique », *Revue française de sociologie*, vol. 38, nº 1, 1997, pp. 37-66 を参照のこと。
15. 私は本節で、ここで採用されている多かれ少なかれ構造主義的な観点を

理由に、名前を図式的に配置していくことを断念した。実際、もし単一の外在性と複合的外在性との妥協が社会学の古典のコーパスに載っている偉大な著作を残した人びとによっていかにして確立されてきたのかを明らかにしようとすれば、私は、ひどく粗雑な説明しか提示できず、必然的に厳密さと公正さを欠くことになるか、あるいは数限りない詳細な分析を行わざるを得なくなり、この短い一節を一冊の分厚い本へと変えていかなければならなくなっていただろう。それゆえ、読者はこの数ページを、なぞなぞを解くのを楽しむ子どもや、モデル小説の登場人物の背景となった実在の人物を突き止めるのを楽しむ大人と少し似た形で読むことができるだろう。とはいえ、この遊びに興じる読者の手助けをするために、私が執筆する際に念頭にあったいくつかの名前をここで挙げておこう。ハーバーマス、ホネット、デュルケム、デューイ、パレート、ウェーバー、そして当然ながら、程度の差はあれ、マルクス主義を標榜する数多くの著者たち。

第２章

1. Pierre Bourdieu, Jean-Claude Passeron et Jean-Claude Chamboredon, *Le métier de sociologue*, Paris, Mouton, 1968〔田原音和・水島和則訳、1994、『社会学者のメチエ——認識論上の前提条件』藤原書店〕。
2. William Buxton, *Talcott Parsons and the Capitalist Nation-State,* Toronto, University of Toronto Press, 1985 を参照のこと。
3. 今日、ピエール・ブルデューの社会学を紹介し、時には批判することを目的とする文献は数多く存在する。当然、そのすべてを引用しようとすれば膨大な時間がかかることになるだろう。フランス語で書かれた文献のみを挙げれば、以下のものを参照することができる。Alain Accardo et Philippe Corcuff, *La sociologie de Bourdieu*, Bordeaux, Le Mascaret, 1989 ; Bernard Lahire (éd.), *Le travail sociologique de Pierre Bourdieu. Dettes et critiques,* Paris, La Découverte, 1999 ; Louis Pinto, *Pierre Bourdieu et la Théorie du monde social*, Paris, Seuil, 2002 ; Philippe Corcuff, *Bourdieu autrement. Fragilités d'un sociologue de combat*, Paris, Textuel, 2003 ; Pierre Encrevé et Rose-Marie Lagrave (éd.), *Travailler avec Bourdieu*, Paris, Flammarion, 2003 ; Jacques Bouveresse et Daniel Roche (éd.), *La liberté par la connaissance, Pierre Bourdieu (1930-2002)*, Paris, Odile Jacob, 2004 ; Patrice Champagne et Olivier Christin, *Pierre Bourdieu. Mouvement d'une pensée*, Paris, Bordas, 2004. ジェフリー・アレクサンダーの次の文献に興味深い批判的視点を見つけることができる。J. Alexander, *Fin de siècle Social Theory : Relativism, Reduction and the Problem of Reason*, Londres, Verso, 1995.
4. とはいえ、指摘しておかなければならないのは、ピエール・ブルデューと彼の周囲にいた人びとが 1970 年代に行った研究は、この種の認知的道具——とりわけ職業別社会階層——を集中的に用いながらも、それが形成され、使用される社会的条件に関する研究にも着手していたという点である。この

二重のパースペクティブは、おそらく、ピエール・ブルデューが社会学と社会人類学を学問的基盤としていたことに多くを負っている（とりわけ次の文献を参照のこと。Pierre Bourdieu et Luc Boltanski, « Le titre et le poste: rapports entre système de production et système de reproduction», *Actes de la recherche en sciences sociales*, vol. 1, n° 2, mars 1975, pp. 12-23 ; Luc Boltanski, « Taxinomies populaires, ta xinomies savantes: les objets de consommation et leur classement », *Revue française de sociologie*, vol. 11, n° 3, 1970, pp. 99-118 ; Alain Desrosières, « Éléments pour l'histoire des nomenclatures socio- professionnelles », dans Joëlle Affichard (éd.), *Pour une histoire de la statistique*, Paris, INSEE/Economica, 2 vol., t. II, pp. 35-56.

5. Luc Boltanski et Laurent Thévenot, « Finding ones' way in social space: a study based on games », *Social Science Information*, vol. 22, n° 4-5, 1983, pp. 631-680〔中原隆幸・須田文明訳、2016、「社会的世界においていかに自らを方向付けるか」『阪南論集・社会科学編』51(2): 109-139〕を参照のこと。この研究は、「日常生活者」と呼ばれる人びとの分類能力に訴える実験手続きを土台としながら、INSEE〔国立統計経済研究所〕の職業別社会階層がもたらす再帰性効果を明らかにした。この再帰性効果はおそらく、社会階級の区分を自明なものと、さらには優れたものと見なす社会的世界の表象が——政治的言説だけでなく文学や映画などにおいても——大きな存在感を示し、普及することによってもたらされていた。20年経過した今、比較という目的から同様の研究を再び行えば、興味深い結果を得られるだろう。そのような研究を行えば、社会階級の消失が、公式的な表象の場、とりわけメディアという場にしか関わらない表面的なものなのか、それとも反対に、人びとの認知能力に深く根差すものなのかどうかを評価することが可能になるだろう（この点については次の文献も参照のこと。Alain Desrosières, *La politique des grands nombres*, Paris, La Découverte, 1993 ; および、Alain Desrosières et Laurent Thévenot, *Les catégories socio-professionnelles*, Paris, La Découverte, 1988）。

6. 行為が状況の中で直面する不確実性の吸収は、ピエール・ブルデューにおいては、研究対象に対して取られる時間的立場によって促進されている。この立場は、たいていの場合、回顧的なものである。ところで、回顧的に検討されると、行為の流れの各瞬間にある種の必然性が付与される場合がある。それは、一方の当該瞬間と、他方のそれに先行した瞬間および後続した瞬間が、分析者によって関係づけられることで生じる必然性である。実際、一連の出来事ないし行為をその継起において考察することは、——たとえそのようなつもりがなくても——決定論に属する因果論を記述の中に入れ直すことにつながる。これとは反対に、行為の各瞬間を切り離し、それらをいわばそれ自体として考察しようとする立場——どちらかと言えば語用論の立場——は、行為者が直面する不確実性をより際立たせるのである（このような指摘を提供してくれたマシュー・キャリーに感謝を述べたい）。

7. 社会学の行為論の歴史と原理については、Hans Joas, *La créativité de l'agir*,

Paris, Cerf, 1999 (1992) (traduction de l'allemand par Pierre Rusch ; préface d'Alain Touraine) を参照のこと。

8. 批判社会学と批判のプラグマティック社会学を比較した初期の研究として、トマス・ベナトゥイユによるもの（« Critique et pragmatique en sociologie », *Annales ESC*, 1999, vol. 54, n° 2, pp. 281-317）と、フィリップ・コルキュフによるもの（*Les nouvelles sociologies*, Paris, Armand Colin, 1999）がある。

9. Jacques Rancière, *Le philosophe et ses pauvres*, Paris, Flammarion, 2007 (1983)〔松葉祥一ほか訳、2019、『哲学者とその貧者たち』航思社〕。

10. この批判は、サルトルがフランスのマルクス主義者たちに対して行った批判といくつかの点において類似していた。さらに言えば、ピエール・ブルデュー自身もこの批判を支持していた。*Critique de la raison dialectique. Questions de méthode*, Paris, Gallimard, 1960 の第一部、とりわけ pp. 33-50（「媒体の問題」）を参照のこと〔平井啓之訳、1962、『方法の問題――弁証法的理性批判序説』人文書院、48-80〕。

11. Luc Boltanski et Élisabeth Claverie, « Du monde social en tant que scène d'un procès », in Luc Boltanski, Élisabeth Claverie, Nicolas Offenstadt et Stéphane Van Damme, *Affaires, scandales et grandes causes*, Paris, Stock, 2007, pp. 395-452.

12. このような指摘を私に提供してくれたのはシリル・ルミューである。Cyril Lemieux, *Le devoir et la grâce*, Paris, Economica, 2009 を参照のこと。

13. Francis Chateauraynaud, *La faute professionnelle. Une sociologie des conflits de responsabilité*, Paris, Métailié, 1991. Nicolas Dodier, *Les hommes et les machines*, Paris, Métailié, 1995. Philippe Corcuff, « Sécurité et expertise psychologique dans les chemins de fer », *in* Luc Boltanski et Laurent Thévenot (éds.), *Justesse et justice dans le travail*, Paris, PUF, 1989, pp. 307- 318.

14. Nicolas Dodier, *L'expertise médicale*, Paris, Métailié, 1993.

15. Michael Pollak, *Les homosexuels et le sida. Sociologie d'une épidémie*, Paris, Métailié, 1988.

16. Cyril Lemieux, *Mauvaise presse. Une sociologie compréhensive du travail médiatique et de ses critiques*, Paris, Métailié, 2000.

17. Damien de Blic, « Le scandale financier du siècle, ça ne vous intéresse pas ? Difficile mobilisation autour du Crédit Lyonnais », *Politix*, n° 52, 2000, pp. 157-181.

18. Nathalie Heinich, *L'art en conflit*, Paris, La Découverte, 2002.

19. François Eymard-Duvernay et Emmanuelle Marchal, *Façons de recruter : le jugement des compétences sur le marché du travail*, Paris, Métailié, 1997.

20. Jean-Louis Derouet, *École et justice*, Paris, Métailié, 1992.

21. Claudette Lafaye, « Situations tendues et sens ordinaire de la justice au sein d'une administration municipale », *Revue française de sociologie*, vol. 31, n° 2, 1990, pp. 199-223.

22. Pierre Boisard et Marie-Thérèse Letablier, « Un compromis d'innovation entre tradition et standardisation dans l'industrie laitière », in L. Boltanski et L. Thévenot (éds.),

Justesse et justice dans le travail, op. cit., pp. 135-208.

23. Claudette Lafaye et Laurent Thévenot, « Une justification écologique? Conflits dans l'aménagement de la nature », *Revue française de sociologie*, vol. 34, no 4, 1993, pp. 493-524.
24. Élisabeth Claverie, *Les guerres de la Vierge. Une anthropologie des apparitions*, Paris, Gallimard, 2003.
25. とりわけ以下のものを参照のこと。Luc Boltanski, « La dénonciation publique des injustices », in *L'amour et la justice comme compétences. Trois essais de sociologie de l'action*, Paris, Métailié, 1990, pp. 255-366. Élisabeth Claverie, « Procès, affaire, cause. Voltaire et l'innovation critique », *Politix*, nº 26, 1994, pp. 76-86, et id., « La naissance d'une forme politique : l'affaire du chevalier de La Barre », dans Philippe Roussin (éd.), *Critique et affaires de blasphème à l'époque des Lumières*, Paris, Honoré Champion, 1998. さらに以下のものも参照のこと。Luc Boltanski, « Une étude en noir »（近刊）〔訳注：後に刊行され以下に掲載。*Tracés: Revue de Sciences Humaines*, nº 20, 2011, pp. 49-73〕。
26. Damien de Blic et Cyril Lemieux, « Le scandale comme épreuve. Éléments de sociologie pragmatique », *Politix*, nº 71, 2005, pp. 9-38 を参照のこと。
27. 6つの市民体が『正当化の理論』において同定された。インスピレーション的市民体、家政的市民体、名声の市民体、公民的市民体、商業的市民体、そして産業的市民体である。現在生成中の他の市民体も、探索的研究の対象となった。とりわけ、生態学的市民体（C. Lafaye et L. Thévenot, « Une justification écologique?... », art. cité）, および、プロジェクトによる市民体（Luc Boltanski et Ève Chiapello, *Le nouvel esprit du capitalisme*, Paris, Gallimard, 1999〔三浦直希ほか訳、2013、『資本主義の新たな精神』ナカニシヤ出版〕）である。
28. 試練概念は、ブルーノ・ラトゥールの著作の中に登場する（たとえば、Bruno Latour, *Pasteur : paix et guerre entre les microbes*, Paris, La Découverte, 2001 [1984]〔荒金直人訳、2023、『パストゥール　あるいは微生物の戦争と平和、ならびに「非還元」』以文社〕を参照のこと）。本書では、判断の問題と正統性の問題に応用するために、試練概念の意味を一部変えて用いている。
29. インスピレーション的市民体における偉大さとは、神の恩寵を受けた聖人のそれ、あるいは、霊感を受けた芸術家のそれである。偉大さは、厳しい鍛錬を積むことで形成された自己の身体において現れ、そのような身体を用いたインスピレーション溢れる表現（聖性、創造性、芸術的感覚、真正性…）は、表現力という特権的な形態を構築する。

　家政的市民体において、人びとの偉大さは、一連の人格的従属関係の中で占める階層的位置に依存する。家政的モデルに基づいて確立された服従方式において、諸存在間の政治的紐帯は、伝統と近親関係を結びつける世代的紐帯を一般化したものとして理解される。「偉大な者」とは、敬意を払い、忠義を尽くさなければならない年長者、祖先、父であり、彼らは保護と援助を

〔「卑小な者」に〕与える。

名声の市民体において、偉大さは他者の意見にのみ依存する。すなわち、信頼と尊敬を与える人びとの数にのみ依存する。

公民的市民体における「偉大な者」とは、ある集合体を代表し、その一般意志を表明する者である。

商業的市民体における「偉大な者」とは、購買意欲を強く喚起する商品を競争市場に提示することによって富を築く者である。彼は「好機を捉える」術を知っているのである。

最後の産業的市民体における偉大さは効率性に基づいており、職業的能力の等級を決定する。

これらの正当化のレジームは、それぞれ異なる評価原理を土台としている。それを土台にし、ある一定の観点から諸存在を検討することによって(すなわち、他の種類の性質決定を排除することによって)、諸存在の間に一つの秩序を打ち立てることが可能となる。この原理は同等性の原理と呼ばれる。なぜなら、それはある形態の一般的同等性(尺度)への準拠を前提としているからであり、これがなければ諸存在を関連づけることは不可能になってしまうだろう。たとえば、次のように述べることができる。ある観点から(たとえば、産業的市民体における効率性という観点から)試練にかけられた人びとは、多かれ少なかれ価値を持つことが明らかになった、といったように。ある一定の観点から人びとに付与された価値が正統な手続きの結果である場合、我々はその価値を偉大さと呼ぶ。

30. Pierre Bourdieu et Jean-Claude Passeron, *La reproduction. Éléments pour une théorie du système d'enseignement*, Paris, Minuit, 1970〔宮島喬訳、1991、『再生産——教育・社会・文化』藤原書店〕を参照のこと。
31. L. Boltanski et E. Chiapello, *Le nouvel esprit du capitalisme, op. cit*〔三浦直希ほか訳、2013、『資本主義の新たな精神』ナカニシヤ出版〕。
32. Nicolas Dodier, « L'espace et le mouvement du sens critique », *Annales HSS*, nº 1, janvier-février 2005, pp. 7-31.
33. ジョン・デューイにおける経験概念と批判のプラグマティック社会学のいくつかの側面との関係については、Joan Stavo-Debauge et Danny Trom, « Le pragmatisme et son public à l'épreuve du terrain», in Bruno Karsenti et Louis Queré (éd.), *La croyance et l'enquête. Aux sources du pragmatisme, Raisons pratiques*, Paris Éd. de l'EHESS, 2004, pp. 195-226 を参照のこと。また、経験概念については、ジョン・デューイの次の著作にジョエル・ザスクが付した序文を参照のこと。John Dewey, *Le public et ses problèmes*, Paris, Farrago/Léo Scheer, 2003〔阿部齊訳、2014、『公衆とその諸問題——現代政治の基礎』ちくま学芸文庫〕。
34. Michael Walzer, *Critique et sens commun*, Paris, Agalma/La Découverte, 1990.
35. Michèle Lamont et Laurent Thévenot, *Rethinking Comparative Cultural Sociology. Repertoires of Evaluation in France and the United States*, Cambridge, Cambridge UP,

2000 を参照のこと。

36. 16 世紀末から 17 世紀前半にかけて、ヨーロッパ東部（ロレーヌ地方、ドイツ、スイスなど）を舞台として大規模な魔女迫害が起きた。この迫害を対象とした歴史学の諸研究は、権力の座にいるエリートたちが民衆の実践を再解釈する古典的でとりわけ痛ましい事例を提供している。この場合、エリートたちとは教会当局のことである。次々と告発がなされ、地域紛争の争点となった結果、教会当局は、それまで治療技術に属していた行為を、宗教に対する罪という点から再規定しなければならなくなった（Robin Briggs, *Witches and Neighbours*, Londres, Fontana Press, 1996 を参照のこと）。

37. 1950 年代という早い時期にこのテーマを社会派サイエンス・フィクションの中で展開したのがマイケル・ヤングである。*The Rise of Meritocracy* (nouvelle édition révisée, Londres, Transaction Publishers, 1994)〔窪田鎮夫・山元卯一郎訳、2021、『メリトクラシー』講談社エディトリアル〕。

38. J.-P. Sartre, *Critique de la raison dialectique*, *op. cit.*, p. 352〔竹内芳郎・矢内原伊作訳、1962、『弁証法的理性批判』人文書院、368〕。

39. L. Boltanski, « La dénonciation publique des injustices », art. cité を参照のこと。

40. 今日ほとんど忘れられているが、1940 年代と 1950 年代の社会心理学が好んで取り上げていたテーマの一つがこれである。たとえば、Eleanor Maccoby, Theodor Newcomb et Eugene Hartley (éd.), *Readings in Social Psychology*, New York, Holt, Rinehart and Winston, 1952 を参照のこと。

41. René Girard, *Mensonge romantique et vérité romanesque*, Paris, Grasset, 1961〔古田幸男訳、1971、『欲望の現象学――ロマンティークの虚偽とロマネスクの真実』法政大学出版局〕。

42. ここで私が参照しているのは、コロンビアの内戦状況における社会生活についてナタリア・スアレが行った研究（近刊）である。

43. Luc Boltanski, *Les cadres. La formation d'un groupe social*, Paris, Minuit, 1982, および、A. Desrosières et L. Thévenot, *Les catégories socio- professionnelles*, *op. cit* を参照のこと。

44. L. Boltanski et E. Chiapello, Le nouvel esprit du capitalisme, *op. cit.*, pp. 376-414〔三浦直希ほか訳、2013、『資本主義の新たな精神　下』ナカニシヤ出版、39-79〕を参照のこと。

45. Alain Desrosières, « L'État et la formation des classes sociales. Quelques particularités françaises », dans Alain Desrosières, Gouverner par les nombres, Paris, Mines-ParisTech, 2008, 2 vol., t. II, pp. 293-304.

46. L. Boltanski, *Les cadres, op. cit.*

47. Pierre Bourdieu et Luc Boltanski, « Le titre et le poste : rapports entre système de pr oduction et système de reproduction », *Actes de la recherche en sciences sociales, loc. cit* を参照のこと。

48. Christian Laval, *L'homme économique. Essai sur les racines du néolibéralisme*, Paris, Gal-

limard, 2007〔菊地昌実訳、2015、『経済人間——ネオリベラリズムの根底』新評論〕、および、Pierre Dardot et Christian Laval, *La nouvelle raison du monde. Essai sur la société néolibérale*, Paris, La Découverte, 2009 を参照のこと。

49. Nicholas Abercrombie et Bryan Turner, « The dominant ideology thesis », *The British Journal of Sociology*, vol. 29, nº 2 , juin 1978, pp. 149-170.

50. Raymond Aron, *Les étapes de la pensée sociologique*, Paris, Gallimard, 1967, pp. 407-496〔北川隆吉ほか訳、1984、『社会学的思考の流れ　II』法政大学出版局、135-240〕。

51. J.-P. Sartre, *Critique de la raison dialectique*, *op. cit.*, dans le livre I〔「個人的実践から実践的＝惰性態へ」竹内芳郎・矢内原伊作訳、1962、『弁証法的理性批判——実践的総体の理論』人文書院〕。

52. Giorgio Agamben, *État d'exception*, Paris, Seuil, 2003〔上村忠男・中村勝己訳、2007、『例外状態』未來社〕。

53. Michael Mann, *State, War and Capitalism. Studies in Political Sociology,* Oxford, Basil Blackwell, 1988 を参照のこと。

54. Nancy Fraser, *Abnormal Justice*（近刊）を参照のこと。〔訳注：同題の論文の初出は、*Critical Inquiry,* vol. 34, nº 3 (Spring 2008), pp. 393-422. 後に *Scales of Justice: Reimagining Political Space in a Globalizing World*, Columbia University Press, 2009（向山恭一訳、2013、『正義の秤《スケール》——グローバル化する世界で政治空間を再想像すること』法政大学出版局）の第 4 章に所収。〕

55. ちょうどブルーノ・ラトゥールが政治に参入する諸存在とは何かという問題を提起したのと同じように。Bruno Latour, *Politiques de la nature*, Paris, La Découverte, 1999 を参照のこと。

56. Herbert Marcuse, *Éros et civilisation*, Paris, Minuit, 1963 (1955), pp. 42-43〔南博訳、1958、『エロス的文明』紀伊国屋書店、28-30〕。

57. Axel Honneth, *La réification. Petit traité de théorie critique*, Paris, Gallimard, 2007〔辰巳伸知・宮本真也訳、2011、『物象化——承認論からのアプローチ』法政大学出版局〕。

58. Zygmunt Bauman, *Modernity and Ambivalence*, Cambridge, Polity Press, 1993, および、Malcolm Bull, *Seeing Things Hidden. Apocalypse, Vision and Totality*, Londres, Verso, 1999 を参照のこと。

59. 同様の意図によって導かれながらも、部分的に異なる方法が用いられた研究を、シリル・ルミューが行っている。« De la théorie de l'habitus à la sociologie des épreuves: relire L'expérience concentrationnaire », dans Liora Israël et Danièle Voldman (éd.), *Michael Pollak. De l'identité blessée à une sociologie des possibles*, Paris, Complexe, 2008, pp. 179-206 をとりわけ参照のこと。

第 3 章

1. John Searle, *La construction de la réalité sociale*, Paris, Gallimard, 1998.

2. ジャック・ルヴェルは、とりわけ歴史家の間で制度という語が多義的に用いられている点を指摘した上で、その用法を少なくとも三つに区分している。一つ目の用法は制度を「法－政治的現実、すなわち『制度史』が例証する現実」として定義するというものである。二つ目の用法は、たとえば「家族、学校、病院、組合」といった、「明示的および暗示的規則に従いながら社会の中で規則的に作動し、ある特定の集合的要求に応えると想定されるあらゆる組織」を対象としている。最後の三つ目の用法は、制度という語によって、「諸々の価値、規範、関係モデル、行動モデル、役割モデルを結びつけるあらゆる形態の社会組織」を指示するというものである（この最後の定義は、ジョルジュ・バランディエがメアリー・ダグラスの著作のフランス版——*Comment pensent les institutions*, Paris, La Découverte, 1989——に付した序文から取り入れられたものである）。Jacques Revel, « L'institution et le social », in *Un parcours critique. Douze exercices d'histoire sociale*, Paris, Galaade, 2006, pp. 85-110.
3. John Searle, « What is an institution ? », *Journal of Institutional Economics*, n° 1, 2005, pp. 1-22.
4. Erving Goffman, *Asiles. Études sur la condition sociale des malades mentaux*, Paris, Minuit, 1968 (1961)〔石黒毅訳、1984、『アサイラム——施設被収容者の日常世界』誠信書房〕。
5. たとえば、Sandra Laugier, « Care et perception », in *Le souci des autres. Éthique et politique du* Care. *Raisons pratiques*, Éd. de l'EHESS, 2005, pp. 317-348 を参照のこと。
6. Jean-Claude Gens, « Le partage du sens à l'origine de l'humanité », dans Pierre Guenancia et Jean-Pierre Sylvestre (éds.), *Le sens commun : théories et pratiques*, Dijon, Éditions universitaires de Dijon, 2004, pp. 75-89 を参照のこと。
7. おそらくその最も傑出した例がエリック・エリクソンの著作『幼児期と社会』である。初等教育の中で生じる社会構造の暗黙の身体化を強調する文化主義的人類学とは異なり、精神分析家のピエラ・オラニエは、子どもによる嘘の存在の発見——両親が嘘をつくということと、それと不可分のものだが、自分が嘘をつかれる可能性があることの発見——が、自律感覚の構築において（「《他者》や他の人びとに対して自分が考えていることの一部を隠す能力」）、さらには、「その発言は真実であるかもしれないし、虚偽でもあるかもしれない」という発見と結びついた原初的不安の形成において重要性を帯びることを強調している。彼女によれば、このような発見により、子どもは、「疑いという試練を自分ものにする」ことが「余儀なくされる」という（Piera Aulagnier, *Un interprète en quête de sens*, Paris, Payot, 2001, pp. 299-324 を参照のこと）。
8. 社会学の観点から検討された経済的合理性に関する批判的議論については、Richard Swedberg, *Economics and Sociology*, Princeton, Princeton UP, 1990, および、同著者の *Principles of Economic Sociology*, Princeton, Princeton UP, 2003 を参照のこと。
9. Philippe Batifoulier (éd.), *Théorie des conventions*, Paris, Economica, 2001〔海老塚明・

須田文明監訳、2006、『コンヴァンシオン理論の射程——政治経済学の復権』昭和堂〕、および、Revue économique の創刊号 (*L'économie des conventions*, vol. 40, n° 2, mars 1989) を参照のこと。コンヴァンシオン主義の標準的な形態の中心にあるのは、次のような考えである。すなわち、基本的な目的が諸行為の調整であれば、行動は恣意的であっても合理的となりうるという考えである。古典的な例は、車の左側・右側通行である。とはいえ、(自動車の運転のように)「恣意的」であると判断しても我々にとって大した問題ではないように思える行動と、それとは反対に、——このあとで明らかにするいくつかの理由から——固有内在的必然性と真正性を付与することのできるような土台を用意することができなければあらゆる妥当性を失うことになるように思える行動は分けて考えなければならない。そして、それができなければ、そのような行動は、信用に値しないことを示すために「因習的 (conventionnelles)」と形容され、まさしくその「恣意的な」性格が際立たせられることになるだろう。このことがとりわけ明確に見られるのは、我々がこのあとで言及する次のような場合である。すなわち、慣行 (convention) の確立がある連続体の中に切れ目を入れ、閾あるいは境界を確立することを要求し、しかもそのように引かれた線が正当化されなければならない場合である。

10. たとえば、Daniel Cefaï, *Phénoménologie et sciences sociales. Alfred Schutz. Naissance d'une anthropologie philosophique*, Genève, Droz, 1998, および、Jocelyn Benoist et Bruno Karsenti (éds.), *Phénoménologie et sociologie,* Paris, PUF, 2001 を参照のこと。

11. Jürgen Habermas, *Morale et communication. Conscience morale et activité communicationnelle*, Paris, Cerf, 1986 (traduction et introduction par Christian Bouchindhomme)〔三島憲一・中野敏男・木前利秋訳、1991、『道徳意識とコミュニケーション行為』岩波書店〕。

12. René Daval, *Moore et la philosophie analytique,* Paris, PUF, 1997, pp. 28-31, および、ジョージ・E. ムーアを特集した *Revue de métaphysique et de morale* の特別号 (n° 3, juillet-septembre 2006)、とりわけクリストフ・アルサレの論考 (« Quand est-il valide de dire je sais? ») とエリーズ・ドムナックの論考 (« Scepticisme, sens commun et langage ordinaire chez Moore ») を参照のこと。

13. L. Boltanski, *L'amour et la justice comme compétences, op. cit.*, pp. 110-124 を参照のこと。

14. Laurent Thévenot, *L'action au pluriel : sociologie des régimes d'engagement,* Paris, La Découverte, 2006 を参照のこと。

15. とりわけホッブズの『リヴァイアサン』のことばに関する章を読めば、ラディカルな不確実性と自然状態とのつながり , および、意味作用の「揺れ」と暴力とのつながりが、少なくとも潜在的にはホッブズによって確立されていることに気づくだろう。同様のテーマは、契約の問題が検討される際にも展開されている (Thomas Hobbes, *Léviathan*, Paris, Sirey, 1971 [1651], introduction et traduction de François Tricaud, notamment pp. 27-36 et 128-143〔水田洋

訳、1954、『リヴァイアサン（一）』岩波文庫、68-83 と 216-235〕）。とはいえ、ホッブズの問題構成は、それが社会科学によって取り上げられるときには、むしろ妬みの主題系に、さらには、暴力の源泉としての際限のない人間の欲求（appétits）という主題系へと向かったのであり、これが国家の必要性を正当化するための論拠として用いられた。この主題はデュルケムの中に見て取れる。デュルケムにおいてこの主題は制度概念の生成において重要な役割を果たすものとされている（たとえば、*Le socialisme : sa définition, ses débuts, la doctrine saint-simonienne*, Paris, PUF, 1971 [1928]〔森博訳、1977、『社会主義およびサン - シモン』恒星社厚生閣〕、および、*De la division du travail social*, Paris, PUF, 1960 [1893]〔田原音和訳、2017、『社会分業論』ちくま学芸文庫〕、特に 1902 年の第 2 版序文を参照のこと）。最後に、デュルケムは欲望の無規制状態にブレーキをかける必要性を強調したが、このような強調は――しばしば指摘されてきたように――フロイトの諸概念と共鳴している点も付言しておこう（たとえば、R. Nisbet, *La tradition sociologique*, *op. cit.*, p. 110〔中久郎監訳、1975、『社会学的発想の系譜　I』アカデミア出版会、101-102〕を参照のこと）。このような古典的立場から距離を取りつつ、本研究が強調点を置くのは、むしろ制度の意味論的役割についてである。

16. 現実の社会的構成という主題系が社会科学の領域へと広がっていった点については、I. Hacking, *Entre science et réalité. La construction sociale de quoi ?*, *op. cit.*〔出口康夫・久米暁訳、2006、『何が社会的に構成されるのか』岩波書店〕を参照のこと。読者は、構築主義という問題構制とそれが提起する諸問題に関する傑出した紹介を、ミシェル・ド・フォルネルとシリル・ルミューが編集した雑誌 *Enquête* の特別号「自然主義対構築主義」に彼ら自身が寄せた解説（« Quel naturalisme pour les sciences sociales ? »）の中に見つけるだろう (n° 6, 2007, pp. 9-28)。

17. たとえば、ブレーズ・ブノワが（*Realität* と *Wirklichkeit* の使用法を分析しながら）示唆しているように、ニーチェの中には、世界の中に一つの安定性を見つけるために構築されるある種の虚構として理解される現実と、捉え難く混沌としながらも、経験を通じて接近可能な生成と見なされる現実との緊張が見られる（Blaise Benoit, « La réalité selon Nietzsche », *Revue philosophique*, vol. 131, n° 4, 2006, pp. 403-420）。

18. 現実と世界との差異は、――その提示のされ方はとりわけ精神分析の視角から行われているという点で異なるものの――コルネリュウス・カストリアディスが「社会による世界の制度化」を分析する枠組みを提示するために行ったスケールの大きな企ての基礎を成している（Cornelius Castoriadis, *L'institution imaginaire de la société*, Paris, Seuil, 1975〔第 1 部：江口幹訳、1987、『社会主義の再生は可能か――マルクス主義と革命理論』三一書房；第 2 部：江口幹訳、1994、『想念が社会を創る――社会的想念と制度』法政大学出版局〕）。

19. Franck Knight, *Risk, Uncertainty and Profit*, Chicago, University of Chicago Press,

1985 (1921)〔桂木隆夫ほか訳、2021、『リスク、不確実性、利潤』筑摩書房〕。

20. Michel Foucault, *Sécurité, territoire, population. Cours au Collège de France (1977-1978)*, Paris, Hautes Études / Gallimard / Seuil, 2004〔高桑和巳訳、2007、『安全・領土・人口――コレージュ・ド・フランス講義 1977-1978 年度』筑摩書房〕。

21. Frédéric Keck, *Claude Lévi-Strauss. Une introduction*, Paris, La Découverte, 2005, pp. 136-143 を参照のこと。

22. Frédéric Nef, *L'objet quelconque. Recherches sur l'ontologie de l'objet*, Paris, Vrin, 2000.

23. Bruno Karsenti, *Politique de l'esprit. Auguste Comte et la naissance des sciences sociales*, Paris, Hermann, 2006.

24. この点については、デュルケムがプラグマティズムについて行った講義（*Pragmatisme et sociologie*, Paris, Vrin, 1955, publié par Armand Cuvilier〔福鎌達夫訳、1960、『プラグマティズム二十講』関書院〕）、および、ブルーノ・カルサンティがデュルケムとプラグマティズムとの対立――この対立はいくつかの収斂を禁じるものではない――について行った明快な分析（*La société en personnes. Études durkheimiennes*, Paris, Economica, 2006, pp. 183-212）を参照されたい。

25. Pierre Bourdieu, *Esquisse d'une théorie de la pratique, précédé de trois études d'ethnologie kabyle*, Genève, Droz, 1972.

26. 計画行為のレジームについては、Laurent Thévenot, « L'action en plan », *Sociologie du travail*, vol. 37, nº 3, 1995, pp. 411-434 を参照のこと。

27. これはトーマス・シェリング（*The Strategy of Conflict*, New York, Oxford UP, 1960〔河野勝監訳、2008、『紛争の戦略――ゲーム理論のエッセンス』勁草書房〕）から借用した概念である。

28. ピエール・ブルデューが展開した実践感覚の分析において、このテーマは、「規則至上主義」が社会科学に及ぼす影響として彼が記述しているものに対する批判という形で登場している。たとえば、ブルデューは「実践的親族」と、クロード・レヴィ゠ストロースが『親族の基本構造』の中でモデル化した親族の規則を対置している（*Le sens pratique*, Paris, Minuit, 1980〔今村仁司ほか訳、2018、『実践感覚　新装版』みすず書房〕を参照のこと）。

29. Laurent Thévenot, « L'action qui convient », in *Les formes de l'action*, Raisons pratiques, nº 1, Paris, Éd. de l'EHESS, 1990.

30. Jack Goody, *La raison graphique. La domestication de la pensée sauvage*, Paris, Minuit, 1979（ジャン・バザンおよびアルバン・ベンサによる翻訳と紹介）、とりわけ pp. 50-55 と 135 頁以降。

31. Irène Chauviré, *Voir le visible : la seconde philosophie de Wittgenstein*, Paris, PUF, 2003, pp. 71-72 を参照のこと。また、ウィトゲンシュタインの立場を認知人類学の領域に実験的に応用したものとして、Eleonor Rosch, « Classification of real-world objects: origins and representation in cognition », in P. N. Johnson-Laird et P. C. Wason (éds.), *Thinking. Readings in Cognitive Science,* Cambridge, Cambridge UP, 1977,

pp. 212-223 を参照のこと。最後に、ベルナール・コネインの著作の中に（*Les sens sociaux. Trois essais de sociologie cognitive,* Paris, Economica, 2005）、カテゴリーの様々な使用法が提起する問題に関する最新かつ――私の知る限り――最も完成された議論を見つけられるだろう。

32. L. Boltanski, *L'amour et la justice comme compétences, op. cit.*, pp. 137-244 を参照のこと。

33. アガペーとしての愛のレジームの特徴の一つは、相互行為中の人びとが可能な限り最も低いレベルの反省性を維持しようと協力する点にある。それゆえ、たとえば、無償のものとして提示される贈与に伴い、「ほら、君に惜しみなく〔計算せずに〕与えているよ」という典型的な反省的発話が行われれば、ただちに行為者はこのレジームの外に出て、同等性の下で行われる交換の論理の中に再び組み込まれることになるだろう。

34. とりわけ、ジョン・ルーシーが編集した著作、*Reflexive Language. Reported Speech and Metapragmatics*, Cambridge, Cambridge UP, 1993 を参照のこと。

35. この区別については、Fr. Nef, *L'objet quelconque, op. cit.*, p. 97 を参照のこと。

36. カトリーヌ・ジュリア（*Fixer le sens. La sémantique spontanée des gloses de spécification du sens*, Paris, Presses de la Sorbonne nouvelle, 2001, p. 41）は、彼女が「再帰的注解」（gloses réflexives）と呼ぶものと、「真善美といった価値評価をもたらす主観的形容詞を含む、様相化された発話」との間の近さを強調している。彼女は例として「偉大な詩人」（評価判断）と「本物の女性」を挙げている。「偉大と本物は、指示対象が名詞によって示されるクラスに帰属しているかどうかの判断を表している。この帰属は、この名詞と結びついている理念とどの程度一致しているかという観点から評価される」。

37. 認知人類学の起源については、Ernst Cassirer, *La philosophie des formes symboliques*, vol. 1, Le langage, Paris, Minuit, 1972 (1923)、とりわけヴィルヘルム・フォン・フンボルトに関する 103-111 頁を参照のこと〔生松敬三・木田元訳、1989、『シンボル形式の哲学　1　言語』岩波文庫、172-185〕。

38. Laurent Thévenot, « Jugements ordinaires et jugements de droit », *Annales ESC,* nº 6, novembre-décembre 1992, pp. 1279-1299 を参照のこと。

39. Irène Rosier, *La parole comme acte. Sur la grammaire et la sémantique au XIIIe siècle,* Paris, Vrin, 1994, pp. 14-15.

40. 指示対象の確立と価値の確定とのつながりは、法学が性質決定という操作に与える意味と本質的に結びついている。オリヴィエ・カイラが記しているように、「ある対象について、それが存在してはならないと述べることから始めて、それを非難しようとする前に、あるいは反対に、それが存在してもよい、あるいは存在しなければならないと述べることから始めて、それが存在することを許したり、容認したり、あるいはその到来を要求しようとする前に、それがいかなるものなのかについて述べることから始めなければならない。たとえば、ありのままの『自然な』状態で表現すると、ある人物の手

元にある財を別の人物に移す行為として示される事実について、対応する法制上の規則をそのケースに適用する前に、それが『売却』と呼ばれるべきなのか、『贈与』と呼ばれるべきなのか、それとも『窃盗』と呼ばれるべきなのかについて述べることから始めなければならないのである」。しかし、著者がそのあと示しているように、この過程は同時に価値付与あるいは価値剝奪（著者の言葉を使えば「降格」）の過程でもあり、それゆえ、「法が可能にするのは記述という様式に従って存在するものを確立することなのだという主張はもはやほとんど考えられず、むしろ考えられるのは、法が可能にするのは存在しなければならないものを規範的に押しつけることなのだという主張の方なのである」。かくして、オヴィリエ・カイラは同じ論文の中で、性質決定を行う権力を主権者の主要な特権とするに至っている（Olivier Cayla, « La qualification, ou la vérité du droit », *Droits. Revue française de théorie juridique*, n° 18, 1993, pp. 1-18）。

41. C. Julia, in *Fixer le sens, op. cit.*, p. 41 を参照のこと。

42. カテゴリーを動員するこれら二つの方法の対比がはっきりと見られるのは、次の二つの用語の使用が比較される場合である。すなわち、日常生活者同士の言葉のやり取りの中でなされる、集団や階級を指す諸々の用語の使用と、専門家たちによる職業別社会階層の使用である（L. Boltanski et L. Thévenot, « Finding one's way in social space: a study based on games », art. cité〔中原隆幸・須田文明訳、2016、「社会的世界においていかに自らを方向付けるか」『阪南論集・社会科学編』51 (2): 109-139〕）。

43. とりわけ、Josette Rey-Debove, *Le métalangage. Étude linguistique du discours sur le langage,* Paris, Armand Colin, 1997 を参照のこと。別の古典的な例として次のものを提示することができる。「猫（chat）は四文字」であって「四つ足動物」ではない。メタ言語的可能性が活性化されると、評価、すなわち「ある指示対象と何らかの理念との一致」は、「語の偉大な意味における詩人」あるいは「語の真の意味での女性」について語られる場合がそうであるように、――カトリーヌ・ジュリアが指摘しているように（*op. cit.*）――「発話行為の表象」という形を取る。同様に、あるテクストにおいて、引用符で囲みながらある語を用いるという行為も、メタ言語的手法の一つを構成する（これは、自身の対象との距離を印づけるために社会学者によってしばしば用いられる）。なぜなら、この行為の本質は、その語を使用しながら、同時にその語に関して軽蔑的な価値判断を下すことにあるからである。それは、この語と結びついている暗示的意味を認めていると聞き手に受け止められるかもしれないことについて、著者がそれを望んでいないことを明確に示すことによって行われる。

44. Josette Rey-Debove, *Lexique de la sémiotique*, Paris, PUF, 1979, p. 95 も参照のこと。逆説的にも、この再帰性は内的なものであり、別の「平面」への移行を伴うことはない。それゆえ、我々は、この再帰的な離脱を強調することもできるし、

メタ言語《ランガージュ》が優勢を占める発話の瞬間も含めて、当該言語《ランガージュ》の限界の内に留まっているという事実を強調することもできるのだ。「あらゆる言語《ラング》は、——ジャクリーヌ・オティエ＝ルヴュが書いているように——それ自体自らの対象言語《ランガージュ》でありメタ言語《ラング》なのである」。彼女は——ジャック・ラカンの有名な定式に従いながら（*Le séminaire, Livre III, Les psychoses*, Paris, Seuil, 1981, p. 258〔小出浩之ほか訳、1987、『精神病（下）』岩波書店、119〕）——論理学者が語る意味での「メタ言語《ランガージュ》は存在しない」ことを認めながらも、「メタ言語的なものは存在する」としている。なぜなら、「言語《ランガージュ》は‥‥その内部で再生産される」からである（Jacqueline Authier-Revuz, « Le fait autonymique : langage, langue, discours. Quelques repères », dans Jacqueline Authier-Revuz, Marianne Doury et Sandrine Reboul-Touré, *Parler des mots. Le fait autonymique en discours*, Paris, Presses de la Sorbonne nouvelle, 2003, pp. 67-96 を参照のこと）。

45. ジャクリーヌ・オティエ＝ルヴュ（*Ces mots qui ne vont pas de soi. Boucles réflexives et non-coïncidences du dire*, Paris, Larousse, 1995）は、次の例を提示している。「彼女は近所の人びとのために縫い物をしている、ただし、それを縫い物と呼びうるのであればであるが。というのも、縫い物というのはむしろ…」(t. I, p. 19)。さらには、「市民洗礼式」で聞かれる次のフレーズを例として挙げることもできるだろう。「あなたがたはこれを洗礼と呼ぶのか！」。

46. 仮に「言語について受け入れ可能な文を作り出す」ことを可能にする「メタ言語的能力」（J. Rey-Debove, *op. cit.*, p. 21）が、「世界について受け入れ可能な文を生み出す」ことを可能にする正常な言語能力の一部であるとすれば、——J. ルーシーが『メタ語用論』で指摘しているように（*op. cit.*, pp. 20-24）——前者は、反省性の操作子の一つであるとはいえ、後者よりもずっと無意識的に用いられているように思われる。

47. 「レトリックが形式的同語反復《トートロジー》を引き受けるのは、語られることとそれに与えられる定義との隔たりを埋めるためか、あるいはそれを際立たせるためである（「金は金である」、「女は女である」）」（J. Rey-Debove, *Lexique de la sémiotique*, *op. cit.*, p. 146）。

48. Josette Rey-Debove, *La linguistique du signe. Une approche sémiotique du langage,* Paris, Armand Colin, 1998, p. 31.

49. 全員がすでに知っていると想定されるものの認証において儀式言論が果たす役割については、Loïc Nicolas, « La fonction héroïque : parole épidictique et enjeux de qualification », *Rhetorica. A Journal of the History of Rhetoric*, vol. XXXVII, n° 2, 2009, pp. 115-141 を参照のこと。

50. たとえば、Lucie Ménager et Olivier Tercieux, « Fondements épistémiques du concept d'équilibre en théorie des jeux », *Revue d'économie industrielle*, n° 114-115, 2e -3e trimestre 2006, pp. 67-84 を参照のこと。

51. この種の遂行は、それゆえ、約束といくつかの共通点をもっている（Mohamed Nachi, *Éthique de la promesse : l'agir responsable*, Paris, PUF, 2003）。

52. Olivier Cayla, « Les deux figures du juge », *Le Débat*, n° 74, mars-avril 1993, pp. 164-174.
53. 「だが、まさに上で述べた理由から——発話テクストの中で意図を判読することの不可能性——、対話者によって最終的に決められた解釈が、話者が実際に込めた意図と一致しているかどうかを確かめる術は何一つ存在しない。このような不確実性において、合意は証明され得ず、誤解はつねにすべての対話の中心を占める。疑いの目がつねに向けられるため、解釈の多様性が解釈の一致へと縮減される地点へと議論が自然と行き着くことは決してない。[…] というのも、(解釈学的な意味での) 真面目さは、——まるで離れた二つの部屋のように——発話の一般的意味と発話行為の特殊な力との間につねに残る戯れに対して無力だから、すなわち、あらゆる命題の文言とその精神との間の現象学的隔たりに対して無力だからである」(O. Cayla, « Les deux figures du juge », art. cité)。
54. 「日常の考察の仕方は、諸対象をいわばそれらの内部から見るが、永遠の相の下での考察は、それらを外側から見るのである。したがって、この考察は世界全体を背景として持っている。あるいは、この考察は、時間・空間の中にある対象を見るのではなく、時間・空間とともにある対象を見る、ということか」(Ludwig Wittgenstein, *Carnets 1914-1916*, Paris, Gallimard, 1971 (traduction, introduction et notes de Gilles-Gaston Granger), pp. 154-155〔奥雅博訳、1975、「草稿 1914-1916」『ウィトゲンシュタイン全集 (1)』大修館書店、273〕)。
55. こうした定義は、それが語法の次元と結びついてはいても、文脈の多様性を考慮に入れていないという意味において、意味論的である。辞書のようにより精緻に練り上げられた文集の中に収められている語彙記述に関するテクストは、読者を定義から定義へと移動するよう促す循環的な性格を有している。かくして、定義について我々は次のように述べることができる。定義とはある意味論的観点から見て同語反復《トートロジカル》なものであるが、それは同じタイプの他の発話との関係において同語反復《トートロジカル》なのであって (「独身男性とは結婚していない男性である」)、指示対象との関係においてそうなのではない (Centre d'étude du lexique, *La définition*, Paris, Larousse, 1990 を参照のこと)。
56. この文は、フレーゲに対するあるコメントからの引用である (Claire Ortiz Hill, *Rethinking Identity and Metaphysics*, New Haven, Yale University Press, p. 146)。だが、この種の問題は、——周知のように——バートランド・ラッセルの著作とウィーン学派をめぐって展開された論争の中心を占めていた (この問題に関する総論的な歴史については、Jocelyn Benoist, *Représentations sans objets aux origines de la phénoménologie et de la philosophie analytique*, Paris, PUF, 2001 を参照のこと)。
57. ジョン・J. ガンパーズとデル・ハイムズが残した数々の独創的な仕事のあとであれば、そのような指摘をすることができるだろう (とりわけ、*Direc-*

tions in Sociolinguistics. The Ethnography of Communication, New York, Blackwell, 1986 を参照のこと)。

58. Giorgio Agamben, « Les langues et les peuples », in *Moyens sans fins. Notes sur la politique*, Paris, Rivages, 2002, pp. 73-81〔高桑和巳訳、2000、「言語と人民」『人権の彼方に——政治哲学ノート』、以文社。67-74〕。

59. Michel de Certeau, Dominique Julia et Jacques Revel, *Une politique de la langue*, Paris, Gallimard, 1975 ; rééd. Folio, 2002.

60. 現代フランス文学において、言語の極限の探究はピエール・ギュヨタによって、とりわけ『売春』(*Prostitution*, 1975; nouvelle édition, Gallimard, coll. « L'Imaginaire », 2007) と『子どもたち』(*Progénitures*, Gallimard, 2000) でなされた。ギュヨタはこの点について自分の考えを次のように説明している。「ミステリーの領域に属するものは、共通言語では表現され得ない」。ここで言われる「ミステリー」とは、著者によれば、「ゴミと形而上学が……接する」場、すなわち「神」を指す (Pierre Guyotat, *Explications. Entretiens avec Marianne Alphant*, Paris, Léo Scheer, 2000, p. 35)。

61. たとえば、François Eymard-Duvernay, « Conventions de qualité et formes de coordination », dans « L'économie des conventions », *Revue économique*, vol. 40, n° 2, 1989, pp. 329-359 を参照のこと。

62. Hernando de Soto, *Le mystère du capital*, Paris, Flammarion, 2007.

63. Simona Cerutti, « À qui appartiennent les biens qui n'appartiennent à personne ? Citoyenneté et droit d'aubaine à l'époque moderne », *Annales HSS*, n° 2, mars-avril 2007, pp. 355-383 を参照のこと。別の例として、これもまたアンシャン・レジーム期の話であるが、自由主義の「完全で十全な」所有権、とりわけ「分離した所有権」以前に存在した所有権の諸形式の例を挙げることができる。Michela Barbot, « Per una storia economica della proprietà dissociata. Efficacia e scomparsa di 'un altro modo di possedere' (Milano XVI-XVII secolo), *Materiali per una storia della cultura giuridica*, t. XXXVIII, n° 1, juin 2008, pp. 33-62 を参照のこと。

64. たとえば、アレッサンドロ・スタンチアーニは、農産物加工品市場が、統制呼称という地位を獲得するために製品が有していなければならない諸特性を定義する性質決定という操作によって、どれだけ絶えず枠づけられているのかを示している。この性質決定という操作は、技術革新がもたらす諸々の変化に対応するためにとりわけ必要とされる。たとえば、何が真のバターなのかは、マーガリンという新たな製品との競争に対応する中で、とりわけ、バターという呼称で販売されるバターとマーガリンの混成品によって市場が溢れかえるリスクに対応する中で定義された (Alessandro Stanziani, *Histoire de la qualité alimentaire*, Paris, Seuil, 2005, pp. 173-190 を参照のこと)。

65. George Akerlof, *An Economic Theorist's Book of Tales*, Cambridge, Cambridge UP, 1984〔幸村千佳良訳、1995、『ある理論経済学者のお話の本』ハーベスト社〕を参照のこと。

66. François Eymard-Duvernay, « Coordination par l'entreprise et qualité des biens », in *Analyse économique des conventions* (A. Orléan, éd.), Paris, PUF, 1994, pp. 307-334 を参照のこと。

67. Laurent Thévenot, « Essai sur les objets usuels: propriétés, fonctions, usages », in *Les objets dans l'action, Raison pratique*, n° 4, Paris, Éd. de l'EHESS, 1993, pp. 85-111.

68. Ève Chiapello et Alain Desrosières, « La quantification de l'économie et la recherche en sciences sociales: paradoxes, contradictions et omissions. Le cas exemplaire de la "Positive accounting theory" », in F. Eymard-Duvernay (éd.), *L'économie des conventions. Méthodes et résultats*, t. I : *Débats*, Paris, La Découverte, 2006, pp. 297-310. また、歴史的視座からなされた研究としては、Ève Chiapello, « Accounting and the birth of the notion of capitalism », *Critical Perspectives on accounting*, vol. 18, 2007, pp. 283-296.

69. L. Boltanski, *La condition fœtale, op. cit.*, pp. 171-207〔小田切祐詞訳、2018、『胎児の条件——生むことと中絶の社会学』法政大学出版局、232-284〕。

70. ジョン・サールも制度化それ自体の中に権力の創造過程を見ている。制度化は、「諸個人の身体能力」を変化させることはせずに、権力が承認され、合意がなされる諸条件をつくり出す。ここでのJ. サールの分析はP. ブルデューの分析と非常に近い（一つの解釈として、Jean de Munck, « L'institution selon John Searle », in *Institutions et conventions. Raisons pratiques*, Paris, Éd. de l'EHESS, 1998, pp. 173-225 を参照のこと）。

71. オーウェン・ラティモアの記念碑的著作である *Inner Asian Frontiers of China*, New York, Oxford UP, 1989 (réédition) を参照のこと。また、より最近の研究については、Robert R. Alvarez, « The Mexican-U.S. border : the making of an anthropology of borderlands », *Annual Review of Anthropology*, n° 24, 1995, pp. 447-470, および、A. Murphy, « Historical justifications for territorial claims », *Annals of the Association of American Geographers*, vol. 80, n° 4, 1990, pp. 531-548 を参照のこと。

72. William J. Goode, *The Celebration of Heroes. Prestige as a Control System*, Berkeley, University of California Press, 1978, pp. 67-70 を参照のこと。

73. 人間存在の再同定という認知プロセスを、アクセル・ホネットの承認論との関連から検討した論考として、Bernard Conein, « Reconnaissance et identification : qualification et sensibilité sociale », texte présenté au colloque *De l'inclusion: reconnaissance et identification sociale en France et en Allemagne*, 23-25 mai 2007, Maison Heinrich Heine を参照のこと。

74. 奴隷制に関する数多くの人類学的文献の中で私がとりわけ引用したのは、ジャン・バザンの研究（« Guerre et servitude à Segou », in Claude Meillassoux (éd.), *L'esclavage en Afrique précoloniale*, Paris, Maspero, 1975, pp. 135-181）、クロード・メイヤスーの研究（*Anthropologie de l'esclavage,* Paris, PUF, 1986）、アラン・テスタールの研究（« L'esclavage comme institution », *L'Homme*, n° 145, 1998, pp. 31-69）である。

75. このポリスという語は、ここではパオロ・ナポリがこの語に与えた二重の意味で用いられている。すなわち、「統治実践」と「司法権の機能」である。ナポリは、アンシャン・レジーム末期とフランス革命期に「近代ポリス」が「予防」から抑圧にまで及ぶ諸々の「法的措置」を組み合わせることによって確立されるに至ったその過程について研究を行っている（Paolo Napoli, *Naissance de la police moderne*, Paris, La Découverte, 2003 を参照のこと）。

76. 形式的な瞬間へと移行する中であらわになるような種類の不安とは、同時に（ロジェ・カイヨワが *Les jeux et les hommes*, Paris, Gallimard, 1992〔多田道太郎・塚崎幹夫訳、1990、『遊びと人間』講談社学術文庫〕の中で述べている意味での）眩暈や享楽でもある。反省性がもたらす眩暈と享楽こそが、制度の謎とその脆弱性を自覚することを可能にする。すなわち、それは制度なのか、それとも我々でしかないのか、と。我々であると同時に我々ではないというこの理解し難い何かこそが、我々がその単なる僕となるものなのだ。だが、この何かは実在しないか、あるいはより正確に言えば、我々が実在させているから実在しているにすぎない。とはいえ、その逆もまた真である。すなわち、実在しないのは我々の方なのである。我々は何者でもなく、我々に取るに足りない偉大さを授けたり、我々にその権威の一部を譲渡したりするこの存在の被造物にすぎないのである。

77. たとえば、フランスには「専門用語に関する省令」というものが存在する。これは用語の定義を定める省令であり、おそらくその目的は係争の過程で生じる解釈をめぐる紛争を未然に防ぐことにある。たとえば、1988 年にスポーツの専門用語に関する省令が『官報』で公表された。この省令は分野ごとに分けられ、同じ用語でもスポーツの分野が異なれば別の定義を受ける場合があるとされた（たとえば、ラグビーとサッカーでは、chandelle という語は、ボールに運動を伝える同じやり方を指示するわけではない〔この語はラグビーでは「アップ・アンド・アンダー」を、サッカーでは「ロビング」を指す〕）。省令は規範的な目標を有しており、「強制的に使用」されなければならない用語と「推奨される用語」を区別する。省令はまた、避けるべき「誤用と用語」のリストも提示する（Centre d'étude du lexique, *La définition, op. cit.*, pp. 262-267 を参照のこと）。

78. たとえば、Martine Segalen, *Rites et rituels contemporains*, Paris, Nathan, 1998 を参照のこと。

79. とりわけ、Victor Turner, *Le phénomène rituel. Structure et contre-structure*, Paris, PUF, 1990 (1re éd. anglaise, 1969)〔冨倉光雄訳、2020、『儀礼の過程』ちくま学芸文庫〕を参照のこと。

80. とはいえ、儀礼の中で目指されるこの未分化の要求が演劇において満たされることは決してない。というのも、演劇はまさしく、――とりわけ、『演劇について』の中で、道徳的に望ましい演劇とは人民が自らに対して催す祝宴であると主張したルソーが行ったように――それが観客と俳優との間に非

真正なものと見なされる距離を導入しているという理由からしばしば非難されるからである（Jonas Barish, *The Antitheatrical Prejudice*, Berkeley, University of California Press, 1981）。失敗に終わることが多いものの、このような隔たりを埋めることを可能にする諸々の手法の探究こそが、現代演劇の大部分を、とりわけ、アントナン・アルトー――彼自身が儀礼という事例から着想を得ていた――の残酷演劇を引き合いに出す数多くの試みを活気づけている。

81. たとえば、ヴィクター・ターナー（*Le phénomène rituel, op. cit.*）は、アフリカの族長支配体制における即位の儀礼を記述している。この儀礼において、族長への志願者たちは儀式の前日、ぼろ着をまとい、まるでその妻であるかのように扱われる奴隷とともに、丸一晩放り出される。志願者たちは恥ずかしそうな様子で縮こまりながら、大人しく侮辱を受け入れなければならない。それは、ターナーによれば、（他の人間と同様ちり同然の存在にすぎない）生身の人間の弱さと、（それが与えられると志願者を変質させることになる）職務の重さとの間の緊張を顕在化させるためである（pp. 98-108〔155-174〕）。

第 4 章

1. 「原初的瞬間」という虚構、および、「構成的権力」と「被構成的権力」との循環については、Olivier Cayla, « L'obscure théorie du pouvoir constituant originaire ou l'illusion d'une identité souveraine inaltérable », in *L'architecture du droit. Mélanges en l'honneur du professeur Michel Troper,* Paris, Economica, 2006, pp. 249-265 を参照のこと。
2. 循環論法（慣行を確立するために用いられる言語は、それ自体すでに既成の慣行に基礎を置いている）は、デイヴィッド・ルイスのコンヴァンシオン理論の起源の一つである（Daniel Urrutiaguer, Philippe Batifoulier et Jacques Merchier, « Peut-on se coordonner sur une base arbitraire ? Lewis et la rationalité des conventions », dans Philippe Batifoulier (éd.), *Théorie des conventions, op. cit.*, pp. 63-95〔須田文明訳、2006、「恣意的な根拠に基づいて相互に調整することができるか――ルイスと慣行＝規約の合理性」海老塚明・須田文明監訳『コンヴァンシオン理論の射程――政治経済学の復権』昭和堂、68-114〕を参照のこと）。
3. Catherine Alès, *L'ire et le désir*, Paris, Karthala, 2006, pp. 38, 134-135, 166-169, 286-288. また、« Speeches and assemblies among the Yanomami. Ways for creating sociality », communication au Symposium : « The Interplay of Polity and the Social in Native Amazonia », 52ᵉ Congrès international des américanistes, université de Séville, juillet 2006 も参照のこと。
4. アルベール・ピエットは、彼が「現実の二次的様式」と呼ぶものについていくつもの研究を残しているが、その研究の中心を占めるのが、まさしく儀礼的配置編成と諸々のずれとの間に生じる緊張であり、これは多くの場合遂行中の主要な活動に対して偶発的に生じる（Albert Piette, *Ethnographie de l'action*, Paris, Métailié, 1996 を参照のこと）。偶然的状況を通じて課せられていた語用

論的行為のいくつかは、メタ語用論的行為の流れに寄生するようになる。そうであるがゆえに、——カトリーヌ・レミーが示したように——遂行中の行為が儀礼化されればされるほど、これらのずれは、よりはっきりと、そしてより「ショッキング」な形で現れるのである（C. Rémy, « Activité sociale et latéralisation. Pour une étude micro-ethnographique de la tension déterminisme-marge de manœuvre », *Recherches sociologiques,* vol. 34, nº 3, 2003, pp. 95-114を参照のこと）。

5. ここで個人的な話を披露することをお許し願いたい。子どもの頃、私は両親と一緒に日曜日のミサによく行ったものだが、教会は暖房が全くきいていなかった（戦争後のことだった）。多くの人びとが咳をしていた。咳は儀礼を進行する上で要求される身振りの一部を成していると思い、私も咳をしようとした。ちょうど、他の人びとがしているのを見て十字を切ったのと同じように。かくして咳はその偶発的な性格を失い、典礼としての儀礼に組み込まれていたのである。

6. Julien Bonhomme, *Le miroir et le crâne. Parcours initiatique du Bwete Misoko (Gabon)*, CNRS éditions et Éd. de la Maison des sciences de l'homme, Paris, 2006, p. 19. ジュリアン・ボノームは、イニシエーションの行程を対象としながら、儀礼の語用論的分析を行っている。そのねらいは、それまで強い影響力をもっていた構造主義的な意味論的あるいは記号論的分析によって強調されていたものとは異なる儀礼の構成要素を明らかにすることにある。〔かくして〕「象徴間の抽象的関係」の研究は、「行為主体間の動的関係」の研究へと置き換えられる。だが、このような転換は、象徴体系の可塑性を強調することによって、象徴体系そのものを別の角度から検討する傾向がある。

7. 聖母マリア出現の地を訪れる儀礼としての巡礼についてエリザベート・クラヴリーが行った人類学的研究 *Les guerres de la Vierge, op. cit.* を参照のこと。

8. E. Goffman, *Asiles, op. cit*〔石黒毅訳、1984、『アサイラム——施設被収容者の日常世界』誠信書房〕。

9. Walter Benjamin, « Pour une critique de la violence », in *L'homme, le langage et la culture*, Paris, Denoël, 1971 (1921), p. 38 (traduit de l'allemand par Maurice de Gandillac)〔野村修編訳、1994、『暴力批判論——他十篇』岩波文庫、46〕。

10. ヴァルター・ベンヤミンのテクストに注釈をつける中で、ジャック・デリダは次のように記している。「それ［この暴力］は法／権利のなかにあって、法／権利を宙吊りにするものである。それは既成の法／権利をさえぎり、それとは別の法／権利を基礎づける。法／権利を宙吊りにするこの瞬間つまりエポケー、すなわち法／権利を基礎づけるこの瞬間つまり革命的な瞬間は、法／権利のなかにあって法／権利のない審級である。けれどもそれは、法／権利の歴史のすべてでもある。この瞬間はつねに起こるけれども、現にそこにあるという仕方で起こることは決してない。それは、法／権利を基礎づける作用が、すき間の部分において、または深淵が口を開けたところで宙吊りになったままの瞬間である。宙吊りにするのは、遂行的な現実的行為そのも

のである。すなわちそれは、誰に対しても、誰を前にしても申し開きを立てるつもりのないような行為である」(Jacques *Derrida, Force de loi*, Paris, Galilée, 1994, p. 89〔堅田研一訳、1999、『法の力』法政大学出版局、111-112〕。

11. 支配という観点から再解釈された儀礼の「脱構築」の一例として、Catherine Bell, *Ritual Theory, Ritual Practice*, Oxford, Oxford UP, 1992〔森下三郎・早川敦・木村敏明訳、2021、『儀礼の理論・儀礼の実践』金港堂出版部〕を参照のこと。
12. 様々な形態の抗議に関する歴史については、チャールズ・ティリーの著作、とりわけ *La France conteste, de 1600 à nos jours*, Paris, Fayard, 1986, および、同著者の *From Mobilization to Revolution*, New York, Addison-Wesley, 1978 を参照のこと。
13. François Tricaud, *L'accusation. Recherche sur les figures de l'agression éthique*, Paris, Dalloz, 1977 を参照のこと。
14. L. Boltanski, « La dénonciation publique des injustices », art. cité を参照のこと。
15. この指摘をしてくれたブルーノ・カルサンティに感謝する。この特性が最も明確な形で現れるのは記念式典においてである。記念式典は、制度が細心の注意と献身をもってその役目を果たす活動の一つである。とはいえ、この特性はつねに制度の活動の基底に存在する(Gérard Namer, *La commémoration en France de 1945 à nos jours*, Paris, L'Harmattan, 1987 を参照のこと)。
16. この点については C. Castoriadis, *L'institution imaginaire de la société, op. cit.*, notamment pp. 532-535〔江口幹訳、1994、『想念が社会を創る——社会的想念と制度』法政大学出版局。341-345〕を参照のこと。
17. L. Boltanski, « La dénonciation publique des injustices », art. cité.
18. Robert Descimon, *Les ligueurs de l'exil. Le refuge catholique français après 1594,* Seyssel, Champ Vallon, 2005.
19. Christian Jouhaud, *Mazarinades. La fronde des mots*, Paris, Aubier, 1985.
20. É. Claverie, « Procès, affaire, cause », *loc. cit.*
21. Marc Angenot, *La parole pamphlétaire. Typologie des discours modernes*, Paris, Payot, 1983.
22. この種の状況において感情が果たす役割の例としてとりわけ適切なものを、フランソワ・ベルトメが「論争解決」の儀式的装置について行った研究に見出すことができるだろう(F. Berthomé, « Remarques sur trois dispositifs cérémoniels de "règlements de disputes" », à paraître を参照のこと)。また、Thomas Scheff, *Catharsis in Healing, Ritual and Drama*, Berkeley, University of California Press, 1980 も参照のこと。
23. François Héran, « L'institution démotivée. De Fustel de Coulanges à Durkheim et au-delà », *Revue française de sociologie*, vol. 28, nº 1, 1987, pp. 67-97.
24. たとえば、Sarah Hanley, *Le « Lit de justice » des rois de France. L'idéologie constitutionnelle dans la légende, le rituel et le discours*, Paris, Aubier, 1991 を参照のこと。より多様な典型的事例については、とりわけ Alain Dierkens et Jacques Marx (éds.),

La sacralisation du pouvoir. Images et mises en scène, Bruxelles, Éd. de l'Université libre, 2003 を参照のこと。そして、現代的な事例については、Jean-William Dereymez, Olivier Ihl et Gérard Sabatier (éds.), *Un cérémonial politique : les voyages officiels des chefs d'État*, Paris, L'Harmattan, 1998 を参照のこと。

25. Marcel Hénaff, « "La condition brisée des langues" : diversité humaine, altérité et traduction », *Esprit*, nº 323, mars-avril 2006, pp. 68-83.

26. これらの言葉や身振りは互いを参照し合っており、それゆえ自己言及的性格を有している。まさにそうであるがゆえに、それらの一つ一つを外的因果性の論理で説明しようとしても無意味なのである（ジャック・ブーヴレスが Ludwig Wittgenstein, *Remarques sur le Rameau* d'or de Frazer, Paris, L'Âge d'Homme, 1990〔杖下隆英訳、1975、「フレーザー『金枝篇』について」『ウィトゲンシュタイン全集　6』大修館書店、391-423〕に寄せた後書きを参照のこと）。

27. 定型表現は対話構造に組み込まれる場合もある。このとき、ある定型表現は別の定型表現と呼応することになる。しかし、同じ形式で構成された論評や注釈の対象とはなり得ないという点が、形式としての定型表現の特徴の一つであることに変わりはない。もしある定型表現を論評したければ、形式を変え、論証的言説を用いなければならない。この点において定型表現は詩と関連づけることができる。実際、詩という形式のままでは詩の論評も注釈も行うことはできない。これは、音楽についての注釈が必然的に音楽言語を離れ、音楽の事例（たとえば、講演の場合であればピアノで演奏されたもの、あるいは、書かれたテクストの場合であれば楽譜の抜粋で表現されたもの）を引きながら自然言語を用いなければならないのと少し似ている。他方、社会学や哲学のテクストであれば、形式を変えなくても社会学あるいは哲学の言語で論評することができる。それはおそらく、これらのテクストが批判の可能性に開かれるような形で構築されているからだろう。定型表現は、認証というメタ語用論的位相の典型的な形式ではあるものの、批判によって利用される論証的反省性という意味において、それ自体に対して反省的であるわけではないのだ。

28. 「我々の言語は古い都市と見なすことができる。狭い通りや小さな広場、古い家や新しい家、様々な時代に建て増しされた家々から成る一つの錯綜物であって、これが、まっすぐできちんとした街路と同じ形の家々から成る、多くの新しい郊外によって取り囲まれているのである」Ludwig Wittgenstein, *Tractatus logicophilosophicus suivi de Investigations philosophiques*, Paris, Gallimard, 1961, p. 121 (§ 18 des Investigations)〔藤本隆志訳、1976、『哲学探究』大修館書店、25〕。

29. それゆえ、トマソ・ヴィターレが指摘しているように、動員は「私的問題」や「諸個人によってなされる経験」を、「集合体全体」に関わる「公的問題」へと変えるのである（Tomaso Vitale, « Le tensioni tra partecipazione e rappresentanza e i dilemmi dell'azione collettiva nelle mobilitazioni locali », dans Tomaso Vitale

(éd.), *In nome di chi ? Partecipazione e rappresentanza nelle mobilitazioni locali*, Milan, Franco Angeli, 2007, pp. 9-40 を参照のこと)。フランスで言えば、いわゆる「不法状態にある」外国人のために行われている動員の事例を取り上げることができるだろう。過去 15 年間のその活動のねらいは、公権力やメディアが彼らを指示するために用いてきた「不法滞在者」(clandestins) という呼称を、「滞在許可証不保持者」(sans papiers)、そして最近では「滞在許可証のない就労者」(travailleurs sans papiers) という呼称に置き換えることにあった (この事例を紹介してくれたドロワ・ドゥヴァン協会のジャン゠クロード・アマラに感謝の意を述べたい)。

30. L. Boltanski et L. Thévenot, *De la justification, op. cit*〔三浦直希訳、2007、『正当化の理論――偉大さのエコノミー』新曜社〕を参照のこと。

31. この語は認知人類学が「非明示的カテゴリー」について述べる意味で用いている (B. Berlin, D. E. Breedlove et P. H. Raven, « Covert categories and folk toxinomies », *American Anthropologist*, vol. 72, n° 2, 1968, pp. 290-299 を参照のこと)。

32. 同様の指摘を、胎児が診断中の医師によって指示される仕方の分析から行うことができる。超音波検査で同定される胎児の身体は、同一の指示対象でありながら、妊婦が胎児を胎内に留めておくことにしたのか、それとも母体外に排出することにしたのかによって、異なる意味が付与されうる (L. Boltanski, *La condition fœtale, op. cit.*, pp. 171-178〔小田切祐詞訳、2018、『胎児の条件――生むことと中絶の社会学』法政大学出版局、232-242〕。

33. Luc Boltanski, *La souffrance à distance. Morale humanitaire, médias et politique*, Paris, Gallimard, nouvelle édition augmentée, 2007 (1993).

34. 私はデルフィーヌ・モローが現在行っている研究に依拠している。この研究は、統合失調症と診断された若者の親友や両親に焦点を当てており、とりわけ、「常軌を逸した行為」によって自分たちを驚かせたその人物は実は精神病患者なのではないかと親友が疑い始めた経緯に焦点を当てている (Delphine Moreau, *Faire interner un proche ? Le travail sur l'autonomie en contexte de troubles psychiatriques*, Paris, CNAF, Dossiers d'études, n° 94, juillet 2007 (CNAF のサイトで利用可能) を参照のこと)。

35. Dominique Linhardt, « *Guerrilla diffusa*. Clandestinité, soupçon et provocation dans le conflit entre organisations révolutionnaires subversives et l'État ouest-allemand (années 1970) », *Politix*, n° 74, 2006, pp. 75-102 を参照のこと。

36. とはいえ、注意しなければならないのは、この種の批判が、理想化されてはいるが遠く、その結果容易に神秘化される「現実」に根ざすことによって、その形を取ろうとする場合があるという点である。この場合の「現実」とは、文書や口頭による「証言」から切り離された諸々の断片から想像を介して再構成されたものを意味し、それゆえ、この「現実」を引き合いに出したり持ち出したりする人びとは、それを直接経験しているわけではない。この「現実」が直接感受されたものではないからこそ (いかなる現実の試練もそれを

組み込むことがないからこそ)、それを引き合いに出す批判は、それが適用されると主張する対象が何であれ、作為的で、硬直的で、避け難い性格を呈するのである。

第5章

1. これはミシェル・セールが竜と戦う聖ゲオルギウスを描いたカルパッチョの絵画について論評する際に用いた表現である（*Esthétiques sur Carpaccio*, Paris, Hermann, 1975, p. 34（阿部宏慈訳、2009、『カルパッチョ——美学的探求』法政大学出版局、31-32)。〔訳注：ただし、要塞（フォール）とひかえ壁（コントル・フォール）については原著41頁＝訳書41頁である〕。
2. ここで用いられている意味での取り決めという語は、『胎児の条件』で精緻化された。採用される推論の形式も同じである。なぜなら、『胎児の条件』で問題となっていたのは、異なる取り決めにおいて具体化されると同時に隠蔽される一般的矛盾だったからである。
3. 周知のように、この語はエミール・デュルケムによって用いられている（*Les règles de la méthode sociologique*, Paris, PUF, 1963 [1895]〔菊谷和宏訳、2018、『社会学的方法の規準』講談社学術文庫〕)。しかし、この語は、「資本主義の病理」について語るアクセル・ホネットの著作にも見られる（A. Honneth, *La société du mépris. Vers une nouvelle Théorie critique,* Paris, La Découverte, 2006 (édition établie par Olivier Voirol, pp. 39-100〔加藤泰史・日暮雅夫他訳、2005、『正義の他者——実践哲学論集』法政大学出版局、3-71〕)。
4. このテーマはアルノー・エスケールの著作で展開されている。*La manipulation mentale. Sociologie des sectes en France*, Paris, Fayard, 2009.
5. 複数の世界を包含する社会の描写については、L. Boltanski et L. Thévenot, *De la justification, op. cit*〔三浦直希訳、2007、『正当化の理論——偉大さのエコノミー』新曜社〕を参照のこと。
6. Luc Boltanski, « L'espace positionnel », *Revue française de sociologie*, vol. XIV, n° 1, 1973, pp. 3-20 を参照のこと。
7. Philippe Descola, *Par-delà nature et culture*, Paris, Gallimard, 2005〔小林徹訳、2020、『自然と文化を越えて』水声社〕。
8. 形態変化が起こる可能性は、フィリップ・デスコラにしたがえば、内面的には同一でありながら外面的には変化する可能性が諸存在に与えられるかどうか、あるいは反対に、(我々の社会で多くの場合見られるものだが) 内面的には変化しながらも、外見においては同一であり続ける可能性が諸存在に与えられるかどうかに依存している。ハンス・ブルーメンベルクによれば (*La raison du mythe*, Paris, Gallimard, 2001, p. 60)、聖書の伝統とそれに続くキリスト教は、ギリシャ神話の中心を占めてきた形態変化の可能性と、異端における形態変化の再出現と絶えず戦ってきた。しかし、形態変化という事実は否定することが困難なある種の自明性を構成してきたと考えることができ

る。なぜなら、形態変化は、12 世紀の西洋キリスト教世界において、とりわけ狼男という形でたびたび出現していたからであり、また、神学では、変容（métamorphoses）という観点から生物変移説を解釈しようという――決して成功することのない――試みにおいてたびたび出現していたからである（Caroline Walter Bynum, *Metamorphosis and Identity*, New York, Zone Books, 2005 を参照のこと）。

9. Bruno Latour, *Nous n'avons jamais été modernes. Essai d'anthropologie symétrique*, Paris, La Découverte, 1991〔川村久美子訳、2008、『虚構の「近代」――科学人類学は警告する』新評論〕。

10. 「警察の非道さは、法を措定する暴力と法を維持する暴力との分離がここでは完全になくなっている点に起因する。前者の暴力が勝利によって自己証明をなすことが要求されるとすれば、後者の暴力は新たな目標を自分自身に定めてはならないという制限を受けている。警察暴力はこれら二つの条件を免れている。警察暴力は法を措定し――というのも、警察暴力の特徴的機能とは法律を公布することではなく、法的効力をもつと主張しながらありとあらゆる命令を発することにあるからだ――、かつ、法を維持する――なぜなら、警察暴力は定められた目標に従うからである――のである」（W. Benjamin, « Pour une critique de la violence », art. cité, p. 36〔野村修編訳、1994、『暴力批判論――他十篇』岩波文庫、44-45〕）。

11. Giorgio Agamben, *Le règne et la gloire*, Paris, Seuil, 2008〔2023, 高桑和巳訳,『王国と栄光――オイコノミアと統治の神学的系譜学のために（新装版）』青土社〕、および、ブルーノ・カルサンティによる論評 « Agamben et le mystère du gouvernement », Paris, *Critique*, n° 744, 2009 を参照のこと。

12. Oliver E. Williamson, *The Economic Institutions of Capitalism*, New York, Free Press, 1985.

13. いくつかのマネジメント的形態を取る国家権力については、Albert Ogien, *L'esprit gestionnaire,* Paris, Éd. de l'EHESS, 1995 にその記述がある。

14. Albert Hirschman, *Deux siècles de rhétorique réactionnaire*, Paris, Fayard, 1991〔岩崎稔訳、1997、『反動のレトリック――逆転・無益・危険性』法政大学出版局〕。

15. William Ryan, *Blaming the Victim*, New York, Vintage Book, 1988.

16. Émilie Hache, « La responsabilité, une technique de gouvernementalité néolibérale ? », *Raisons politiques*, n° 28, 2007, pp. 49-66.

17. Pierre Bourdieu et Luc Boltanski, « La production de l'idéologie dominante », *Actes de la recherche en sciences sociales*, vol. 2, n° 2, 1976〔櫻本陽一訳、2015、「支配的イデオロギーの生産」『介入――社会科学と政治行動 1961-2001　I』藤原書店、179-202〕。このテクストは著作という形で再版されている（Paris, Demopolis/Raisons d'agir, 2008）。

18. フランスにおいてこの新たな政治理解の方法を最初に分析した著作の一つが、Bruno Jobert, *Le tournant néo-libéral en Europe: idées et recettes dans les pratiques*

gouvernementales, Paris, L'Harmattan, 1994 であった。

19. この概念の定義については、L. Boltanski et È. Chiapello, *Le nouvel esprit du capitalisme, op. cit.*, pp. 71-73〔三浦直希ほか訳、2013、『資本主義の新たな精神 上』ナカニシヤ出版、66-69〕を参照のこと。

20. Albert Hirschman, *Bonheur privé, action publique*, Paris, Fayard, 1983〔1988、佐々木毅・杉田敦訳、『失望と参画の現象学——私的利益と公的行為』法政大学出版局〕。

21. Michel Callon (éd.), *The Laws of the Markets, Oxford*, Blackwell, 1998. また、D. MacKenzie, F. Muniesa et L. Siu, *Do Economists Make Markets?*, Princeton, Princeton UP, 2007 も参照のこと。

22. これらの研究は、少なくともヨーロッパでとりわけ 1975 年から 1990 年にかけてその影響が顕著だった様々な潮流——エスノメソドロジー、サイエンス・スタディーズ、統計学と財政学の歴史社会学など——が実証主義と行動主義に入れた切れ目から恩恵を受けている。経済学の場合で言えば、これらの研究は、1980 年代に遅ればせながら部分的に翻訳されたカール・ポランニーの著作への関心の復活からも恩恵を受けていた（*La grande transformation. Aux origines politiques et économiques de notre temps*, Paris, Gallimard, 1983〔2009、野口建彦・栖原学訳、『［新訳］大転換——市場社会の形成と崩壊』東洋経済新報社〕。

23. このプロセスが 1980 年代から 2000 年代にかけて英国でどのように実施されたのかについては、Patrick Le Galès et Alan Scott, « Une révolution bureaucratique britannique ? Autonomie sans contrôle ou "free markets, more rules" », *Revue française de sociologie*, vol. 49, nº 2, 2008, pp. 301-330 を参照のこと。

24. ランキングおよび道具としてのベンチマーキングがマネジメントや権力の装置の中で果たす役割については、特にアラン・デロジエールの研究、その中でもとりわけ、« Historiciser l'action publique. L'État, le marché et les statistiques », in P. Laborier et D. Trom, *Historicités de l'action publique*, Paris, PUF, 2003, pp. 207-221 を参照のこと。我々は、こうしたプロセスの優れた記述を、米国における法科大学院の変容にランキングが及ぼした影響についてウェンディ・エスペランドとマイケル・サウダーが行ったケース・スタディ « Rankings and reactivity: how public measures recreate social worlds », *American Journal of Sociology*, vol. 113, nº 1, juillet 2007, pp. 1-40 の中に見つけることができる。関連性の高いもう一つの例は、イザベル・ブルーノが研究した欧州レベルでの研究ガイドという例（「リスボン・プロセス」）である（*À vos marques, prêts... cherchez : la stratégie européenne de Lisbonne. Vers un marché de la recherche*, Paris, Éd. du Croquant, 2008）。

25. Pierre Lascoumes et Patrick Le Galès (éd.), *Gouverner par les instruments*, Paris, Presses de Sciences Po, 2005 を参照のこと。

26. 統治の道具としての会計の重要性については、エヴ・シャペロの研究、と

りわけ、« Les normes comptables comme institution du capitalisme. Une analyse du passage aux normes IFRS en Europe à partir de 2005 », *Sociologie du travail*, vol. 47, juillet-septembre 2005, pp. 362-382, および、E. Chiapello et K. Medjad, « Une privatisation inédite de la norme : le cas de la politique comptable européenne », *Sociologie du travail*, vol. 49, 2007, pp. 46-64 を参照のこと。

27. Laurent Thévenot, « Un gouvernement par les normes. Pratiques et politiques des formats d'information », in Bernard Conein et Laurent Thévenot (éds.), *Cognition et information en société, Raisons pratiques*, n° 8, Éd. de l'EHESS, pp. 205-242.（〔須田文明・片岡浩二訳、2019、「規格による統治　上」『横浜国立大学教育学部紀要 Ⅲ、社会科学』2: 43-63；須田文明・片岡浩二訳、2020、「規格による統治　下」『横浜国立大学教育学部紀要　Ⅲ、社会科学』3: 16-22〕。

28. Gabriel Kessler et Sylvia Sigal, « Survivre : Réflexion sur l'action en situation de chaos. Comportements et représentations face à la dislocation des régulations sociales : l'hyperinflation en Argentine », *Cultures & Conflits*, n° 24-25, 1997, pp. 37-77 を参照のこと。

29. 危機に与えられる教育的役割については、Federico Neiburg, « Inflation : economists and economic cultures in Brazil and Argentina », *Comparative Studies in Society and History*, vol. 48, n° 3, 2006, pp. 604-633 を参照のこと。

30. しかし、それはまた、本書の主題ではないが、支配的な社会秩序が崩壊する歴史的・例外的瞬間に革命への期待を全面的に寄せる政治活動の構想がどれだけ素朴であるかを示している。確かに、このような瞬間は、批判や異議申し立てを表明するのに有利ではありうる。しかし、それは、たいていの場合本来の意味での支配体制が糧とする危機の瞬間と同時に発生するため、変化を通じて自らを永続させる秩序の論理に再び組み込まれる危険がつねにある。少なくとも、この瞬間が何よりもまず、既存の現実の試練に対する疑義を、それゆえ抵抗の日常的経験を拠り所とする批判が長期的に展開された結果として生じるのでなければ。こうした経験こそが、人びとに、行為に対するつかみどころと、自身の実存的試練を再び己のうちに再帰的に取り込みながら期待を表明する能力を、個別的かつ集合的に取り戻すことを可能にするのである。

31. 専門家、とりわけ経済学者による支配が、いかにして政治から批判的な内容のすべてを――すなわちすべての内容を――奪い去るに至ったのかについては、ここ三〇年の間に進行したこのプロセスが取った形態に関するマリアナ・エレディアの傑出した学位論文を参照のこと（Mariana Heredia, *Les métamorphoses de la représentation. Les économistes et la politique en Argentine (1975-2001)*, thèse de sociologie, Paris, EHESS, 2007）。

32. トマ・アンジェレッティは、1997 年に設立された経済分析評議会の活動を研究した。この評議会は、フランス政府が行う経済的選択について政府に情報を提供することを目的としたもので、様々な「潮流」に属する経済学者

たちで構成され、彼らの間で「討論」が行われることになっていた。この研究で彼は、多元主義的であることを目指していたこの審議会が、実際には主流派の新古典派に沿った画一的な指摘と意見を出すことしかせず、いわゆる「異端派」経済学者たちの立場が聞き入れられていなかったことを明らかにしている。事実、「異端派」経済学者たちは板挟みの状況に置かれていた。すなわち、彼らは、自分たちを認識してもらうために支配的なモデルと形式的構造を取り入れるか――それは自分たちが言わなければならなかった少なくとも一部に対して必然的に同質化と検閲の効果を及ぼすことになった――、いくつかの問題について明確な立場を取ることを避けることによって自己検閲を行うか、あるいは単純に口を閉ざすしかなかったのである（Thomas Angeletti, « Économistes, États, démocratie : du peuple souverain à l'expert institué », *Tracés*, 2009 (à paraître) を参照のこと）。

33. Lorraine Daston, « Objectivity and the escape from perspective », *Social Studies of Science,* vol. 22, no 4, 1982, pp. 597-618.

34. 「操作」という概念の歴史と社会的使用については、A. Esquerre, *La manipulation mentale, op. cit* を参照のこと。

35. L. Boltanski et E. Chiapello, *Le nouvel esprit du capitalisme, op. cit*〔三浦直希ほか訳、2013、『資本主義の新たな精神　上・下』ナカニシヤ出版〕。

36. Michael Mann, « The autonomous power of the State: its origins, mechanisms and re sults», *Archives européennes de sociologie,* vol. 25, n° 2, 1984, pp. 185-213 を参照のこと。

37. Zygmunt Bauman, *Vies perdues. La modernité* et ses exclus, Paris, Payot, 2004〔中島道男訳、2007、『廃棄された生――モダニティとその追放者』昭和堂〕を参照のこと。

38. Michel Callon, Pierre Lascoumes et Yannick Barthe, *Agir dans un monde incertain. Essai sur la démocratie technique*, Paris, Seuil, 2001 を参照のこと。

39. Loïc Blondiaux et Yves Sintomer, « L'impératif délibératif », *Politix*, vol. 15, n° 57, 2002, pp. 17-35, および、Yves Sintomer, *Le pouvoir au peuple. Jurys citoyens, tirage au sort et démocratie participative*, Paris, La Découverte, 2007 を参照のこと。

40. 「起こるかもしれない誤解を避けるために一言しておこう。私は資本家や土地所有者の姿をバラ色に描いてはいない。本書で人が問題になるとしても、それは経済的カテゴリーが擬人化されたもの、特定の階級利害や階級関係の担い手である限りの人にすぎない」(Karl Marx, *Le Capital*, vol. I, préface de 1867, Paris, Gallimard, coll. « Folio essais », 2008, p. 98〔資本論翻訳委員会訳、1997、『資本論　第 1 巻』新日本出版社、12〕。

41. 規則に従うことと目的を追求することの区別に私の注意を促してくれたエヴ・シャペロに感謝したい。この区別は、マネジメントの領域に属する制御理論の中で重要な役割を果たしている。この区別については、ローラン・テヴノーが分析している計画行為の様々な様態も参照のこと（L. Thévenot, *L'action au pluriel, op. cit* を参照のこと）。

42. Anne-Christine Wagner, *Les classes sociales dans la mondialisation*, Paris, La Découverte, 2007を参照のこと。カリム・メジャドは卓越した著作を残しており（*Droit international des affaires*, Paris, Armand Colin, 2005）、この著作から得られる教訓の一つはそのような法律が存在しないことを論証している点にあるが、この著作で明確に示されているように、（経済活動において今日重要な役割を果たす）国際的な経済枠組みを実現するためには、何よりもまず、規則、規範、慣例との相互作用で高度な器用さを身につけることが必要となる。こうした規則、規範、慣例はしばしば矛盾するが、様々な国土で有効な法典に依拠している。これらの不統一な多様性は、オペレーターたちによって一つの資源として扱われる可塑性を規制に付与する。きわめて非対称的な文脈で行われる規則――国内ルールと国際ルール――との相互作用に依拠する支配様式について、とりわけ明晰で的確な記述を、ベアトリス・イブーが現代チュニジアを検討した著作の中に見つけられるだろう。現代チュニジアの支配階級は、しばしば矛盾する法文を思いのままに使用し、状況に応じてそれを援用したりしなかったりする自由を自らに与える。B. イブーはこの統治様式を、「法治国家」と区別するために「諸法国家」という語で指示している（B. Hibou, *La force de l'obéissance. Économie politique de la répression en Tunisie*, Paris, La Découverte, 2006）。
43. オクターヴ・マノーニの論文「よく分かってはいるけれど、でも…」は、1964年に最初に発表され、最近また雑誌*Incidence*に掲載された（n° 2, octobre 2006, pp. 167-190）。
44. Marie-Angèle Hermitte, *Le sang et le droit. Essai sur la transfusion sanguine*, Paris, Seuil, 1998.
45. Judith Assouly, « La mise en place des normes déontologiques et la question de la vérité de la finance » (document de travail), および、« Que vaut la valeur fondamentale des actions calculées par les analystes financiers ? » (à paraître dans *Sociologie du travail*) を参照のこと。

第6章

1. Émile Durkheim, *Sociologie et philosophie,* Paris, PUF, 1967, pp. 46-51〔佐々木交賢訳、1985、『社会学と哲学』恒星社厚生閣、60-67〕。
2. Elias Canetti, *Masse et puissance*, Paris, Gallimard, 1966, pp. 241-266〔岩田行一訳、2022、『群衆と権力・上 〈改装版〉』法政大学出版局、331-370〕。
3. 「自発的服従」に関する著作の第1巻 *Les morts d'accompagnemen* (Paris, Errance, 2004) の中で、アラン・テスタールは、首長の死に際して腹心の者たちを殺害し、首長の墓の周囲に埋葬するという、ほとんど普遍的に見られる慣習を分析している。このような腹心の部下たちは、多くの場合、高位の奴隷か貧しい隷属民であった。彼らは、他のいかなる形態の所属や紐帯（とりわけ親族の紐帯）からも切り離されており、首長にのみ忠誠を誓っていた。アラン・

テスタールは、こうした実践の中に、国家の起源の一つを見ている。この実践は、官僚制が確立されると（たとえば中国で）見られなくなった。

4. Yan Moulier Boutang, *Le capitalisme cognitif. La nouvelle grande transformation*, Paris, Éditions Amsterdam, 2007.

5. 実際、周知のように、南半球の社会は言うまでもなく、西欧社会でも、最貧困層の平均余命は、上流階級の成員の平均余命よりも統計上ずっと短いままである。

6. Michel de Certeau, *L'invention du quotidien*, vol. 1, Art de faire, Paris, Gallimard, 1990〔山田登世子訳、2021、『日常的実践のポイエティーク』ちくま学芸文庫〕。

7. Claude Lévi-Strauss, « Le sorcier et sa magie », *Anthropologie structurale 1*, Paris, Plon, 1958, pp. 183-204〔荒川幾男ほか訳、2023、「呪術師とその呪術」『構造人類学　新装版』みすず書房、183-204〕。

8. この図式は――現状のままではあまりに単純すぎることは認めるが――、あるイニシエーションのモデルを土台とする社会について社会人類学が我々に提供する数多くの記述に基づいている（とりわけ、このテーマについて扱った 2006 年の雑誌 *Incidence* を参照のこと。この号には、再発表された前述のオクターヴ・マノーニの論文「よく分かってはいるけれど、でも…」、および、クロード・レヴィ＝ストロースの論文「火あぶりにされたサンタクロース」をめぐる研究論文に加えて、ニューギニアのアラペッシュ族に見られる男性のイニシエーションであるタンバランに関するドナルド・タザンの研究論文、およびタザンに関する研究論文が所収されている）。その一例として、オクターヴ・マノーニが言及しており、タライェスヴァの自伝的回顧録（*Soleil Hopi*, Paris, Plon, 1959）の中で語られている、ホピ族の社会のケースを取り上げることができる。このモデルには 4 種類の行為者が存在する。1 人目は虐待を受けた子どもたちである。この子どもたちは、〔ホピ族の祖霊である〕カチーナが特定の祭のときに村の広場に踊りにやって来て、自分たちを罰したり報いたりする力を持っていると本気で信じている。2 人目はイニシエーション中の青年たちである。彼らは、カチーナが仮面をかぶった自分の父親や叔父にすぎないことに気づき、ニヒリズムにまで行きかねないある種の不安に陥る。これは、我々の社会では青年期危機と呼ばれるものといくらか関係している。3 人目はイニシエーターの成人男性である。彼らは、青年たちに手ほどきを加える（*initiant*）ことによって、すなわち、青年たちが不安とおののきとともに目にする村の広場で踊る身体が、実際には、厳密に言えば、文字通りの意味では精霊の身体ではないとしても、精霊は確かにそこにいたのであり、ただしそれは、冗語法が許されるのであれば、心の中に（*en esprit*）いたということを青年たちに認めさせることによって、青年たちの信頼を立て直すのである。最後の 4 人目は女性たちである。彼女たちはイニシエーションから排除されており、子どもたちと同様に男性たちの調教によって虐待を受けていると想定されると同時に、男性たちの言い逃れについて

は知り尽くしており、それにひそかに協力しているのである（さらに言えば、このことは、男性支配が支配の原型を構成するという考えを強化する。なぜなら、つまるところ、この過程によって男性たちの支配下に持続的に置かれる女性たちは、少なくとも見かけ上は同意しているからである）。

9. Philippe Corcuff, *La société de verre. Pour une éthique de la fragilité*, Paris, Armand Colin, 2002.

10. 所有権概念の可塑性については、Mikhaïl Xifaras, *La propriété. Étude de philosophie du droit*, Paris, PUF, 2004 を参照のこと。19 世紀の法思想を扱ったこの著作の中で、我々の主題にとりわけ関連するのが、所有権概念を定義する際に生じる混乱に関するページである。この混乱は、労働者とはっきりと区別される実体として扱われ、労働者がその「所有権」を持つとされる労働力の売却という問題によって引き起こされる（pp. 43-84）。

11. 私がここで依拠しているのはベレニス・アミディ＝キムの学位論文である。*Les cités du théâtre politique en France de 1989 à 2007*, Paris, Entretemps, 2009.

12. これはリバタリアニズムの思潮とアナーキズム運動が直面しなければならなかった主要な緊張の一つであり、これらは手短に言えば、マックス・シュティルナーを主要な参照先とする個人主義的な極と、ミハイル・バクーニンに代表される共産主義的な極、あるいはピエール・クロポトキンによって代表される利他的で平等主義的な極との間に分布していた（Daniel Guérin, *Ni Dieu ni maître. Anthologie de l'anarchisme*, Paris, La Découverte, 1999 [1970], 2 vol〔長谷川進・江口幹訳、1973、『神もなく主人もなく――アナキズム・アンソロジー』河出書房新社〕、および、Peter Marschall, *Demanding the Impossible. A History of Anarchism*, Londres, Harper Perennial, 2008 を参照のこと）。イレーヌ・ペレイラが学位論文の中で示しているように（« Un nouvel esprit contataire. Une grammaire pragmatiste in le syndicalisme d'action directe d'inspiration libertaire »）、こうした緊張を緩和できるものがあるとすれば、それは、プラグマティズムから影響を受けた潮流と、リバタリアニズムの伝統と結びついた潮流との間で現在目撃されている収斂だろう。付言すれば、「現代個人主義」と「社会正義」との間で妥協を作り出そうとするフィリップ・コルキュフの仕事も同じ路線に沿ったものである（Philippe Corcuff, Jacques Ion et François de Singly, *Politiques de l'individualisme,* Paris, Textuel, 2005 を参照のこと）。

13. Claude Lefort, « Permanence du théologico-politique ? », in *Essais sur le politique*, Paris, Seuil, 1986, pp. 275-329.

14. J. Derrida, *Force de loi*, *op. cit.*, p. 38〔堅田研一訳、2011、『法の力』法政大学出版局、38〕。